持分会社の登記実務〔補訂版〕

青山 修 著

―合名・合資・合同会社の設立から清算結了まで―

発行 民事法研究会

補訂版はしがき

　本書は、平成19年1月に初版を発刊して以来、多くの方からご好評をいただき、版を重ねることができた。

　商業登記法および商業登記規則が改正され、平成27年10月5日から施行された。この改正の主な点は、次の2つである。1つ目は、会社法人等番号（12桁の数字）が登記簿に記録されることとなり、登記事項証明書の様式が変更された。2つ目は、商業登記法の規定により登記申請書に添付しなければならないとされている登記事項証明書は、申請書に会社法人等番号を記載した場合には添付を省略できることとなった。

　これらの改正点と条番号の変更、誤字等を修正したうえで補訂版として発刊することとなった。

　本書が、旧版以上にご利用いただけて、登記実務に従事される方々のお役に立てれば幸いである。

　平成29年2月

　　　　　　　　　　　　　　　　　　　　　青　山　　修

はしがき

　平成18年5月1日に「会社法」および「会社法の施行に伴う関係法律の整備等に関する法律」が施行された。会社法では、株式会社に対するものとして持分会社という会社類型が設けられた。この持分会社とは、従来の合名会社および合資会社とともに新たに創設された合同会社の3つの種類の会社の総称とされ、会社法における条文の定め方も持分会社に共通するものをおき、特則的に合同会社等に関する規定を設ける形をとっている。

　合名会社および合資会社における主な改正点として、まず1つ目は、旧商法は、原則として合名会社の規定を合資会社が準用する形態をとっており、非常にわかりづらい条文体系となっていたのを改め、合名会社・合資会社に共通する規定を定め、会社の種類に特有な事項を特則として定める形をとった。2つ目は、社員1人となったことを会社の解散事由とせず、合名会社にあっては社員1人で会社を設立することが可能となった。また、新たに創設された合同会社についても社員1人で会社を設立することを可能とし、社員の責任形態については全員が有限責任とすることとした。資本金の額についても何万円以上というような制約はされていない。

　これらの改正または制度の新設に伴い、合名会社および合資会社の登記申請の手続を述べた拙著『合名・合資会社の登記実務』を絶版することとなり、新たに本書『持分会社の登記実務』を発刊することとなった。本書では、持分会社の設立から清算結了までについて、実体的規定である会社法および会社法施行規則等の解説と登記手続規定である商業登記法および商業登記規則について解説をしている。会社法施行後間もない時期の出版であり、資料的な不足および新制度の疑問点について触れていない部分もあるかと思うが、改訂の機会があれば、さらに本書を充実したものにし、読者の方々の便に供したいと考えている。

　　平成19年1月

　　　　　　　　　　　　　　　　　　　　　　　　　青　山　　修

『持分会社の登記実務〔補訂版〕』目次

第1章　持分会社の概要

第1節　会社法における持分会社の体系 …………2

- Ⅰ　持分会社制度の創設 …………2
  - 〈図1〉　会社法上の会社類型 …………3
- Ⅱ　合同会社・持分会社の名称の由来 …………3
- Ⅲ　合同会社の創設 …………3
  - 〔表1〕　会社類型の比較 …………4

第2節　旧商法の規定による合名会社・合資会社の経過措置等 …………5

- Ⅰ　整備法の規定による経過措置 …………5
  - 1　会社の存続 …………5
  - 2　定　款 …………5
    - (1)　旧合名会社等の定款 …………5
      - 〔表2〕　整備法上の合名・合資会社の定義 …………6
    - (2)　合名会社等の定款の絶対的記載事項 …………6
      - 〔表3〕　定款の絶対的記載事項に関する整備法のみなし規定 …………6
    - (3)　定款で定める公告方法 …………7
      - 〔表4〕　債権者に対する合併の公告方法に関する整備法上のみなし規定 …………7
    - (4)　電子公告ができない場合の定款の定め …………7
      - 〔表5〕　電子公告ができない場合の定款の定めに関する整備法上のみなし規定 …………8

(5)　有限責任社員の業務執行と定款の定め ································ 8
　　3　営業の譲渡に関する経過措置 ··· 8
　　4　会計帳簿等に関する経過措置 ··· 8
　　5　有限責任社員の業務執行権 ··· 9
　　6　社員の行為等に関する経過措置 ··· 9
　　7　合併に関する経過措置 ··· 9
　　8　継続および清算に関する経過措置 ··· 9
　Ⅱ　登記の取扱い ·· 10
　　1　旧合名会社等の登記 ·· 10
　　2　支配人の登記に関する経過措置 ·· 10
　　3　定款で定める公告方法の登記 ·· 10
　　　(1)　定款で定める公告方法 ·· 10
　　　(2)　電子公告ができない場合の定款の定めの登記 ·························· 10
　　　(3)　合併公告方法の登記をしていない場合 ································ 11
　　4　合併に関する経過措置に係る登記 ·· 11
　　5　継続および清算に関する経過措置に係る登記 ······························ 11

第3節　会社法による支店所在地の登記の取扱い ································ 11

　Ⅰ　支店所在地の登記事項 ·· 11
　Ⅱ　支配人の登記 ·· 12

第2章　設　立

第1節　手続のポイント ·· 14

　Ⅰ　設立と社員の資格等 ·· 14
　　1　設立手続の概略 ·· 14

〈図 2 〉　持分会社の設立手続…………………………………14
　2　社員の意義………………………………………………………14
　3　社員の員数………………………………………………………15
　　〔表 6 〕　社員の最低必要人数………………………………15
　4　社員の資格………………………………………………………15
　　(1)　自然人………………………………………………………15
　　(2)　法　人………………………………………………………16
　　　(A)　法人無限責任社員の許容……………………………16
　　　(B)　目的の範囲……………………………………………16
　　〈図 3 〉　法人社員の可否……………………………………17
II　業務執行社員・代表社員……………………………………………17
　1　業務執行社員……………………………………………………17
　　(1)　業務執行社員となることができる者…………………17
　　　(A)　原　則…………………………………………………17
　　　(B)　有限責任社員の業務執行権…………………………18
　　　(C)　法　人…………………………………………………18
　　(2)　業務執行社員を定款で定めた場合……………………18
　　　(A)　定款の定めによる業務執行社員……………………18
　　〈図 4 〉　業務執行社員の定め………………………………19
　　　(B)　定款の定めの効力……………………………………19
　2　会社を代表する社員……………………………………………19
　　(1)　概　要………………………………………………………19
　　〔表 7 〕　持分会社を代表する社員（代表社員）の定め方　………20
　　(2)　各自代表の原則……………………………………………21
　　(3)　別段の定め…………………………………………………21
　　(4)　社員の互選による定め……………………………………22
　　〔表 8 〕　旧商法・会社法における代表社員の定めの比較　………22
　　〈図 5 〉　会社代表(1)──原則………………………………23

5

〈図6〉　会社代表⑵——定款による定め……23
　〈図7〉　会社代表⑶——定款の定めに基づく社員の互選 ……23
Ⅲ　定款の作成 ……24
　1　社員による定款の作成 ……24
　2　電磁的記録による作成 ……24
　　(1)　電磁的記録 ……24
　　(2)　電子署名 ……25
　3　定款の絶対的・相対的・任意的記載（記録）事項 ……25
　　(1)　定款の絶対的記載（記録）事項 ……25
　　(2)　定款の相対的記載（記録）事項 ……26
　　(3)　定款の任意的記載（記録）事項 ……26
　4　定款の絶対的記載（記録）事項 ……26
　　(1)　目　的 ……26
　　(2)　商　号 ……27
　　　(A)　同一本店所在場所における同一商号の登記の禁止 ……27
　　　(B)　清算会社と同一商号の規制 ……27
　　　(C)　ローマ字・アラビア数字・符号の使用 ……28
　　(3)　本店の所在地 ……28
　　　(A)　本店の所在地の記載（記録） ……28
　　　(B)　支店の所在地の記載（記録） ……29
　　(4)　社員の氏名または名称および住所 ……29
　　(5)　社員が無限責任社員または有限責任社員のいずれであるかの別 ……29
　　(6)　社員の出資の目的（有限責任社員にあっては金銭等に限る）およびその価額または評価の標準 ……30
　　　(A)　出資の目的 ……30
　　　(B)　出資の価額 ……31
　　　(C)　評価の標準 ……31

5　出資の履行………………………………………………31
　　　(1)　合名会社・合資会社の社員の出資履行時期……………31
　　　　〈図8〉　社員の出資履行時期………………………………32
　　　(2)　合同会社の社員の出資履行時期…………………………32
　　　　(A)　出資全額払込主義………………………………………32
　　　　(B)　現物出資財産の対抗要件………………………………32
　　6　持分会社の成立…………………………………………33

第2節　登記手続………………………………………………33

Ⅰ　合名会社の設立登記……………………………………33
　1　登記事項……………………………………………………33
　2　申請期間……………………………………………………34
　3　添付書類……………………………………………………34
　4　登記申請書…………………………………………………37
　　【書式2-1】　登記申請書(1)──合名会社設立………………37
　　【書式2-2】　登記すべき事項の入力例………………………38
　　【書式2-3】　定　款……………………………………………40
　　【書式2-4】　委任状……………………………………………42
　　【書式2-5】　本店・代表社員等の決定書……………………42
　　【書式2-6】　代表社員の就任承諾書…………………………43
　　【書式2-7】　職務執行者の選任に関する書面（代表社員が株式会社の場合）……………………………………………………44
　　【書式2-8】　職務執行者の就任承諾書（代表社員が株式会社の場合）…45

Ⅱ　合資会社の設立登記……………………………………46
　1　登記事項……………………………………………………46
　2　申請期間……………………………………………………47
　3　添付書類……………………………………………………47
　4　登記申請書…………………………………………………49

目 次

　　【書式2-9】　登記申請書(2)──合資会社設立……………………49
　　【書式2-10】　登記すべき事項の入力例 ……………………………50
　　【書式2-11】　定　款 ……………………………………………………52
　　【書式2-12】　委任状 ……………………………………………………54
　　【書式2-13】　本店・代表社員等の決定書 …………………………54
　　【書式2-14】　代表社員の就任承諾書 ………………………………55
　　【書式2-15】　職務執行者の選任に関する書面（代表社員が株式会
　　　　　　　　　社の場合）……………………………………………………56
　　【書式2-16】　職務執行者の就任承諾書（代表社員が株式会社の場合）…57
　　【書式2-17】　有限責任社員がすでに履行した出資の価額を証する書面 …57
Ⅲ　合同会社の設立登記 …………………………………………………58
　1　登記事項……………………………………………………………58
　2　申請期間……………………………………………………………59
　3　添付書類……………………………………………………………59
　4　登記申請書…………………………………………………………62
　　【書式2-18】　登記申請書(3)──合同会社設立……………………62
　　【書式2-19】　登記すべき事項の入力例 ……………………………63
　　【書式2-20】　定　款 ……………………………………………………64
　　【書式2-21】　代表社員・資本金等の決定書 ………………………66
　　【書式2-22】　代表社員の就任承諾書 ………………………………67
　　【書式2-23】　職務執行者の選任に関する書面（代表社員が株式会
　　　　　　　　　社の場合）……………………………………………………68
　　【書式2-24】　職務執行者の就任承諾書（代表社員が株式会社の場合）…69
　　【書式2-25】　出資に係る払込みがあったことを証する書面………70
　　【書式2-26】　払込金受入証明書 ……………………………………71
　　【書式2-27】　資本金の額の計上に関する代表社員の証明書………72

目　次

第3章　社員の責任

第1節　社員の会社債権者に対する責任 …………76

- Ⅰ　無限責任社員の責任 ……………………………………76
  - 1　無限責任社員の弁済責任 ……………………………76
    - (1)　弁済責任事由 ……………………………………76
    - (2)　連帯・無限・直接の責任 ………………………76
  - 2　社員の抗弁権 …………………………………………77
- Ⅱ　有限責任社員の責任 ……………………………………77
  - 1　合資会社の有限責任社員 ……………………………77
    - (1)　原　則 ……………………………………………77
    - 〈図9〉　合資会社の有限責任社員 …………………78
    - (2)　超過配当の場合 …………………………………78
  - 2　合同会社の社員 ………………………………………78

第2節　社員の出資に係る責任 ………………………79

- Ⅰ　金銭を出資の目的とした場合 …………………………79
- Ⅱ　債権を出資の目的とした場合 …………………………79

第4章　商号の変更

第1節　手続のポイント ………………………………82

- Ⅰ　同一本店所在場所における同一商号の登記の禁止 …………82
- Ⅱ　清算会社と同一商号の規制 ……………………………82

目 次

　Ⅲ　定款の変更 …………………………………………………83
　Ⅳ　ローマ字・アラビア数字・符号の使用 ……………………84
　　1　商号とローマ字等の使用 ………………………………84
　　2　ローマ字使用と商号登記の更正・変更の登記 …………84
　　(1)　平成14年10月31日以前から、定款で商号にローマ字を用いていた会社 ……………………………………………84
　　(2)　平成14年11月1日以後に、定款で商号にローマ字を用いる会社 ………………………………………………………84

第2節　登記手続 …………………………………………………85

　Ⅰ　添付書類 ……………………………………………………85
　Ⅱ　登記申請書 …………………………………………………86
　　【書式4-1】　登記申請書(4)──商号変更 …………………86
　　【書式4-2】　総社員の同意書 …………………………………87

第5章　目的の変更

第1節　手続のポイント …………………………………………90

　Ⅰ　類似商号 ……………………………………………………90
　Ⅱ　定款の変更 …………………………………………………90

第2節　登記手続 …………………………………………………90

　Ⅰ　添付書類 ……………………………………………………90
　Ⅱ　登記申請書 …………………………………………………91
　　【書式5-1】　登記申請書(5)──目的変更 …………………91
　　【書式5-2】　総社員の同意書 …………………………………92

第6章　本店の移転

第1節　手続のポイント……96

Ⅰ　類似商号……96
Ⅱ　本店移転の手続……96
　1　定款の変更……96
　2　業務執行社員による決定……96
　　〔表9〕　業務を執行する社員・業務執行の決定方法……97

第2節　登記手続……97

Ⅰ　管轄外への本店移転……97
Ⅱ　添付書類……98
Ⅲ　登記申請書……99
　1　同一管轄内の移転の場合・他の管轄区域内へ移転した場合の旧所在地管轄登記所への申請の場合……99
　　【書式6-1】　登記申請書(6)──本店移転①……99
　　【書式6-2】　総社員の同意書……100
　　【書式6-3】　決定書（業務執行社員の一致を証する書面）……101
　2　他の管轄区域内への移転の場合の新所在地管轄登記所への申請……102
　　【書式6-4】　登記申請書(7)──本店移転②……102
　　【書式6-5】　登記すべき事項の入力例(1)──合名会社の場合……103
　　【書式6-6】　登記すべき事項の入力例(2)──合資会社の場合……104
　　【書式6-7】　登記すべき事項の入力例(3)──合同会社の場合……105

目　次

第7章　社員の変更

第1節　手続のポイント …………………………………108

I　社員の加入 …………………………………108

1　社員の地位の取得方法 …………………………………108
〈図10〉　持分会社の社員の地位の取得方法 …………………………………108

2　持分を譲り受けない加入 …………………………………109
(1)　原始的加入 …………………………………109
(2)　合同会社の特則 …………………………………109
　(A)　社員となる時期 …………………………………109
　〈図11〉　社員となる時期（設立の場合を除く）…………………………………110
　(B)　資本金の額の増加 …………………………………110
(3)　総社員の同意・定款の変更 …………………………………110
(4)　加入した社員の責任 …………………………………111

3　持分譲渡による加入・退社 …………………………………111
(1)　持分の全部または一部の譲渡と他の社員の承諾 …………………………………111
(2)　業務執行権を有しない有限責任社員の場合 …………………………………112
　〔表10〕　持分譲渡の承諾権者 …………………………………113
(3)　定款の変更 …………………………………113
　(A)　社員加入に係る定款変更の同意者 …………………………………113
　(B)　定款による別段の定めの例示 …………………………………113
(4)　自己持分の禁止 …………………………………114
(5)　持分譲渡の効果 …………………………………114
　(A)　持分全部譲渡の効果 …………………………………114
　(B)　持分一部譲渡の効果 …………………………………115
(6)　持分の全部の譲渡をした社員の責任 …………………………………115

4　社員の死亡・合併と持分の承継 ……116
(1)　旧商法と会社法とにおける相続等の取扱いの相違点 ……116
(A)　旧商法における取扱い ……116
(B)　会社法における取扱い ……116
〈図12〉　法定退社事由と承継加入 ……117
(C)　相続による持分承継の定款の定め方 ……118
(2)　持分承継の時期・定款の変更等 ……119
(A)　持分承継の時期 ……119
(B)　一般承継に伴うみなし定款変更 ……119
(C)　未履行出資の連帯責任 ……120
(3)　業務執行権・代表権・責任の承継 ……120
(A)　業務執行権・代表権 ……120
(B)　責任の承継 ……120
(4)　相続による共有と権利の行使者 ……121
(5)　相続人の1人を承継社員とすることの可否 ……121
(A)　遺産分割協議・単純承認・相続の放棄・限定承認 ……121
(B)　共同相続人中の1人が持分全部を取得する旨の登記手続 ……124
〈図13〉　無限責任社員が死亡した場合における相続人の承継加入 ……124
〈図14〉　有限責任社員が死亡した場合における相続人の承継加入 ……126

II　社員の退社 ……126
1　退社 ……126
2　任意退社 ……127
(1)　退社の予告 ……127
(2)　やむを得ない事由 ……127
3　法定退社 ……128

〔表11〕　法定退社事由 …………………………………………128
　　4　退社に伴うみなし定款変更 ………………………………………131
　　5　退社に伴う持分の払戻し・資本金の額の減少と債権者保護
　　　手続 …………………………………………………………………131
　　　(1)　退社に伴う持分の払戻し ……………………………………131
　　　　(A)　払戻しの規制 ……………………………………………131
　　　〔表12〕　合同会社の社員の退社に伴う持分払戻規制 ………132
　　　　(B)　合同会社の債権者保護手続 ……………………………133
　　　(2)　合同会社における資本金の額の減少 ………………………134
　Ⅲ　社員の責任の変更 ……………………………………………………134
　　1　有限責任から無限責任に変更 ……………………………………134
　　　(1)　責任の変更の手続 ……………………………………………134
　　　(2)　変更後の責任 …………………………………………………135
　　2　無限責任から有限責任に変更 ……………………………………135
　　　(1)　責任の変更の手続 ……………………………………………135
　　　(2)　変更後の責任 …………………………………………………135
　　3　有限責任社員の出資の価額の変更と責任 ………………………135
　　　(1)　定款の変更 ……………………………………………………135
　　　(2)　有限責任社員の責任 …………………………………………136
　　　　(A)　合資会社の場合 …………………………………………136
　　　　(B)　合同会社の場合 …………………………………………136

第2節　登記手続 ……………………………………………………137

　Ⅰ　申請期間 ………………………………………………………………137
　Ⅱ　添付書類・登録免許税額 ……………………………………………137
　　1　通　則 ………………………………………………………………137
　　2　新たな出資による社員（合同会社にあっては、業務執行社員。
　　　以下同じ）の加入に伴う変更登記 ………………………………138

(1)　添付書類 ……………………………………………………138
　　　　　(A)　加入の事実を証する書面 …………………………138
　　　　　(B)　法人社員関係書面 ……………………………………138
　　　　　(C)　合同会社の場合に必要な書面 ……………………139
　　　(2)　就任承諾書の要否 ……………………………………………139
　　　(3)　登録免許税額 ……………………………………………………139
　　3　持分譲受けによる社員の加入に伴う変更登記 …………………140
　　　(1)　添付書類 ……………………………………………………140
　　　　　(A)　加入の事実を証する書面 …………………………140
　　　　　(B)　法人社員関係書面 ……………………………………140
　　　(2)　登録免許税額 ……………………………………………………140
　　4　社員の退社による変更の登記 …………………………………140
　　　(1)　添付書類 ……………………………………………………140
　　　(2)　登録免許税額 ……………………………………………………141
　　5　法人である社員の商号・本店の変更登記 …………………141
　　　(1)　添付書類 ……………………………………………………141
　　　(2)　登録免許税額 ……………………………………………………141
　　6　代表社員の職務執行者の変更登記 ………………………………142
　　　(1)　添付書類 ……………………………………………………142
　　　(2)　登録免許税額 ……………………………………………………142
　Ⅲ　登記申請書 ……………………………………………………………142
　　1　無限責任社員が持分全部を譲渡して退社し、新たに譲受人が
　　　無限責任社員として加入（合名会社・合資会社）………………142
　　　　　【書式7-1】　登記申請書(8)──社員の変更① ……………142
　　　　　【書式7-2】　総社員の同意書 …………………………………144
　　　　　〔記載例1〕　登記すべき事項 …………………………………146
　　2　無限責任社員が持分全部を譲渡して退社し、譲受人が新たに
　　　有限責任社員として加入した場合（合資会社）………………146

【書式7-3】　登記申請書(9)──社員の変更②……………………146
　　〔記載例2〕　記録例（有限責任社員の記載は省略）……………149
　　【書式7-4】　総社員の同意書……………………………………150
　　〔記載例3〕　登記すべき事項……………………………………152
3　無限責任社員が持分全部を他の無限責任社員の1人に譲渡して退社した場合（合名会社・合資会社）………………………………152
　　【書式7-5】　登記申請書(10)──社員の変更③……………………152
　　【書式7-6】　総社員の同意書……………………………………154
　　【書式7-7】　持分譲渡証書………………………………………154
　　〔記載例4〕　登記すべき事項……………………………………155
4　原始的加入（持分譲渡を伴わない無限責任社員または有限責任社員の加入）の場合（合名会社・合資会社）……………………155
　　【書式7-8】　登記申請書(11)──社員の変更④……………………155
　　【書式7-9】　総社員の同意書(1)──無限責任社員が加入する場合……158
　　【書式7-10】　総社員の同意書(2)──有限責任社員が加入する場合……159
　　【書式7-11】　出資の履行があったことを証する書面（受領書）………160
　　〔記載例5〕　登記すべき事項──無限責任社員の加入の場合………161
5　無限責任社員の持分の一部を有限責任社員に譲渡した場合（合資会社）……………………………………………………………161
　　【書式7-12】　登記申請書(12)──社員の変更⑤……………………161
　　〔記載例6〕　記録例──有限責任社員Bが無限責任社員Aの持分の一部金30万円を譲り受けた例………………………………163
　　【書式7-13】　総社員の同意書……………………………………163
6　有限責任社員の持分の一部を他の有限責任社員に譲渡した場合（合資会社）……………………………………………………164
　　【書式7-14】　登記申請書(13)──社員の変更⑥……………………164
　　【書式7-15】　同意書………………………………………………166
7　有限責任社員が持分の一部を社員以外の者に譲渡し、譲受人

が加入した場合（合資会社）……………………………………………167
　　　【書式7-16】　登記申請書⑭──社員の変更⑦……………………167
　　　【書式7-17】　同意書……………………………………………………169
　　　【書式7-18】　持分譲渡契約書………………………………………171
　　　〔記載例7〕　登記すべき事項…………………………………………171
　8　有限責任社員が持分全部を他の有限責任社員に譲渡して退社
　　　した場合（合資会社）………………………………………………………172
　　　【書式7-19】　登記申請書⑮──社員の変更⑧……………………172
　　　【書式7-20】　同意書……………………………………………………174
　　　【書式7-21】　持分譲渡契約書………………………………………175
　　　〔記載例8〕　登記すべき事項…………………………………………176
　9　社員の死亡等により退社した場合（合名会社・合資会社）………176
　　　【書式7-22】　登記申請書⑯──社員の変更⑨……………………176
　10　相続人の承継加入の場合（合名会社・合資会社）………………………178
　　(1)　無限責任社員の死亡の場合……………………………………………178
　　　【書式7-23】　登記申請書⑰──社員の変更⑩……………………178
　　　〔記載例9〕　登記すべき事項⑴──無限責任社員の死亡により有
　　　　　　　　　限責任社員たる相続人が無限責任社員となった場合……179
　　　〔記載例10〕　記録例──相続人が社員でない場合………………180
　　　〔記載例11〕　登記すべき事項⑵………………………………………180
　　(2)　有限責任社員の死亡の場合……………………………………………181
　　　【書式7-24】　登記申請書⑱──社員の変更⑪……………………181
　　　〔記載例12〕　記録例……………………………………………………183
　　　〔記載例13〕　登記すべき事項…………………………………………183
　11　有限責任社員の出資額の変更（増加・減少）の場合（合資会
　　　社）……………………………………………………………………………185
　　　【書式7-25】　登記申請書⑲──社員の変更⑫……………………185
　　　【書式7-26】　総社員の同意書⑴──出資額を増加する場合………187

目 次

  【書式7-27】 出資受領証明書（出資の履行を証する書面） …………188
  【書式7-28】 総社員の同意書(2)──出資額を減少する場合 …………188
  〔記載例14〕 登記すべき事項 ………………………………………189
 12 社員の責任の変更（合資会社）………………………………………189
  【書式7-29】 登記申請書(20)──社員の変更⑬ ……………………189
  〔記載例15〕 記録例──無限責任を有限責任に変更 ……………191
  【書式7-30】 総社員の同意書(1)──有限責任から無限責任への変更 …191
  【書式7-31】 総社員の同意書(2)──無限責任から有限責任への変更 …192
  【書式7-32】 出資受領証明書（出資の履行を証する書面） …………193
 13 総社員の同意による退社（持分譲渡を伴わない退社）の場合
  （合名会社・合資会社）………………………………………………194
  【書式7-33】 登記申請書(21)──社員の変更⑭ ……………………194
  【書式7-34】 総社員の同意書 ………………………………………195
 14 予告による一方的退社の場合（合名会社・合資会社）……………196
  【書式7-35】 登記申請書(22)──社員の変更⑮ ……………………196
  【書式7-36】 社員退社予告書 ………………………………………197
 15 やむことを得ざる事由による退社の場合（合名会社・合資会
  社）………………………………………………………………………198
  【書式7-37】 登記申請書(23)──社員の変更⑯ ……………………198
  【書式7-38】 退社通知書（退社届） ………………………………199
  〔記載例16〕 登記すべき事項 ………………………………………200
 16 業務執行社員の加入（合同会社）……………………………………200
  【書式7-39】 登記申請書(24)──社員の変更⑰ ……………………200
  【書式7-40】 総社員の同意書 ………………………………………202
  【書式7-41】 資本金の額の計上に関する代表社員の証明書 ………203
 17 持分譲受けによる業務執行社員の加入（合同会社）………………204
  【書式7-42】 登記申請書(25)──社員の変更⑱ ……………………204
  【書式7-43】 総社員の同意書 ………………………………………205

第8章　代表者の変更

第1節　手続のポイント ……………………………………………208
- I　代表社員の定め ……………………………………………208
- II　代表権の消滅 ………………………………………………208

第2節　登記手続 ……………………………………………………209
- I　代表者の抹消の登記 ………………………………………209
  - 〔記載例17〕　記録例──無限責任社員が1名となったことにより代表社員の登記を抹消する例 ……………………………209
  - 〔記載例18〕　登記すべき事項──無限責任社員が1名となったことにより代表社員の登記を抹消する例 ………………210
- II　添付書類 ……………………………………………………210
- III　登記申請書 …………………………………………………211
  - 1　代表社員たる地位のみの変更──社員の入退社を伴わない場合（持分会社共通） ……………………………………211
    - 【書式8-1】　登記申請書(26)──代表者の変更① ……………211
    - 【書式8-2】　総社員の同意書 ……………………………………212
    - 【書式8-3】　代表社員の就任承諾書 ……………………………213
  - 2　社員の入退社に伴う代表社員の変更（合名会社・合資会社）……214
    - 【書式8-4】　登記申請書(27)──代表者の変更② ……………214
    - 【書式8-5】　総社員の同意書 ……………………………………216
  - 3　代表社員の加入（合同会社）………………………………217
    - 【書式8-6】　登記申請書(28)──代表者の変更③ ……………217
    - 【書式8-7】　総社員の同意書 ……………………………………219
    - 【書式8-8】　資本金の額の計上に関する代表社員の証明書 ……220

目 次

第9章　解散事由の定めの廃止

第1節　手続のポイント……224

Ⅰ　存続期間・解散事由の定めの廃止……224
Ⅱ　存続期間満了・解散に関する先例等……224

第2節　登記手続……225

Ⅰ　添付書類……225
Ⅱ　登記申請書……225
　【書式9-1】　登記申請書㉙――存続期間の廃止……226
　【書式9-2】　総社員の同意書……227

第10章　合同会社の資本金の額の変更

第1節　手続のポイント……230

Ⅰ　合同会社の設立時の資本金の額……230
Ⅱ　合同会社の資本金の額の増加……230
　〔表13〕　合同会社の資本金の額が増加する場合……230
Ⅲ　合同会社の資本金の額の減少……231
　〔表14〕　合同会社の資本金の額が減少する場合……232

第2節　登記手続……232

Ⅰ　申請期間……232
Ⅱ　添付書類・登録免許税額……233
　1　資本金の額の増加による変更登記……233

(1)　新たな出資による社員の加入に伴う資本金の額の増加 ……… 233
　　(A)　業務執行社員として新たな出資をして加入する場合 ……… 233
　　(B)　業務執行社員以外の社員として新たに出資をして加入する場合 …………………………………………………………… 233
　(2)　社員の出資の価額の増加 ………………………………… 234
　　(A)　添付書類 ……………………………………………… 234
　　(B)　登録免許税額 ………………………………………… 234
　(3)　会社が社員に対して出資の履行をすべきことを請求する権利に係る債権を資産として計上することと定めた場合、または、会社が資本剰余金の額の全部または一部を資本金の額とするものと定めた場合 ………………………………… 235
　　(A)　添付書類 ……………………………………………… 235
　　(B)　登録免許税額 ………………………………………… 235
 2　資本金の額の減少による変更登記 ………………………… 235
　(1)　退社する社員に対して持分の払戻しをする場合 ………… 235
　　(A)　退社する業務執行社員に対して持分の払戻しをする場合 … 235
　　(B)　退社する業務執行社員以外の社員に対して持分の払戻しをする場合 ………………………………………………… 236
　(2)　社員に対して出資の払戻しをする場合、または、損失の填補にあてる場合 ……………………………………………… 236
　　(A)　添付書類 ……………………………………………… 236
　　(B)　登録免許税額 ………………………………………… 237
Ⅲ　登記申請書 ……………………………………………………… 237
 1　業務執行社員の加入による資本金の額の増加（合同会社）……… 237
 2　業務執行社員の退社による資本金の額の減少（合同会社）……… 237
　　【書式10-1】　登記申請書(30)——資本金の額の減少 ……………… 237

目 次

第11章　解　散

第1節　手続のポイント …………………………………240

Ⅰ　解散の事由 ……………………………………………240
1　定款で定めた存続期間の満了 ………………………240
2　定款で定めた解散の事由の発生 ……………………240
3　総社員の同意 …………………………………………240
4　社員が欠けたこと ……………………………………241
〔表15〕　社員の数を解散事由とする旧商法と会社法の比較 …………241
5　合併（合併により当該持分会社が消滅する場合に限る）…………242
6　破産手続開始の決定 …………………………………242
7　解散を命ずる裁判 ……………………………………242
　(1)　解散命令 …………………………………………242
　(2)　解散判決 …………………………………………242

Ⅱ　解散の効果 ……………………………………………243
1　清算手続の開始 ………………………………………243
2　合併・吸収分割の制限 ………………………………244

第2節　登記手続 …………………………………………244

Ⅰ　申請期間 ………………………………………………244
Ⅱ　代表社員等の登記の職権抹消 ………………………245
1　合名会社・合資会社 …………………………………245
2　合同会社 ………………………………………………245
Ⅲ　添付書類 ………………………………………………245
1　総社員の同意により解散した場合 …………………245
2　定款で定めた事由の発生により解散した場合 ……245

22

3　会社を代表すべき清算人の資格を証する書面 …………………246
　　　(1)　任意清算の場合 ……………………………………………246
　　　(2)　法定清算による場合 ………………………………………246
　　　(3)　その他 ………………………………………………………246
　Ⅳ　登記申請書 ………………………………………………………247
　　　【書式11-1】　登記申請書(31)──解散 ………………………247
　　　【書式11-2】　総社員の同意書(1)──任意清算の場合（総社員の同
　　　　　　　　　意による解散）……………………………………248
　　　【書式11-3】　総社員の同意書(2)──法定清算の場合（総社員の同
　　　　　　　　　意により解散し清算人を選任した例）……………249
　　　【書式11-4】　清算人の就任承諾書──清算人を選任した場合 ………250

第12章　清　算

第1節　手続のポイント …………………………………254

　Ⅰ　清算の開始 ………………………………………………………254
　　1　清算の開始原因 ………………………………………………254
　　2　清算会社の権利能力 …………………………………………254
　Ⅱ　清算中の社員の加入・退社 ……………………………………255
　　1　加入・退社の禁止 ……………………………………………255
　　　(1)　加　入 ………………………………………………………255
　　　(2)　退　社 ………………………………………………………256
　　2　相続・合併による承継加入 …………………………………256
　　　(1)　社員の死亡・合併による消滅 ……………………………256
　　　　〈図15〉　相続・合併による持分の承継 ……………………257
　　　(2)　死亡した社員が清算人である場合 ………………………257
　Ⅲ　清算方法の種類 …………………………………………………260

23

〔表16〕　持分会社の清算方法の種類 …………………………………260
　Ⅳ　任意清算 ………………………………………………………………261
　　1　任意清算の手続の概要 ……………………………………………261
　　　〈図16〉　任意清算の手続 ……………………………………………261
　　2　任意清算とは ………………………………………………………261
　　3　会社財産の処分 ……………………………………………………262
　　　〈図17〉　持分会社の清算方法 ………………………………………263
　　4　財産目録・貸借対照表の作成 ……………………………………263
　　(1)　解散前に任意清算の方法を定めている場合 …………………263
　　(2)　解散後に任意清算の方法を定めた場合 ………………………263
　　5　債権者保護手続 ……………………………………………………264
　　　〈図18〉　任意清算の場合の債権者異議申述催告の方法 …………265
　Ⅴ　法定清算 ………………………………………………………………265
　　1　法定清算の手続の概要 ……………………………………………265
　　2　法定清算とは ………………………………………………………265
　　　〈図19〉　法定清算の手続 ……………………………………………266
　　3　清算人の就任 ………………………………………………………266
　　(1)　清算人の種類 ……………………………………………………266
　　　〈図20〉　法定清算人の種類 …………………………………………267
　　　(A)　定款で定める者 ………………………………………………267
　　　(B)　社員（業務執行社員）の過半数の同意で定めた者 …………267
　　　(C)　業務執行社員 …………………………………………………267
　　　〈図21〉　業務執行社員の清算人就任 ………………………………268
　　　(D)　裁判所が選任した者 …………………………………………268
　　(2)　法人が清算人である場合 ………………………………………269
　　4　清算人の職務 ………………………………………………………269
　　(1)　職務の内容 ………………………………………………………269
　　(2)　業務の執行 ………………………………………………………270

5　清算持分会社の代表 …………………………………………270
　　　(1)　清算持分会社を代表する清算人 ……………………270
　　　(2)　代表清算人の選任 ……………………………………271
　　　　〈図22〉　清算持分会社を代表する清算人 ……………271
　　6　破産手続の申立て ……………………………………………272
　　7　財産目録等の作成 ……………………………………………272
　　8　債務の弁済・残余財産の分配 ………………………………273
　　　(1)　債権者に対する債権申出の公告 ……………………273
　　　　(A)　合同会社の場合 …………………………………273
　　　　〈図23〉　清算における債権者に対する公告 …………273
　　　　(B)　合名会社・合資会社の場合 ……………………274
　　　(2)　弁済・出資履行の請求 ………………………………274
　　　　(A)　合同会社の弁済の制限 …………………………274
　　　　(B)　条件付債権等に係る債務の弁済 ………………274
　　　　(C)　出資の履行の請求 ………………………………274
　　　　(D)　清算からの除斥 …………………………………275
　　　(3)　残余財産の分配 ………………………………………275

第2節　登記手続 …………………………………………………276

Ⅰ　清算人の登記 ……………………………………………………276
　1　任意清算の場合 ………………………………………………276
　　〈図24〉　清算人の登記の要否 …………………………………276
　2　法定清算の場合 ………………………………………………276
　　(1)　清算人の登記 …………………………………………276
　　(2)　代表社員等の登記の職権抹消 ………………………276
　　　〈図25〉　職権抹消登記 …………………………………277
　　　〔記載例19〕　記録例――合名会社・合資会社における職権抹消・
　　　　最初の清算人の選任 ……………………………………277

目　次

　　　(3)　登記すべき事項 …………………………………………278
　Ⅱ　添付書類 ………………………………………………………278
　　1　清算人に応じて添付すべき書面 ……………………………278
　　2　清算人が法人の場合に添付すべき書面 ……………………279
　　　(1)　清算開始時の業務執行社員である法人が清算人となった場合 ………………………………………………………279
　　　(2)　定款で定める法人が清算人となった場合 ……………279
　　　(3)　社員の過半数の同意によって定めた法人が清算人となった場合 ……………………………………………………279
　　　(4)　裁判所が選任した法人が清算人となった場合 ………279
　　3　委任状 …………………………………………………………279
　Ⅲ　登記申請書 ……………………………………………………280
　　1　法定清算人の就任──業務執行社員の清算人就任（持分会社共通）…………………………………………………………280
　　　【書式12-1】　登記申請書(32)──清算人就任 …………280
　　2　社員による清算人の選任──法定清算の場合（持分会社共通）…281
　　　【書式12-2】　登記申請書(33)──清算人選任 …………281
　　　【書式12-3】　清算人決議書 ………………………………282
　　　【書式12-4】　代表清算人の選任決議書 …………………283
　　　【書式12-5】　清算人の就任承諾書 ………………………284
　　　【書式12-6】　代表清算人の就任承諾書 …………………284
　　3　清算人の変更（辞任・死亡による後任者の選任）…………285
　　　【書式12-7】　登記申請書(34)──清算人変更 …………285
　　　【書式12-8】　辞任届 ………………………………………286
　　　【書式12-9】　清算人選任書 ………………………………286
　　　【書式12-10】　就任承諾書 …………………………………287

目次

第13章　清算結了

第1節　手続のポイント……290

Ⅰ　清算事務の終了……290
　1　任意清算の場合……290
　2　法定清算の場合……291
Ⅱ　清算結了登記と清算事務の未了……291

第2節　登記手続……292

Ⅰ　申請期間……292
Ⅱ　添付書類……292
　1　任意清算の場合……292
　2　法定清算の場合……293
Ⅲ　登記申請書……294
　1　任意清算による清算結了（合名会社・合資会社）……294
　　【書式13-1】　登記申請書(35)——任意清算による清算結了……294
　　【書式13-2】　清算結了書……295
　2　法定清算による清算結了（持分会社共通）……296
　　【書式13-3】　登記申請書(36)——法定清算による清算結了……296
　　【書式13-4】　清算結了承認書（清算人が計算の承認を得たことを証する書面）……297

27

目 次

第14章　会社継続

第1節　手続のポイント……………………………………300

Ⅰ　会社の継続とは………………………………………300
Ⅱ　会社の継続ができる場合……………………………300

第2節　登記手続……………………………………………301

Ⅰ　申請期間………………………………………………301
Ⅱ　会社継続の登記の方法………………………………301
Ⅲ　添付書類………………………………………………302
　1　総社員の同意によって会社を継続した場合………………………302
　2　社員の一部の同意をもって会社を継続した場合…………………302
　3　継続会社における代表社員または共同代表者を定めた場合……303
　4　会社設立の無効または取消しの判決が確定した場合において
　　会社を継続した場合………………………………………………303
Ⅳ　登記申請書……………………………………………303
　【書式14-1】　登記申請書(37)――会社継続………………303
　【書式14-2】　継続決議書（同意書）………………………305

第15章　組織変更

第1節　手続のポイント……………………………………308

Ⅰ　組織変更と持分会社の種類の変更…………………308
　〈図26〉　組織変更・持分会社の種類の変更………………308
Ⅱ　組織変更計画の作成…………………………………309

28

1　組織変更計画とは ……………………………………………309
　　　2　組織変更計画で定める事項 …………………………………309
　　Ⅲ　債権者保護手続・組織変更の効力発生等 …………………311
　　　1　総社員の同意 …………………………………………………311
　　　2　債権者保護手続 ………………………………………………311
　　　　⑴　官報公告・個別催告 ………………………………………311
　　　　⑵　債権者の異議 ………………………………………………312
　　　3　組織変更の効力発生等 ………………………………………312
　　　　⑴　効力発生日 …………………………………………………312
　　　　⑵　効力発生の効果 ……………………………………………313

第2節　登記手続 ……………………………………………………314

　　Ⅰ　申請期間等 ………………………………………………………314
　　　1　申請期間 ………………………………………………………314
　　　2　登記すべき事項 ………………………………………………314
　　Ⅱ　添付書類 …………………………………………………………315
　　　1　株式会社についてする設立の登記 …………………………315
　　　2　持分会社についてする解散の登記 …………………………316
　　Ⅲ　登録免許税 ………………………………………………………316
　　　1　株式会社についてする設立の登記 …………………………316
　　　2　持分会社についてする解散の登記 …………………………317
　　Ⅳ　登記申請書 ………………………………………………………317
　　　1　組織変更による株式会社の設立（持分会社共通）………317
　　　　【書式15-1】　登記申請書㊳──組織変更による株式会社設立 ……317
　　　　【書式15-2】　登記すべき事項の入力例 ……………………318
　　　　【書式15-3】　総社員の同意書 ………………………………319
　　　　【書式15-4】　資本金の額の計上に関する証明書 …………320
　　　2　組織変更による持分会社の解散の登記申請書 ……………320

目 次

【書式15-5】 登記申請書(39)──組織変更による持分会社解散 ………320

第16章　種類の変更

第1節　手続のポイント …………324

Ⅰ　種類の変更とは………324
Ⅱ　会社の種類の変更………324
　1　社員の同意による種類の変更………324
　　〔表17〕　種類変更の形態 …………325
　2　定款のみなし変更による種類の変更 …………325
　　〈図27〉　合資会社が種類の変更をしたものとみなされる場合 …………326
Ⅲ　定款変更時の出資の履行 …………326
　1　社員の同意による種類の変更の場合 …………326
　2　定款のみなし変更による種類の変更の場合 …………326

第2節　登記手続………327

Ⅰ　申請期間等 …………327
　1　申請期間 …………327
　2　登記すべき事項 …………327
Ⅱ　添付書類 …………328
　1　種類変更後の持分会社についてする設立の登記 …………328
　2　種類変更前の持分会社についてする解散の登記 …………329
Ⅲ　登録免許税額 …………329
　1　種類変更後の持分会社についてする設立の登記 …………329
　2　種類変更前の持分会社についてする解散の登記 …………330
Ⅳ　登記申請書 …………330
　1　持分会社の種類変更による合同会社の設立（持分会社共通）……330

【書式16-1】　登記申請書⑷0——合資会社を合同会社とする場合
　　　　　（設立）……………………………………………………330
　　　【書式16-2】　登記すべき事項の入力例 ………………………331
　　　【書式16-3】　総社員の同意書 ……………………………………332
　　　【書式16-4】　資本金の額の計上に関する証明書…………………333
　2　種類変更による合資会社解散登記 …………………………………334
　　　【書式16-5】　登記申請書⑷1——合資会社を合同会社とする場合
　　　　　（解散）……………………………………………………334

31

先例目次

［先例①］　平18・3・31民商第782号民事局長通達第 4 部第 2 ・1 (4) ………20
［先例②］　平18・3・31民商第782号民事局長通達第 4 部第 2 ・1 (3) ………21
［先例③］　昭31・9・13民甲第2150号民事局長回答 …………………………25
［先例④］　昭63・2・16民四第712号民事局第四課長回答 …………………27
［先例⑤］　明34・8・15民刑第863号民刑局長回答 …………………………29
［先例⑥］　昭34・9・21民甲第2070号民事局長通達 …………………………82
［先例⑦］　昭18・3・8 民事局長回答 ………………………………………122
［先例⑧］　昭34・1・14民甲第2723号民事局長回答 ………………………122
［先例⑨］　昭36・8・14民甲第2016号民事局長回答 ………………………123
［先例⑩］　昭38・5・14民甲第1357号民事局長回答 ………………………123
［先例⑪］　昭36・8・25民甲第2065号民事局長指示 ………………………149
［先例⑫］　昭37・7・20民四第148号民事局第四課長回答 …………………196
［先例⑬］　昭39・1・29民甲第206号民事局長通達 …………………………225
［先例⑭］　昭29・4・12民甲第770号民事局長通達 …………………………258
［先例⑮］　昭37・2・22民甲第367号民事局長回答 …………………………258
［先例⑯］　昭15・4・17民甲第476号民事局長通達 …………………………301
［先例⑰］　昭39・11・9 民四第364号民事局第四課長回答 ………………302

判例目次

［判例①］　最判昭62・1・22判時1223号136頁 ………………………………32
［判例②］　最判昭61・3・13民集40巻 2 号229頁 ……………………………243
［判例③］　大判大 5 ・3 ・17民録22輯364頁 …………………………………291
［判例④］　大阪高判平元・2・22判時1327号27頁 …………………………292

凡　例

1　法令名

- 整備法　　会社法の施行に伴う関係法律の整備等に関する法律（平成17年法律第87号）
- 会社規　　会社法施行規則（平成18年法務省令第12号）
- 旧商法　　会社法施行前の商法（明治32年法律第48号）
- 商登法　　商業登記法
- 商登規　　商業登記規則

2　判例集等

- 民録　　大審院民事判決録
- 民集　　最高裁判所民事判例集
- 高民集　高等裁判所民事判例集
- 下民集　下級裁判所民事裁判例集
- 新聞　　法律新聞
- 判時　　判例時報

3　参考文献

- 相澤・会社法

　　相澤哲編著『一問一答新・会社法〔改訂版〕』（商事法務）
- 伊藤・破産法

　　伊藤眞『破産法・民事再生法〔第3版〕』（有斐閣）
- 会社法重要判例

　　酒巻俊雄＝尾崎安央編著『会社法重要判例解説〔第3版補正版〕』（成文堂）
- 会社法詳論（下）

　　田中誠二『会社法詳論　下巻〔三全訂〕』（勁草書房）

凡　例

- 会社法論（上）
  　大隅健一郎＝今井宏『会社法論　上巻〔第三版〕』（有斐閣）
- 記載例詳解
  　法務省民事局第四課職員編『商業登記記載例詳解』（金融財政事情研究会）
- 規則逐条解説
  　片岡貞敏「商業登記規則逐条解説」商事法務1395号36頁〜37頁（商事法務研究会）
- 公証人法解説
  　法務省民事局編『公証人法関係解説・先例集』（商事法務研究会）
- コンメンタール会社法
  　田中誠二＝山村忠平『コンメンタール会社法〔五全訂版〕』（勁草書房）
- 社員の地位の相続
  　服部栄三「合名会社の社員の地位の相続」中川善之助先生追悼現代家族法大系編集委員会編『現代家族法大系4（相続Ⅰ）相続の基礎』（有斐閣）
- 商登法逐条解説
  　商業登記実務研究会編著『商業登記法逐条解説〔新版〕』（日本加除出版）
- 書式精義（下）
  　登記研究編集室編『商業登記書式精義　下巻〔全訂第五版〕』（テイハン）
- 新会社法の解説
  　相澤哲＝郡谷大輔「新会社法の解説(12)　持分会社」商事法務1748号11頁以下
- 注釈会社法(1)
  　上柳克郎ほか編『注釈会社法(1)〔新版〕』（有斐閣）
- 注釈会社法(2)

上柳克郎ほか編『注釈会社法(2)〔新版〕』（有斐閣）
・判例コンメンタール
　　大隅健一郎ほか編『判例コンメンタール11（上）商法Ⅰ（上）（会社(1)）〔増補版〕』（三省堂）
・松井・民事月報
　　松井信憲「会社法の制定に伴う商業登記事務に関する改正の概要（2・完）」民事月報60巻7号9頁以下（法務省民事局）
・味村（下）
　　味村治『詳解商業登記　下巻〔新訂〕』（民事法情報センター）
・名法・登記情報
　　名古屋法務局事務改善研究会『登記情報』（名古屋法務局）
・要綱案の解説
　　江頭憲治郎「『会社法制の現代化に関する要綱案』の解説」別冊商事法務編集部編『会社法制現代化の概要』（別冊商事法務288号）（商事法務）
・要綱試案
　　法制審議会会社法（現代化関係）部会「会社法制の現代化に関する要綱試案」商事法務1678号4頁以下（商事法務）
・要綱試案補足説明
　　法務省民事局参事官室「会社法制の現代化に関する要綱試案補足説明」商事法務1678号36頁以下（商事法務）

第1章

持分会社の概要

第1節　会社法における持分会社の体系

I　持分会社制度の創設

　会社法（平成17年法律第86号）施行前の旧商法[1]は、合名会社と合資会社について、それぞれ章を分けて規定を設けていた。すなわち旧商法「第2編　会社」は、合名会社については「第2章　合名会社」で詳細な規定を設けていたが、合資会社については「第3章　合資会社」で、有限責任社員に関する規定を除き、合名会社に関する規定を準用（旧商法147条）する形態を採っていた。このため合資会社についての規定の適用関係の多くは解釈問題となっていた。

　そこで会社法では、会社法制のわかりやすさ、および、合名会社と合資会社との差異は社員中に有限責任社員がいるかどうかの差異でしかないことに着目し、新たに創設された合同会社とともに合名会社および合資会社を「持分会社」と総称し、この3つの種類の会社に共通して適用される規定をおき、合同会社、合名会社または合資会社に個別に適用される事項を特則とする形で規定をおいている。

　会社法は、〈図1〉のように会社の類型を株式会社と持分会社に二分している。

1　商法（明治32年法律第48号）は現在でも法律として存在するが、本書でいう「旧商法」とは、会社法施行前の「第2編　会社」の規定をしている商法のことをいう。

〈図1〉 会社法上の会社類型

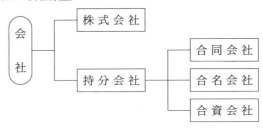

II 合同会社・持分会社の名称の由来

「合同会社」および「持分会社」の名称の由来は、会社法の立案担当者によれば次のとおりである（新会社法の解説11頁）。

「合同会社」の名称については、合名会社・合資会社と同一の規律が適用される会社であることを考慮し、「合」で始まり「会社」で終わる4文字という観点から決定されたものである。

「持分会社」の名称については、条文上、合名・合資・合同会社の3つの会社の名称を羅列することは冗長にすぎ、また「合名会社等」の略称ではその対象が一見して明らかにならないので、会社類型である「株式会社」の名称と対比し、合名・合資・合同会社の3つの会社における社員の地位を表す「持分」という語を用いたとされている。

III 合同会社の創設

合同会社の制度が、会社法で創設された（会社法575条1項）。この合同会社の制度は、無限責任社員をおきながらも、会社の内部的規律は原則として会社法で規律することなく定款自治に委ね、会社債権者等利害関係者の利益保護や利害調整については、原則として各利害関係者の判断に委ねることとしている会社類型である合名会社・合資会社の規律を前提に、株式会社のように総社員の有限責任化をも実現するという会社類型である。

第1章　持分会社の概要

〔表1〕　会社類型の比較

会社の種類	責任・社員数	債権者保護等
合名会社	無限責任社員1名以上	定款自治・利害関係者間の調整
合資会社	無限・有限責任社員各1名以上	定款自治・利害関係者間の調整
合同会社	有限責任社員1名以上	定款自治・利害関係者間の調整
株式会社	有限責任社員1名以上	債権者保護手続の厳格化

合同会社の主な特徴は次のとおりである。
① 内部規律は合名会社および合資会社と同じように、定款自治が広範囲に認められている。
② 社員は1人でもよい。社員の責任体系は株式会社と同じく全員が有限責任となる。会社設立時には出資全額払込主義がとられ、出資全額を履行することにより社員となることができる。社員全員は有限責任であり、会社債権者から会社の債務について弁済を求められることはない。
③ 株式会社の場合と同じように、最低資本金制度はない。
④ 出資者たる社員が原則として会社の業務を執行すること、業務執行社員を定款で定めることができること、代表社員を定款または業務執行社員の互選によって定めることができることは、合名会社・合資会社と同じである。
⑤ 計算書類の公告義務がないことは、合名会社・合資会社と同じである。
⑥ 合名会社・合資会社は清算の方法として、法定清算または任意清算を選択することができるが、合同会社は法定清算に限られる。

第2節　旧商法の規定による合名会社・合資会社の経過措置等

I　整備法の規定による経過措置

　整備法は、旧商法の規定による合名会社または合資会社であって整備法の施行の際現に存するもの（以下、「旧合名会社等」という）について、次のような経過措置規定をおいている（登記の取扱いについては後掲IIを参照）。

1　会社の存続

　旧合名会社等は、整備法施行日以後は、それぞれ会社法の規定による合名会社または合資会社として存続する。整備法72条本文の規定により従前の例による合併（合併により会社を設立する場合に限る）により施行日以後に設立された合名会社および合資会社についても同様とされる（整備法66条3項）。

2　定　款

(1)　旧合名会社等の定款

　旧合名会社等および整備法66条3項後段（整備法72条の規定により従前の例による合併により整備法施行日以後に設立された合名会社・合資会社）に規定する合名会社または合資会社の定款は、整備法66条3項の規定により存続する合名会社または合資会社（以下、「新合名会社等」という）の定款とみなされる（整備法66条4項）。

2　整備法72条本文「施行日前に合併の決議がされた旧合名会社等の合併については、なお従前の例による」。

〔表2〕 整備法上の合名・合資会社の定義

	整備法の条文用語	該当する合名会社・合資会社	存続する会社
整備法	旧合名会社等（整備法66条3項前段）	旧商法の規定による合名会社または合資会社であって、整備法施行の際現に存在するもの	新合名会社等
	整備法66条3項後段に規定する合名会社・合資会社	整備法施行日前に合併の決議がされ整備法施行日以後に設立された合名会社・合資会社	

(2) 合名会社等の定款の絶対的記載事項

　旧合名会社等および整備法66条3項後段に規定する合名会社または合資会社の定款における絶対的記載事項（旧商法63条1項各号（4号にあっては、本店の所在地に係る部分に限る）148条）の記載または記録は、それぞれに相当する新合名会社等の定款の絶対的記載事項（会社法576条1項各号）の記載または記録とみなされる（整備法70条1項）。

〔表3〕 定款の絶対的記載事項に関する整備法のみなし規定

旧合名会社等および整備法66条3項後段に規定する合名会社または合資会社の定款		新合名会社等の定款
旧　商　法		会社法576条1項
合名会社63条1項	合名会社の定款の絶対的記載事項 1号　目的 2号　商号 3号　社員の氏名および住所 4号　本店の所在地 5号　社員の出資の目的およびその価格または評価の標準	持分会社の定款の絶対的記載事項 1号　目的 2号　商号 3号　本店の所在地 4号　社員の氏名または名称および住所 5号　社員が無限責任社員または有限責任社員のいずれであるかの別 6号　社員の出資の目的（有限責任社員にあっては、金銭等に限る）およびその価額または評価の標準
合資会社148条	合資会社の定款の絶対的記載事項 1号　上欄の1号～5号 2号　各社員の責任の有限または無限	

(3) 定款で定める公告方法

旧合名会社等および整備法66条3項後段に規定する合名会社または合資会社において、債権者に対する合併の公告方法（個別催告を省略するための公告方法）についての定款の定め（旧商法100条8項1号・2号。同法147条で準用する場合を含む）があるときは、この定めは、新合名会社等の一般的な公告方法（会社法939条1項）についての定款の定めとみなされる（整備法70条2項）。

〔表4〕 債権者に対する合併の公告方法に関する整備法上のみなし規定

旧合名会社等・整備法66条3項後段に規定する合名会社または合資会社	新合名会社等
旧商法100条8項（同法147条で準用）	会社法939条1項
1号　合併公告を時事に関する事項を掲載する日刊新聞紙で行う 2号　合併公告を電子公告で行う	1号　官報に掲載する方法 2号　時事に関する事項を掲載する日刊新聞紙に掲載する方法 3号　電子公告

(4) 電子公告ができない場合の定款の定め

旧合名会社等および整備法66条3項後段に規定する合名会社または合資会社において、定款で定める債権者に対する合併の公告方法（個別催告を省略するための公告方法）が電子公告である場合に、電子公告によって公告することができない事故その他のやむことを得ざる事由が生じたときは、官報または時事に関する事項を掲載する日刊新聞紙（以下、「日刊新聞紙」という）のいずれかによって公告をする旨の定款の定め（旧商法100条8項3号。同法147条で準用する場合を含む）があるときは、この定めは、新合名会社等の一

3　旧商法では、合名会社・合資会社が、合併の場合における債権者に対する公告方法を定款で定めたときは、その公告方法を登記すべきとしていた（旧商法100条8項・147条）。会社法では、合併の場合に限らず、合名会社・合資会社の一般的な公告方法として規定が設けられた（会社法939条）。

般的な公告方法についての定款の定め（会社法939条3項後段）とみなされる（整備法70条3項）。

〔表5〕 電子公告ができない場合の定款の定めに関する整備法上のみなし規定

旧合名会社等・整備法66条3項後段に規定する合名会社または合資会社	新合名会社等
旧商法100条8項（同法147条で準用）	会社法939条3項後段
3号　事故その他やむを得ない事由によって電子公告ができない場合には、官報か時事に関する事項を掲載する日刊新聞紙で代わりに公告する	3号後段　事故その他やむを得ない事由によって電子公告ができない場合には、官報か時事に関する事項を掲載する日刊新聞紙で代わりに公告する

(5) 有限責任社員の業務執行と定款の定め

整備法66条3項の規定により存続する合資会社の定款には、有限責任社員は当該合資会社の業務を執行しない旨の定めがあるものとみなされる（整備法70条4項。後掲5参照）。

3　営業の譲渡に関する経過措置

整備法施行日前に営業を譲渡した場合におけるその営業の譲渡人がした同一の営業を行わない旨の特約の効力については、なお従前の例による（整備法67条）。

4　会計帳簿等に関する経過措置

旧合名会社等が旧商法の規定に基づいて整備法施行日前に作成した会計帳簿、計算書類その他の会計または経理に関する書類（整備法99条の規定によりその作成についてなお従前の例によることとされたものを含む）は、その作成の日に、新合名会社等が会社法の相当規定に基づいて作成したものとみなされる（整備法68条）。

5　有限責任社員の業務執行権

　整備法66条3項の規定により存続する合資会社の定款には、有限責任社員は当該合資会社の業務を執行しない旨の定めがあるものとみなされる（整備法70条4項。会社法では、定款で別段の定めがない限り、合資会社の有限責任社員も業務執行権を有するので（会社法590条1項）、整備法でこの定めをおいた）。

6　社員の行為等に関する経過措置

　ある者が旧合名会社等の業務を執行する社員として整備法施行日前にしたまたはすべきであった旧商法に規定する行為については、当該行為をしたまたはすべきであった日に、それぞれその者が新合名会社等の業務を執行する社員としてしたまたはすべきであった会社法の相当規定に規定する行為とみなされる（整備法71条）。

7　合併に関する経過措置

　整備法施行日前に合併の決議がされた旧合名会社等の合併については、なお従前の例による。ただし、合併の登記の登記事項については、会社法の定めるところによる（整備法72条）。

8　継続および清算に関する経過措置

　整備法施行日前に生じた旧商法94条各号（同法147条において準用する場合を含む）に掲げる事由（法定解散事由）により旧合名会社等が解散した場合における新合名会社等の継続および清算については、なお従前の例による。ただし、継続および清算に関する登記の登記事項については、会社法の定めるところによる（整備法73条1項）。

　整備法施行日前に旧商法の規定による合資会社が旧商法162条1項（無限責任社員・有限責任社員の全員の退社）の規定により解散した場合における整備法66条3項前段の規定により存続する合資会社の継続および清算について

も、同様とされる（整備法73条2項）。

II 登記の取扱い

1 旧合名会社等の登記

旧商法の規定による旧合名会社等の登記は、会社法の相当規定による新合名会社等の登記とみなされる（整備法74条1項）。なお、定款の定めによる公告方法の登記については、後掲3を参照。

2 支配人の登記に関する経過措置

会社の支配人の選任登記は本店所在地のみで行うことになり、選任に係る支店所在地では登記をしないことになった（会社法918条）。したがって、整備法施行日前に旧合名会社等がその支店所在地でした支配人の選任の登記は、その登記をした日に、新合名会社等がその本店所在地でしたものとみなされることになった（整備法69条）。整備法施行の際現に支店所在地で支配人の登記が存するときは、登記官の職権で、当該登記を本店所在地における登記簿に移される（整備法136条7項）。

3 定款で定める公告方法の登記

(1) 定款で定める公告方法

旧合名会社等が旧商法の規定による債権者に対する合併の公告方法（個別催告を省略するための公告方法）についての定款の定め（日刊新聞紙による公告または電子公告）の登記をしているときは、施行日に、会社法の規定により、一般的な公告方法についての定款の定めが登記されたものとみなされる（整備法74条2項）。

(2) 電子公告ができない場合の定款の定めの登記

電子公告を公告方法とする旨の定款の定めをがある場合において、その定

款の定めの登記をしている場合には、整備法施行日に、整備法66条3項前段の規定により存続する合名会社または合資会社について、その本店の所在地において、当該定款の定めの登記がされたものとみなされる（整備法74条3項）。

(3) 合併公告方法の登記をしていない場合

旧合名会社等が旧商法100条8項1号または2号（合併における日刊新聞紙公告または合併における電子公告。旧商法147条において準用する場合を含む）に掲げる定款の定めの登記をしていない場合には、整備法施行日に、整備法66条3項前段の規定により存続する合名会社または合資会社について、その本店の所在地において、会社法912条10号（合名会社における官報による公告）または913条12号（合資会社における官報による公告）に掲げる事項が登記されたものとみなされる（整備法74条4項）。

4 合併に関する経過措置に係る登記

前掲Ⅰ7を参照。

5 継続および清算に関する経過措置に係る登記

前掲Ⅰ8を参照。

第3節　会社法による支店所在地の登記の取扱い

Ⅰ　支店所在地の登記事項

旧商法では、会社は、その支店の所在地を管轄する登記所においても、本店の所在地を管轄する登記所で登記した事項と同一の事項を登記しなければならないとされていた（旧商法64条2項・147条・188条3項）。

会社法では、当該会社の支店の所在地を管轄する登記所においては、次の

３つの事項のみを登記することになった。ただし、支店の所在地を管轄する登記所の管轄区域内に新たに支店を設けたときは、③の事項を登記すれば足りる（会社法930条2項）。

① 商号
② 本店の所在地
③ 支店（その所在地を管轄する登記所の管轄区域内にあるものに限る）の所在場所

II 支配人の登記

　会社が支配人を選任し、またはその代理権が消滅したときは、その本店の所在地において、その登記をしなければならない（会社法918条）。旧商法では、支配人の選任およびその代理権の消滅は、その支配人をおいた本店または支店の所在地における登記事項とされていた（旧商法40条）。

　なお、整備法施行の際現に支店の所在地における支配人の登記が存するときは、登記官の職権で、当該登記を本店の所在地における登記簿に移される（整備法136条7項）。

第 2 章

設 立

第2章 設 立

第1節　手続のポイント

I　設立と社員の資格等

1　設立手続の概略

持分会社の設立手続を図示すると、次のようになる。

〈図2〉　持分会社の設立手続

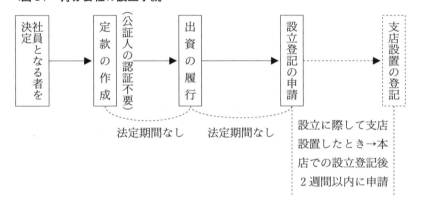

2　社員の意義

会社法上の「社員」とは、会社という社団の構成員をいう。株式会社では社員のことを株主といい、合名会社では無限責任社員、合資会社では無限責任社員および有限責任社員、合同会社では有限責任社員のことをいう。

社員は、社員たる資格において会社に対し種々の権利を有し義務を負う。たとえば、議決権、利益配当請求権、残余財産分配請求権などの権利を有し、また出資義務を負う。会社と社員との間の法律関係または社員の会社に対する法律上の地位を社員権という。

3　社員の員数

　合名会社、合資会社または合同会社は、社員で構成される。合名会社は無限責任社員1人以上、合資会社は無限責任社員および有限責任社員各1人以上、合同会社は有限責任社員1人以上をおかなければならない（会社法576条2項・3項・4項）。

　旧商法では、合名会社の社員が1人となることは解散事由とされていた（旧商法94条4号）。しかし、株式会社については平成2年の商法改正（平成2年法律第64号）で、設立時から1人株主であることが認められ（旧商法165条参照）、株主が1人となったことは解散事由とされていなかった（旧商法404条参照）。これとの均衡上、また、実務上、他の社員の死亡等により社員が1人となった場合に、直ちに合名会社を解散しなければならないとするのは不都合であることが指摘されていたので（要綱試案補足説明40頁）、会社法では、合名会社の社員が1人となったことは解散事由とされていない（会社法641条参照）。

〔表6〕　社員の最低必要人数

会社の種類	合名会社	合資会社	合同会社
社員の責任	無限責任社員	無限責任社員 有限責任社員	有限責任社員
社員の人数	1人以上	各1人以上	1人以上

4　社員の資格

(1)　自然人

　自然人は、持分会社の無限責任社員または有限責任社員となることができる。

　外国人であっても制限行為能力者であっても差し支えない。後見開始の審

判（民法8条・838条2項）を受けたときは法定退社事由となるが（会社法607条1項7号）、成年被後見人が社員となることを妨げるわけではない（会社法論（上）62頁）。持分会社は、後見開始の審判を受けても退社しない旨を定款に定めることができる（会社法607条2項）。

(2) 法　人

(A) 法人無限責任社員の許容

旧商法は、会社が合名会社または合資会社の無限責任社員となることを禁じていた（旧商法55条）。この規制は、合名会社・合資会社は人的信用を基礎とするものであることを主たる理由としていたが、法人も他人の保証人となるなど、信用を供与する行為を行うことができるものであり、合理性のある理由に基づき設けられた規定とはいえない（相澤・会社法173頁）。

そこで会社法は、法人が合名会社または合資会社の無限責任社員となることを禁じる規定をおかず、法人が持分会社の無限責任社員となることを認めている。法人が業務を執行する社員である場合には、当該法人は、当該業務を執行する社員（業務執行社員）の職務を行うべき者（自然人。以下、「職務執行者」という）を選任し、その者の氏名および住所を他の社員に通知しなければならない、とされた（会社法598条1項、要綱案の解説89頁参照）。この「職務を行うべき者」（職務執行者）の制度が設けられた趣旨は、法人である業務執行社員の取締役・使用人等のうち、どの範囲の者が持分会社に対し業務執行社員と同等の義務・責任等を負うべきか等の点を明確にするためである（要綱案の解説89頁）。

(B) 目的の範囲

法人の種類には限定がないので、法律で禁止されていない限り、会社以外

4　未成年者、成年被後見人、被保佐人および民法17条1項の審判を受けた被補助人をいう（民法20条1項）。制限行為能力者の法律行為については、民法の原則に従う（法定代理人の同意・代理等）。なお、商法5条・6条・7条を参照。

5　銀行、信用金庫、信用協同組合、労働金庫、保険会社等は、持分会社の無限責任社員または業務執行社員になることができない。

の法人(中間法人や各種の組合等)もその法人の目的の範囲内の行為であれば、持分会社の社員および業務執行社員になることができる。外国法人も同様である。なお、社員となる法人の目的の範囲内であるか否かについては、目的の範囲外であることが明らかな場合を除き、設立の登記を受理して差し支えないとされている(平18・3・31民商第782号民事局長通達)。

〈図3〉 法人社員の可否

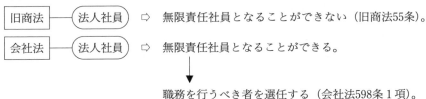

II 業務執行社員・代表社員

1 業務執行社員

(1) 業務執行社員となることができる者

(A) 原 則

業務の執行とは、「会社の営業に関する事務を執行することである。業務執行は、会社の営業に関する法律行為たとえば契約締結などの行為のみならず、事実行為たとえば帳簿の記入、商品の管理、使用人の指揮・監督などの行為も包括する。また、会社内部の事務の管掌たると外部に対する代表行為たるとを問わない」(注釈会社法(1)〔米沢明〕223頁)。

社員は、定款に別段の定めがある場合を除き(後述(B))、持分会社の業務を執行する(会社法590条1項)。社員が2人以上ある場合には、持分会社の業務は、定款に別段の定めがある場合を除き、社員の過半数をもって決定する。ただし、持分会社の常務は、各社員が単独で行うことができるが、その完了前に他の社員が異議を述べた場合は、定款に別段の定めがある場合を除

き、社員の過半数をもって行う（同条2項・3項）。

(B) **有限責任社員の業務執行権**

旧商法は、合資会社の有限責任社員が業務を執行し、会社を代表することを禁じていた（旧商法156条）。これに対して会社法は、無限責任社員および有限責任社員のいずれであっても、原則として、業務執行社員になれるものとし、定款で定めることにより、業務執行社員となるものを制限する形態をとっている（会社法590条1項）。

(C) **法　人**

法人は、業務執行社員となることができる（前掲（注5）（16頁）に掲げる者は、業務執行社員になることができない）。法人が業務執行社員である場合には、当該法人は、現実に業務執行社員の職務を行うことになる自然人（職務執行者）を選任し、その者の氏名および住所を他の社員に通知しなければならない（会社法598条1項）。この職務執行者については、競業避止業務、利益相反取引の規制、業務執行社員の損害賠償責任については、業務執行社員と同一の取扱いがなされる（同条2項）。

法人が業務執行社員である場合の職務執行者の氏名および住所は登記事項とされていないが、持分会社を代表する社員が法人であるときは、職務執行者の氏名および住所を登記しなければならない（会社法912条7号・913条9号・914条8号）。

(2) 業務執行社員を定款で定めた場合

(A) **定款の定めによる業務執行社員**

持分会社の各社員は、原則として、持分会社の業務を執行する。ただし、業務執行社員を定款で定めることができる。業務執行社員を定款で定めた場合において、業務執行社員が2人以上あるときは、持分会社の業務は、定款に別段の定めがある場合を除き、業務執行社員の過半数で決定する（会社法590条1項）。ただし、支配人の選任および解任は、定款に別段の定めがある場合を除き、社員の過半数をもって決定する（同法591条2項）。

〈図4〉 業務執行社員の定め

〔原則〕（会社法590条1項）

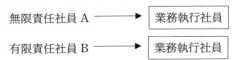

〔定款の定め〕（会社法590条1項）

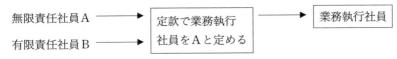

（注） 定款で、有限責任社員Bのみを業務執行社員と定めることもできる。

(B) 定款の定めの効力

業務執行社員を定款で定めた場合において、その業務執行社員の全員が退社したときは、当該定款の定めは、その効力を失う（会社法591条3項）。業務執行社員を定款で定めた場合には、その業務執行社員は、正当な事由がなければ辞任することができず、また、正当な事由がある場合に限り他の社員の一致によって解任することができる。ただし、定款で別段の定めをすることができる（同条4項・5項・6項）。

2 会社を代表する社員

(1) 概　要

会社法は、持分会社を代表する社員（代表社員）の定め方について、〔表7〕のように3つの方法を定めている。詳細については後述(2)以下を参照。

6　定款で業務執行社員を定めている場合は、持分会社の業務は業務執行社員の過半数で決定するのが原則である（会社法591条1項）が、支配人の選任・解任は「社員」の過半数をもって決定する。

〔表7〕 持分会社を代表する社員（代表社員）の定め方

①	定款に別段の定めがない場合	業務執行社員が各自代表する
②	定款に別段の定めがある場合	定款で代表者を定める
		定款の定めに基づく社員の互選で定める

　持分会社を代表する社員は、持分会社の業務に関するいっさいの裁判上または裁判外の行為をする権限を有する。ただし、持分会社の代表社員の権限に加えた制限は、善意の第三者に対抗することができない（会社法599条4項・5項）。

　持分会社を代表する社員は、自然人に限らず法人であってもよい。合名会社および合資会社にあっては、会社を代表する社員を定めたときはその登記をし、会社を代表する社員が法人であるときは、当該社員の職務を行う者を登記しなければならない（会社法912条6号・7号、913条8号・9号）。合同会社にあっては、会社を代表する社員の登記をし、会社を代表する社員が法人であるときは、当該社員の職務を行う者を登記しなければならない（同法914条7号・8号）。具体的な登記事項については、第2節Ⅰ1（33頁）を参照されたい。なお、旧商法で認められていた共同代表の制度（旧商法77条・147条）は、会社法では採用されていない。

　［先例①］平18・3・31民商第782号民事局長通達第4部第2・1(4)
　社員は、定款に別段の定めがある場合を除き、持分会社の業務を執行し、持分会社を代表する（会社法第590条、第599条第1項）が、持分会社は、定款または定款の定めに基づく社員の互選によって、業務執行社員の中から代表社員を定めることができるとされた（同条第3項）。
　したがって、有限責任社員も、代表社員または業務執行社員になることができ（旧商法第156条参照）、代表社員の選任には、必ずしも総社員の同意を要しない（旧商法第76条ただし書参照）。

[先例②] 平18・3・31民商第782号民事局長通達第4部第2・1(3)
　法人は、有限責任社員のみならず、無限責任社員にもなることができ、法人が業務執行社員であるときは、当該法人は、当該業務執行社員の職務を行うべき者（以下「職務執行者」という。）を選任しなければならないとされた（会社法第576条第1項第4号、第598条）。

[登記研究364号83頁]（昭和53年3月号）
　（問）　総社員の同意によって業務執行社員の中から特に1名を代表社員と定めている合名会社において、代表社員が死亡した場合、①説として、従来代表社員でなかった他の業務執行社員が（数人あるときは各自）当然会社を代表することになるので、その業務執行社員から変更登記の申請をすべきである、という考え方と、②説として、総社員の同意によって代表社員たる業務執行社員以外の者の代表権はすでに剥奪されていると解されるので、代表社員が死亡したときも、従来代表社員でなかった業務執行社員が、当然には会社を代表することにはならず、後任代表社員から変更登記の申請をすべきである、という考え方とが会社内部で対立しておりますが、いずれに従うべきか決しかねますので、お伺いいたします。
　（答）　②説が相当と考えます。

(2)　各自代表の原則

　社員は、定款に別段の定めがある場合を除き、持分会社の業務を執行する（業務執行社員となる。会社法590条1項）。業務執行社員は、持分会社を代表する。業務執行社員が2人以上ある場合には、業務執行社員は、各自、持分会社を代表する（同法599条1項本文・2項）。

(3)　別段の定め

　業務執行社員は各自持分会社を代表するのが原則であるが、他に持分会社を代表する社員その他持分会社を代表する者を定めた場合には、業務執行社員は持分会社を代表しない（会社法599条1項・2項）。
　「他に持分会社を代表する社員その他持分会社を代表する者を定めた場合」

とは、持分会社が自主的に持分会社を代表する者を定めた場合のほか、裁判所等がこれを定めた場合を含む。具体的には次の場合がある。

① 定款によって、業務執行社員の中から持分会社を代表する者を定めた場合（会社法599条3項）
② 定款の定めに基づく社員の互選によって、業務執行社員の中から持分会社を代表する者を定めた場合（会社法599条3項）
③ 持分会社と社員との間の訴えにおいて、会社を代表する者がある場合（会社法601条・602条）
④ 民事保全法56条の規定に基づき、持分会社を代表する社員の職務を代行する者の定めがある場合（会社法603条1項）

(4) 社員の互選による定め

持分会社は、定款または定款の定めに基づく社員の互選によって、業務執行社員の中から持分会社を代表する社員（以下、「代表社員」という）を定めることができる（会社法599条3項）。旧商法の規定では、定款の定めまたは総社員の同意によって、業務執行社員の中から合名会社または合資会社の代表社員を定めることになっていた（旧商法76条・147条。ただし、合資会社の有限責任社員は代表社員となることができなかった）が、会社法では、定款または定款の定めに基づく社員の互選によって、業務執行社員の中から持分会社の代表社員を定めることになる。したがって、代表社員の選任には、必ずしも総社員の同意を要しない（旧商法76条ただし書。平18・3・31民商第782号民事局長通達）。

〔表8〕 旧商法・会社法における代表社員の定めの比較

旧商法の規定	会社法の規定
定款または総社員の同意により、業務執行社員の中から代表社員を定める。	定款または定款の定めに基づく社員の互選によって、業務執行社員の中から持分会社の代表社員を定める。
旧商法76条・147条	会社法599条3項

〈図5〉 会社代表(1)——原則

| 定款で業務執行社員を定めていない場合
●社員の全員が業務執行社員となる。
●この場合には、業務執行社員の全員が会社を代表する。 | 会社法590条1項・
599条1項本文・
2項 |

無限責任社員A → 業務執行社員 → 会社を代表

無限責任社員B → 業務執行社員 → 会社を代表

有限責任社員C → 業務執行社員 → 会社を代表

〈図6〉 会社代表(2)——定款による定め

| 定款で、業務執行社員の中から、会社を代表する社員を定めることができる。 | 会社法599条3項 |

※〈図7〉①②を参照。

〈図7〉 会社代表(3)——定款の定めに基づく社員の互選

| 定款の定めに基づく社員の互選によって、業務執行社員の中から、代表社員を定める。
●業務執行社員となるものについては、定款で定めていない場合①と、定款で定めている場合②とがある。 | 会社法599条3項 |

① 業務執行社員となるものを、定款で定めていない場合

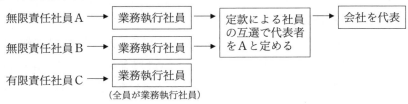

第2章 設 立

② 業務執行社員となるものを、定款で定めている場合

III 定款の作成

1 社員による定款の作成

合名会社、合資会社または合同会社を設立するには、その社員になろうとする者が定款を作成し、その全員がこれに署名し、または記名押印しなければならない（会社法575条1項）。

株式会社を設立する場合に作成する定款は、公証人の認証を受けなければ、その効力を生じないが（会社法30条1項）、持分会社の場合には公証人の認証を要しない。認証を要しない理由は、合名会社や合資会社のような会社は社員の数も少なく、会社組織も簡単であり、また定款の作成に全員が関与し、株式会社ほど複雑な法律関係が生じないからである（公証人法解説124頁、コンメンタール会社法42頁参照）。

2 電磁的記録による作成

定款は、電磁的記録をもって作成することができる。この場合において、当該電磁的記録に記録された情報については、法務省令（会社規225条）で定める署名または記名押印に代わる措置をとらなければならない（会社法26条2項）。

(1) 電磁的記録

会社法でいう電磁的記録とは、電子的方式、磁気的方式その他人の知覚によっては認識することができない方式でつくられる記録であって、電子計算機による情報処理の用に供されるものとして法務省令（会社規224条）で定め

る「磁気ディスクその他これに準ずる方法により一定の情報を確実に記録しておくことができる物をもって調製するファイルに情報を記録したもの」をいう（会社法26条2項）。

(2) 電子署名

定款を電磁的記録をもって作成した場合において、当該電磁的記録に記録された情報については、法務省令（会社規225条1項）で定める署名または記名押印に代わる措置をとらなければならない（会社法575条2項）。この署名または記名押印に代わる措置は、電子署名とされている（会社規225条1項）。

ここでいう「電子署名」とは、電磁的記録に記録することができる情報について行われる措置であって、次の要件のいずれにも該当するものをいう（会社規225条2項）。

① 当該情報が当該措置を行った者の作成に係るものであることを示すためのものであること
② 当該情報について改変が行われていないかどうかを確認することができるものであること

3 定款の絶対的・相対的・任意的記載（記録）事項

(1) 定款の絶対的記載（記録）事項

定款の絶対的記載（記録）事項とは、定款に必ず記載（記録）しなければならない事項をいい、絶対的記載（記録）事項の1つでもその記載（記録）を欠く場合には、定款全体が無効とされる（[先例③]）。

[先例③] 昭31・9・13民甲第2150号民事局長回答（要旨）
　株式会社の定款につき公証人の認証を受けた後に、絶対的記載事項の一部欠缺を発見した場合、その欠缺部分を追完する旨の発起人全員の同意書に公証人の認証を受けても、定款は有効とはならない。

定款の絶対的記載（記録）事項は、会社法の条文において「記載し、又は記録しなければならない」と表記されている。たとえば、会社法576条（定

款の記載または記録事項）は、目的、商号、本店の所在地等を定款の絶対的記載（記録）事項と定めている。

(2) 定款の相対的記載（記録）事項

定款の相対的記載（記録）事項とは、定款に記載（記録）をしなくても定款自体には何ら影響がないが、定款に記載（記録）をしないとその効力が認められない事項をいう。これを、会社法577条は「持分会社の定款には、この法律の規定により定款の定めがなければその効力を生じない事項……を記載し、又は記録することができる」と定めている。

定款の相対的記載（記録）事項は、会社法の条文において「定款に別段の定めがある場合」または「定款で別段の定めをすることを妨げない」等と表記されている。たとえば、会社法590条1項（業務の執行）は、定款で業務執行社員を定めることができる旨を定めている。

(3) 定款の任意的記載（記録）事項

定款の任意的記載（記録）事項とは、絶対的記載（記録）事項および相対的記載（記録）事項以外の定款の定めをいう。これを、会社法577条は「持分会社の定款には、……その他の事項でこの法律の規定に違反しないものを記載し、又は記録することができる」と定めている。

任意的記載（記録）事項を定款で定めるか否かは任意であるが、任意的記載（記録）事項を定款で定めた場合には、会社、会社の機関および社員はこれに拘束される。任意的記載（記録）事項の例としては、営業年度、社員総会に関する事項がある。

4 定款の絶対的記載（記録）事項

持分会社の定款には、次に掲げる事項を記載（記録）しなければならない（会社法576条1項）。

(1) 目　的

会社の設立の登記等において、会社の目的の具体性については、登記官は審査を要しないとされた（平18・3・31民商第782号民事局長通達）。

(2) 商 号
(A) 同一本店所在場所における同一商号の登記の禁止

会社は、その名称を商号とする。会社は、株式会社、合名会社、合資会社または合同会社の種類に従い、それぞれその商号中に株式会社、合名会社、合資会社または合同会社という文字を用いなければならない。会社は、その商号中に、他の種類の会社であると誤認されるおそれのある文字を用いてはならない（会社法6条）。

商号の登記は、その商号が他人のすでに登記した商号と同一であり、かつ、その本店の所在場所が当該他人の商号の登記に係る本店の所在場所と同一であるときは、することができない（商登法27条）。他人が登記した商号は、同一市区町村内において同一の営業のために登記することができないとする類似商号規制（旧商法19条、旧商登法27条）は、廃止された

同一本店所在地における商号の取扱いにつき平18・3・31民商第782号民事局長通達は、「具体的な取扱いは、改正前と同様である（昭和63年2月16日付け法務省民四第712号法務省民事局第四課長回答参照）」としている。

> ［先例④］昭63・2・16民四第712号民事局第四課長回答
> 　（要旨）　既存の会社と目的を異にするが、商号が同一であり、かつ、本店が同一である会社の設立等の登記申請は、商業登記法24条14号（著者注・現商業登記法24条13号）の事由に該当することを理由に却下すべきである。
> 　（照会）　A既存会社とは、商号・本店は全く同一であるが、目的を異にするB会社の設立登記申請（または、商号変更・本店移転の登記申請）は、商業登記法第24条第14号により却下すべきであると考えますが、いささか疑義がありますので、お伺いいたします。
> 　（回答）　貴見のとおりと考えます。

(B) 清算会社と同一商号の規制

設立登記の申請をしようとする持分会社と同一本店所在場所にすでに登記されている商号があるが、このすでに商号の登記をしている会社が清算中で

ある場合の同一商号の取扱いについては第4章第1節Ⅱ（82頁）を参照されたい。

(C) ローマ字・アラビア数字・符号の使用

法務大臣が指定するローマ字、アラビア数字、符号を商号に使用することができる。ただし、従前どおり会社の種類を表す「合名会社」「合資会社」「合同会社」という文字は使用しなければならない（平14・7・31民商第1839号民事局長通達、平14・7・31民商第1841号民事局商事課長依命通知）。

> ・ローマ字は、次の文字を使用することができる。
> 「ABCDEFGHIJKLMNOPQRSTUVWXYZ」
> 「abcdefghijklmnopqrstuvwxyz」
> ・アラビア数字は、次の文字を使用することができる。
> 「0 1 2 3 4 5 6 7 8 9」
> ・その他の符号は、次の符号を使用することができる。
> 「＆」（アンパサンド）　「'」（アポストロフィー）　「，」（コンマ）
> 「－」（ハイフン）　「．」（ピリオド）　「・」（中点）
> 　上記の符号は、字句（日本文字を含む）を区切る際の符号として使用する場合に限り用いることができ、会社の種類を表す部分を除いた商号の先頭または末尾に使用することはできない（「．」（ピリオド）については、省略を表すものとして商号の末尾に用いることができる）。なお、ローマ字を用いて複数の単語を表記する場合に限り、当該単語の間を空白（スペース）によって区切ることも差し支えない。

(3) 本店の所在地

(A) 本店の所在地の記載（記録）

会社の住所は、その本店の所在地にあるものとされる（会社法4条）。「本店の所在地」とは、本店がおかれる場所を含む最小の行政区画をいう。定款に記載（記録）する最小の行政区画の単位とは、○市、○郡○町、○郡○村、東京都の特別区の存する区域にあってはその区のことをいう。政令指定都市の場合は「市」までを定款に記載（記録）すればよく、「区」まで記載（記録）する必要はない（［先例⑤］、登記研究164号49頁、記載例詳解5頁）。なお、定款

には、本店の所在場所（〇県…〇番地）を記載（記録）することもできる。

［先例⑤］明34・8・15民刑第863号民刑局長回答
　本店または支店の所在地とは某市、某町の意義なる（略）。

(B)　支店の所在地の記載（記録）

旧商法では、定款に「本店及支店ノ所在地」を記載（記録）する必要があったが（旧商法63条1項4号）、会社法では、支店の所在地は定款の絶対的記載（記録）事項とされていない。株式会社については、支店の所在地が定款の絶対的記載（記録）事項とされていない（旧商法166条1項、会社法27条参照）こととの均衡上、また、支店の設置について、定款を変更し、原則として総社員の同意を要することとする必要性が乏しいことから（新会社法の解説13頁）、定款の絶対的記載（記録）事項からはずされたものである。

(4)　**社員の氏名または名称および住所**

自然人に限らず法人も持分会社の社員となることができる。社員が自然人の場合には、その氏名および住所を記載（記録）し、法人の場合には、その名称および住所（本店）を記載（記録）しなければならない。

なお、社員となる者が未成年であるために、その法定代理人が設立行為を代理する場合であっても、定款に記載（記録）する「社員の氏名及び住所」は、社員たる当該未成年その者の氏名および住所を記載（記録）する。

(5)　**社員が無限責任社員または有限責任社員のいずれであるかの別**

定款には、持分会社の種類に応じて、その社員が、無限責任社員であるか有限責任社員であるかを記載（記録）しなければならない。

①　合名会社の場合　　合名会社は、無限責任社員1人以上で構成される。合名会社の定款には、その社員の全部を「無限責任社員」とする旨を記載（記録）しなければならない。

②　合資会社の場合　　合資会社は、無限責任社員および有限責任社員の各1人以上で構成される。合資会社の定款には、その社員の一部が「無限責任社員」である旨、その他の社員を「有限責任社員」とする旨を記

載（記録）しなければならない。
③　合同会社の場合　　合同会社は、有限責任社員1人以上で構成される。合同会社の定款には、その社員の全部を「有限責任社員」とする旨を記載（記録）しなければならない。

(6) 社員の出資の目的（有限責任社員にあっては金銭等に限る）およびその価額または評価の標準

(A) 出資の目的

出資の目的とは、出資の客体のことをいう。持分会社の出資の客体としては、財産出資、労務または信用の出資がある。無限責任社員は信用または労務を出資の目的とすることができるが、有限責任社員は信用または労務を出資の目的とすることができない（会社法576条1項6号）。

(a) 財産出資

財産出資には、金銭による出資（金銭出資）と現物による出資（現物出資）とがある。現物出資の目的財産は、貸借対照表に資産として計上でき、かつ、移転可能なものである限り、その種類を問わない（会社法論（上）198頁・199頁、注釈会社法(2)102頁・103頁〔上柳克郎〕）。主な例として次のものがある。

①　動産、不動産、有価証券、鉱業権、のれん（得意先・営業上の秘訣）、ノウハウ（工業技術等）等
②　地上権・抵当権付きの不動産（質疑応答集5年版22頁、注釈会社法(2)102頁〔上柳克郎〕）
③　債権（会社法582条2項参照）

持分会社の現物出資については、株式会社のような検査役の調査（会社法33条1項）および規制（会社法28条1号（現物出資事項の定款への記載（記録））・33条10項（検査役の選任が不要な現物出資））は課されていない。

(b) 労務出資

無限責任社員が、会社のために労務に服することによってなす出資のことをいう。たとえば、技術家が技術上の労務を出資する例をあげることができる。労務の種類には制限がなく、精神的または肉体的なものいずれであって

も差し支えない（会社法論（上）77頁）。なお、労務出資というには、定款に、出資をなすこと、および評価の標準が記載されなければならない。

　(c)　**信用出資**

　無限責任社員が、会社に自分の信用を利用させることによってなす出資をいう。信用出資の例としては、会社のために連帯保証もしくは担保提供をなし、または会社の振り出す手形に裏書・引受けをすることがあげられる。また、単に無限責任社員として会社に加入し、その加入により会社の信用を高めることも信用の出資となりうる（会社法論（上）77頁）。ただし、定款で、その評価の標準が定められるものでなければならない。

　(B)　**出資の価額**

　金銭以外の出資について、金銭に見積もった評価額のことをいう。

　(C)　**評価の標準**

　信用または労務の出資が金銭に見積もられていない場合に、その価格算出の方法のことをいう。たとえば、「信用の出資は財産出資の最低額と同じ」（会社法論（上）65頁）または「労務の評価の標準　1か年金何万円也」（書式精義（下）729頁）という定め方がある。

5　出資の履行

(1)　合名会社・合資会社の社員の出資履行時期

　合名会社または合資会社の社員になろうとする者がなす出資の払込みまたは現物出資財産の給付の時期につき、会社法は、株式会社または合同会社の場合（会社法34条1項・63条1項・578条参照）と異なり、特に規定していない。

　合名会社または合資会社の社員になろうとする者は、必ずしも会社設立時に出資全部の履行を強制されるものではなく（大判昭8・2・15民集12巻215頁）、社員になろうとする者全員の同意または定款で履行時期を定めることができる。出資の履行時期につき別段の定めがされていないときは、会社が出資の履行を請求した時に履行期が到来すると解されている（[判例①]）。

〈図8〉 社員の出資履行時期

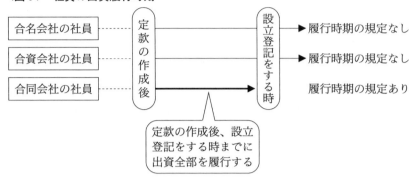

[判例①] 最判昭62・1・22判時1223号136頁
　合資会社の社員の金銭出資義務は、定款または総社員の同意によりその履行期が定められていないときは、会社の請求によりはじめてその履行期が到来し、特定額の給付を目的とする金銭債務として具体化される。

(2) 合同会社の社員の出資履行時期

(A) 出資全額払込主義

　合同会社の社員になろうとする者は、定款の作成後、合同会社の設立の登記をする時までに、その出資に係る金銭の全額を払い込み、またはその出資に係る金銭以外の財産の全部を給付しなければならない（会社法578条本文）。

　合同会社の場合には、合資会社の有限責任社員の場合と異なり、出資全額払込主義をとる。この出資全額払込主義をとることにより、合同会社の社員は、会社債権者に対して直接責任を負うことはない（会社法580条2項参照。なお、合資会社が社員の退社によって合同会社に変更したものとみなされた場合においては、会社法640条2項に違反して、社員がその出資の全部を履行しないときは、当該出資を履行しない社員は、例外的に債権者に対して直接責任を負うことになる（新会社法の解説15頁））。

(B) 現物出資財産の対抗要件

　合同会社の社員になろうとする者が金銭以外の財産を出資する場合には、

定款の作成後、合同会社の設立の登記をする時までに、その出資に係る金銭以外の財産の全部を給付しなければならない（会社法578条本文）。ただし、合同会社の社員になろうとする者全員の同意があるときは、登記、登録その他権利の設定または移転を第三者に対抗するために必要な行為は、合同会社の成立後にすることができる（同条ただし書）。

6 持分会社の成立

持分会社は、その本店の所在地において設立の登記をすることによって成立する（会社法579条）。設立の登記は、商業登記法の定めるところに従い、商業登記簿に登記をする（同法907条）。

会社法の規定により登記すべき事項は、登記の後でなければ、これをもって善意の第三者に対抗することができない。登記の後であっても、第三者が正当な事由によってその登記があることを知らなかったときは、同様とされる。故意または過失によって不実の事項を登記した者は、その事項が不実であることをもって善意の第三者に対抗することができない（会社法908条）。

第2節　登記手続

I　合名会社の設立登記

1　登記事項

合名会社の設立の登記は、その本店の所在地において、次に掲げる事項を登記してしなければならない（会社法912条）。

① 目的
② 商号
③ 本店および支店の所在場所
④ 合名会社の存続期間または解散の事由についての定款の定めがあると

きは、その定め
⑤ 社員の氏名または名称および住所
⑥ 代表社員の氏名または名称（合名会社を代表しない社員がある場合に限る）
⑦ 代表社員が法人であるときは、当該社員の職務を行うべき者（職務執行者）の氏名および住所
⑧ 会社法939条1項（会社の公告方法）の規定による公告方法についての定款の定めがあるときは、その定め
⑨ ⑧の定款の定めが電子公告を公告方法とする旨のものであるときは、次に掲げる事項
　ⓐ 電子公告により公告すべき内容である情報について不特定多数の者がその提供を受けるために必要な事項であって法務省令（会社規220条1項3号）で定めるもの　具体的には、当該情報が掲載されているウェブページのURLをいう。
　ⓑ 会社法939条3項後段（事故等のため電子公告に代わる公告方法）の規定による定款の定めがあるときは、その定め
⑩ ⑧の定款の定めがないときは、会社法939条4項の規定により、官報に掲載する方法を公告方法とする旨

2　申請期間

　合名会社の設立の登記については、申請期間につき会社法上規定がない。なお、合名会社の設立に際して支店を設けた場合（支店が本店の所在地を管轄する登記所の管轄区域内にある場合を除く）には、本店の所在地における設立の登記をした日から2週間以内に、支店の所在地における登記をしなければならない（会社法930条1項1号）。

3　添付書類

　合名会社の設立の登記申請書には、次の書面を添付しなければならない

(商登法94条、平18・3・31民商第782号民事局長通達)。
① 定款　　持分会社の定款には、公証人の認証を要しない。
② 定款の定めに基づく社員の互選によって代表社員を定めたときは、その互選を証する書面および代表社員の就任承諾書（商登法93条）[7]
③ 代表社員が法人であるときは、次に掲げる書面
　ⓐ 当該法人の登記事項証明書（ただし、当該登記所の管轄区域内に当該法人の本店または主たる事務所がある場合を除く）
　　申請書に当該法人の会社法人等番号を記載した場合には、登記事項証明書は添付することを要しない（商登法19条の3、商登規36条の3）。
　ⓑ 当該社員の職務を行うべき者（当該法人の職務執行者）の選任に関する書面　　当該法人の業務執行の決定機関において選任したことを証する議事録等を添付する。具体的には、次のとおりである。
　　㋑ 当該法人が株式会社である場合には、取締役が選任したことを証する書面（取締役会設置会社にあっては取締役会議事録、委員会設置会社にあっては執行役が選任したことを証する書面。会社法348条1項・2項・362条4項3号・418条）
　　㋺ 当該法人が持分会社である場合には、社員が選任したことを証する書面（会社法590条1項・2項・591条2項）
　　㋩ 当該法人が学校法人その他の理事会が法定されている法人である場合には、理事会議事録（私立学校法36条2項）
　　㋥ 当該法人が理事会が法定されていない法人である場合には、理事の過半数をもって選任したことを証する書面

7　代表社員の就任承諾書を添付する規定は、商業登記法および商業登記規則上存在しない（株式会社の設立時代表取締役については規定が存在する。商登法47条2項10号参照）。旧有限会社法下では、定款の定めに基づく取締役の互選で代表取締役を選任した場合には、選任機関が異なることから（定款または社員総会による取締役の選任と取締役の互選による代表取締役の選任とに分かれる）、代表取締役の就任承諾書を要すると解されていた（味村（下）55頁）。

ⓒ　当該社員の職務を行うべき者（当該法人の職務執行者）が就任を承諾したことを証する書面
　④　代表社員以外の社員が法人であるときは、当該法人の登記事項証明書（ただし、当該登記所の管轄区域内に当該法人の本店または主たる事務所がある場合を除く）
　　申請書に当該法人の会社法人等番号を記載した場合には、登記事項証明書は添付することを要しない（商登法19条の3、商登規36条の3）。
　⑤　代理権限を証する書面（商登法18条）　代理人によって登記の申請をする場合に添付する。
　⑥　許可書（商登法19条）　官庁の許可を要する事項の登記を申請するには、官庁の許可書またはその認証がある謄本を添付する。
　⑦　印鑑届書（商登法20条1項・2項、商登規9条1項・5項）
　　ⓐ　代表社員が自然人である場合　印鑑届書に押印した印鑑につき市区町村長の作成した証明書で、作成後3カ月以内のものを添付する。
　　ⓑ　代表社員が法人である場合
　　　㋑　代表社員の職務執行者が当該法人の代表者であるとき　代表社員の職務執行者が当該法人の代表者であるときは、登記所の作成した当該法人の代表者の資格を証する書面および印鑑届書に押印した印鑑につき登記所の作成した印鑑証明書で、いずれも作成後3カ月以内のものを添付しなければならない（商登規9条5項4号）。
　　　㋺　代表社員の職務執行者が当該法人の代表者でないとき　代表社員の職務執行者が当該法人の代表者でないときは、当該法人の代表者が職務執行者の印鑑に相違ないことを保証した書面（登記所に提出した当該法人の代表者の印鑑の押印を要する）および当該印鑑につき登記所の作成した証明書で、作成後3カ月以内のものを添付しなければならない（商登規9条5項5号）。
　　　㋩　添付の省略　印鑑届書の提出を受ける登記所において登記がされている法人（当該登記所の管轄区域内に本店または主たる事務所を有

するものに限る）の代表者の資格証明書および当該登記所に提出された印鑑に係る印鑑の証明書については、添付を要しない（商登規9条5項ただし書）。

なお、登記の申請書に添付すべき定款、議事録が電磁的記録でつくられているとき、または登記の申請書に添付すべき書面につきその作成に代えて電磁的記録の作成がされているときは、当該電磁的記録に記録された情報の内容を記録した法務省令（商登規36条）で定める電磁的記録を当該申請書に添付しなければならない（商登法19条の2）。

4　登記申請書

【書式2-1】　登記申請書(1)──合名会社設立

<pre>
                合名会社設立登記申請書
1 商   号   合名会社　平成商会
1 本   店   名古屋市中区栄二丁目5番6号
1 登 記 の 事 由   設立の手続終了（注1）
1 登記すべき事項   別添のとおり（注2）
1 登 録 免 許 税   金60,000円（注3）
1 添 付 書 類   定款   1通
                 社員の同意があったことを証する
                 書面（注4）   1通
                 代表社員の就任承諾書   1通
                 代表社員の印鑑証明書   ○通
                 ｛合名会社を代表する社員が法人である場合には、
                 次の①②③の書面を添付する｝
                     ①　当該法人の登記事項証明書   1通
                     ②　職務執行者の選任に関する書面 1通
                     ③　職務執行者の就任承諾書   1通
                 ｛代表社員以外の社員が法人であるときは、当該
                 法人の登記事項証明書を1通添付する｝
</pre>

第2章 設 立

```
                    委任状                            1通
   上記のとおり登記の申請をする。
     平成○年○月○日
                       名古屋市中区栄二丁目5番6号
                           申 請 人   合名会社 平成商会
                       名古屋市東区葵三丁目6番7号
                           代 表 社 員   鈴 木 一 郎
                       名古屋市北区清水五丁目2番3号
                           上記代理人   佐 藤 太 郎 ㊞
   ○○法務局○○出張所 御中
```

(注1) 定款を作成し（公証人の認証は不要）、出資の払込みが完了すれば設立手続は終了する。ただし、合名会社の場合には、必ずしも出資全部の履行が会社設立時になされなくてもよい場合がある。この点については第1節Ⅲ5（31頁）を参照。

(注2) 登記すべき事項を記録した電磁的記録（法務省令で定めるものに限る）を申請書とともに提出するときは、申請書には当該電磁的記録に記録された事項を記載することを要しない（商登法17条4項、【書式2-2】参照）。

(注3) 合名会社の設立の登記の登録免許税は、申請1件につき、本店の所在地においては6万円、支店の所在地においては9000円である。

(注4) 社員の互選によって合名会社を代表する社員を定めた場合に添付する（会社法599条3項、商登法93条）。

【書式2-2】 登記すべき事項の入力例

```
「商号」合名会社平成商会
「本店」名古屋市中区栄二丁目5番6号
「公告をする方法」官報に掲載してする。
「目的」
 1  ○○の製造販売
 2  ○○の売買
 3  前各号に附帯する一切の事業
「社員に関する事項」
「資格」社員
```

「住所」名古屋市東区葵三丁目6番7号
「氏名」鈴木一郎
「社員に関する事項」
「資格」社員
「住所」愛知県岡崎市徳川町一丁目2番3号
「氏名」平成商事株式会社
「社員に関する事項」
「資格」社員
「住所」横浜市中区緑町2丁目8番地
「氏名」山田順次
「社員に関する事項」
「資格」代表社員
「氏名」鈴木一郎

> （注）代表社員が法人の場合の入力例
> 「社員に関する事項」
> 「資格」代表社員
> 「氏名」平成商事株式会社
> 「職務執行者」
> 「住所」愛知県岡崎市徳川町二丁目3番5号
> 「氏名」職務執行者　佐藤　正

「登記記録に関する事項」設立

［備考］
(1) 公告方法についての定款の定めがないときは、官報により掲載する方法を公告方法とする旨を入力する（会社法912条10号）。
(2) 電子公告を公告方法とするときは、次に掲げる事項を入力する（会社法912条9号）。
　① 電子公告により公告すべき内容である情報について不特定多数の者がその提供を受けるために必要な事項であって法務省令で定めるもの（会社規220条1項3号。具体的には、当該情報が掲載されているウェブページのURL）
　② 事故その他のやむを得ない事由によって電子公告による公告をすることができない場合の公告方法について定款の定めがあるときは、その定め

第2章 設 立

【書式2-3】 定 款

合名会社　平成商会　定款

第1章　総　則

(商号)
第1条　当会社の商号は，合名会社　平成商会とする。
(本店支店の所在地)
第2条　当会社は，本店を名古屋市中区栄二丁目5番6号に置く。(注1)
(目的)
第3条　当会社の目的は次のとおりとする。
　　1　○○の製造販売
　　2　○○の売買
　　3　前各号に附帯する一切の事業

第2章　社員及び出資

(社員の氏名・住所・出資及び責任)
第4条　社員の氏名及び住所，出資の目的及びその価額又は評価の標準は次のとおりであり，社員の全部を無限責任社員とする。
　　1　金100万円也
　　　　名古屋市東区葵三丁目6番7号
　　　　　　鈴　木　一　郎
　　1　実用新案権登録第○○○号　この価格金200万円
　　　　愛知県岡崎市徳川町一丁目2番3号
　　　　　　平成商事株式会社
　　1　金60万円也
　　　　横浜市中区緑町2丁目8番地
　　　　　　山　田　順　次
(出資の時期)
第5条　金銭をもって出資の目的とした者は，平成○年○月○日までにその全額を当会社に払い込まなければならない。
(持分の譲渡)
第6条　社員は，その持分の全部又は一部を他人に譲渡するときは，他の社員全員の承諾を得ることを要する。

第3章　業務の執行及び会社の代表

（業務執行社員）
第7条　当会社の業務は，業務執行社員がこれを執行するものとする。
　　2　鈴木一郎及び平成商事株式会社は業務執行社員とし，当会社の業務を執行する。
（代表社員）
第8条　代表社員は，社員の互選によって，業務執行社員の中からこれを定める。

第4章　社員の入社及び退社

（入社）
第9条　新たに社員を入社させるには，総社員の同意を要する。
（社員の相続人）
第10条　社員が死亡した場合または合併により消滅した場合には，その相続人その他の一般承継人は，他の社員全員の承諾を得て，持分を承継して社員として加入することができる。

第5章　事業年度

（事業年度）
第11条　当会社の事業年度は，毎年4月1日から翌年3月31日までとする。

第6章　清　算

（清算方法）
第12条　当会社が解散した場合における会社財産の処分方法は，総社員の同意をもってこれを定める。ただし，次条及商法の規定により総社員又はその選任した者において清算をすることもできる。
（残余財産の分配）
第13条　残余財産は，各社員の出資額に応じてこれを分配する。

　以上，合名会社　平成商会　設立のためにこの定款を作成し，次に各社員記名押印する。
　　平成〇年〇月〇日（注2）
　　　　　　　　　鈴　木　一　郎　㊞（注3）

第2章 設　立

>   平成商事株式会社
>   代表取締役　平　成　花　子 ㊞
>   山　田　順　次 ㊞

（注１）　最小行政区画をもって表示すれば足りる。ただし、最小行政区画のみを記載した場合は、具体的本店所在場所を定めたことを証する書面（【書式2-5】）を添付しなければならない。
（注２）　定款の作成日を記載する。
（注３）　社員の全員が署名（記名押印）する。合名会社の定款については、公証人の認証は不要である。したがって、押すべき印鑑については制限がない。

【書式2-4】　委任状

>   委　任　状
>
>   名古屋市北区清水五丁目2番3号
>   佐　藤　太　郎
>   私は上記の者を代理人と定め、次の権限を委任する。
>   １　合名会社　平成商会の設立登記申請をする一切の件。
>
>   平成○年○月○日
>   名古屋市中区栄二丁目5番6号
>   合名会社　平成商会
>   代表社員　鈴　木　一　郎 （注）

（注）　会社を代表すべき者が、法務局に届出をした印鑑を押す。

【書式2-5】　本店・代表社員等の決定書

>   決　定　書（注１）
>
>   １．本　　店　　名古屋市中区栄二丁目5番6号（注２）
>   ２．代表社員　　鈴木一郎（注３）
>   ｛法人の場合：平成商事株式会社｝

第2節　登記手続

> 上記事項を決定する。
> 　　平成○年○月○日（注4）
> 　　　　　　合名会社　平成商会
> 　　　　　　　　社　員　　鈴　木　一　郎　㊞（注5）
> 　　　　　　　　社　員　　平成商事株式会社
> 　　　　　　　　　　　　　　代表取締役　　平　成　花　子　㊞
> 　　　　　　　　社　員　　山　田　順　次　㊞

(注1)　登記すべき事項につき総社員の同意またはある社員の一致を要するときは、申請書にその同意または一致があったことを証する書面を添付しなければならない（商登法93条）。

(注2)　定款で具体的な本店所在場所を定めているときは、記載を要しない。定款で具体的な本店所在場所を定めていない場合において、定款で業務執行社員を定めている場合は、原則として、業務執行社員の過半数をもって本店の所在場所を決定する（会社法591条1項）。定款で業務執行社員を定めていない場合は、定款に別段の定めがない限り、社員の過半数をもって決定する（同法590条1項・2項）。

(注3)　①定款で、代表社員を定めている場合は2.の決定は不要。定款で代表社員を定めていない場合は、定款の定めに基づく社員の互選によって、業務執行社員の中から代表社員を定めることができる（会社法599条3項）。②本例の場合は、定款8条で「代表社員は、社員の互選をもって、これを定める」としているので、この定めに従うことになる。

(注4)　決定をした日。

(注5)　本例は、定款8条で代表社員の定めは社員の互選によるとしているので、社員の記名押印をする（第1節Ⅱ2(4)(22頁)参照）。押すべき印鑑について制限はない。

【書式2-6】　代表社員の就任承諾書

> 　　　　　　　　　　就任承諾書（注1）
>
> 　私は，平成○年○月○日，貴社の代表社員に定められたので，その就任を承諾します。
> 　　平成○年○月○日（注2）

43

第2章 設 立

> 　　　　　　　　　　　　　　　　　　名古屋市東区葵三丁目6番7号
> 　　　　　　　　　　　　　　　　　　　　鈴 木 一 郎 ㊞ （注3）
> 　合名会社　平成商会　御中

（注1）　定款に代表社員が記載されている場合は、この就任承諾書は不要である。有限会社の事案であるが、設立登記申請に際し、社員が取締役または監査役として定款に記載されている場合には、就任承諾書の添付を要しないとする先例がある（昭39・8・22民甲第2875号民事局長回答）。
　　　　　定款の定めにより、社員の互選によって、業務執行社員の中から代表社員を定めた場合には、被選任者の就任承諾書を添付する（3②（35頁）を参照）。
（注2）　就任を承諾した日。
（注3）　押すべき印鑑について制限はない。なお、法人が代表社員となった場合は、記名押印は次のようになる。

> 　　愛知県岡崎市徳川町一丁目2番3号
> 　　　平成商事株式会社
> 　　　　　代表取締役　平 成 花 子 ㊞

【書式2-7】　職務執行者の選任に関する書面（代表社員が株式会社の場合）

> 　　　　　　　　　　取締役会議事録（注1）
>
> 　平成○年○月○日午前○時○分当会社の本店において，取締役○名（総取締役数○名）出席のもとに，取締役会を開催し，下記議案につき可決確定のうえ，午前○時○分閉会した。
> 　　　　　議案　職務執行者選任の件
> 　代表取締役平成花子は定款の規定により議長となり，当会社が合名会社平成商会の代表社員として選定されたことに伴い，職務執行者を選任する必要がある旨を述べ，協議の結果，全員一致をもって次の者を選任した。被選任者は，その就任を承諾した。
> 　　　　　職務執行者　　佐　藤　　　正
> 　上記の決議を明確にするため，この議事録を作成し出席取締役全員がこれに記名押印する。

```
                    平成○年○月○日
                         平成商事株式会社
                            出席取締役    平 成 花 子  ㊞ （注2）
                            同           佐 藤    正  ㊞
                            同           田 中 次 郎  ㊞
```

(注1)　法人が業務執行社員である場合には、当該法人は、当該業務を執行する職務執行者を選任しなければならない（会社法598条1項）。合名会社の代表社員が法人であるときは、代表社員の職務を行う者の選任に関する書面および代表社員となった当該法人の登記事項証明書を添付しなければならない（商登法94条2号）。

　　　　申請書に当該法人の会社法人等番号を記載した場合には、登記事項証明書は添付することを要しない（商登法19条の3、商登規36条の3）。

(注2)　職務執行者の選任に関する書面に、当該法人の印鑑証明書を添付すべき規定はない。代表取締役については法務局への届出印を押すのが一般的であろうが、他の取締役も含めて押すべき印鑑について制限はない。

　　　　なお、監査役が取締役会に出席している場合は、監査役の記名押印を要する。

【書式2-8】　職務執行者の就任承諾書（代表社員が株式会社の場合）

```
                       就任承諾書（注1）

  私は，平成○年○月○日，合名会社平成商会の代表社員の職務執行者に選任
されたので，その就任を承諾します。
    平成○年○月○日（注2）
                              愛知県岡崎市徳川町二丁目3番5号
                                    佐 藤    正  ㊞ （注3）
  平成商事株式会社　御中
```

(注1)　法人が合名会社の代表社員になった場合は、代表者の職務を執行する者（職務執行者）の就任承諾書を添付しなければならない（商登法94条2号）。
(注2)　就任を承諾した日。
(注3)　押すべき印鑑について制限はない。

第 2 章 設 立

II 合資会社の設立登記

1 登記事項

　合資会社の設立の登記は、その本店の所在地において、次に掲げる事項を登記してしなければならない（会社法913条）。
① 　目的
② 　商号
③ 　本店および支店の所在場所
④ 　合資会社の存続期間または解散の事由についての定款の定めがあるときは、その定め
⑤ 　社員の氏名または名称および住所
⑥ 　社員が有限責任社員または無限責任社員のいずれであるかの別
⑦ 　有限責任社員の出資の目的およびその価額並びにすでに履行した出資の価額
⑧ 　代表社員の氏名または名称（合資会社を代表しない社員がある場合に限る）
⑨ 　代表社員が法人であるときは、当該社員の職務を行うべき者（職務執行者）の氏名および住所
⑩ 　会社法939条1項（会社の公告方法）の規定による公告方法についての定款の定めがあるときは、その定め
⑪ 　⑩の定款の定めが電子公告を公告方法とする旨のものであるときは、次に掲げる事項
　　ⓐ 　電子公告により公告すべき内容である情報について不特定多数の者がその提供を受けるために必要な事項であって法務省令（会社規220条1項4号）で定めるもの　具体的には、当該情報が掲載されているウェブページの URL をいう。
　　ⓑ 　会社法939条3項後段（事故等のため電子公告に代わる公告方法）の規

定による定款の定めがあるときは、その定め
⑫　⑩の定款の定めがないときは、会社法939条4項の規定により官報に掲載する方法を公告方法とする旨

2　申請期間

　合資会社の設立の登記については、申請期間につき会社法上規定がない。なお、設立に際して支店を設けた場合（支店が本店の所在地を管轄する登記所の管轄区域内にある場合を除く）には、本店の所在地における設立の登記をした日から2週間以内に、支店の所在地における登記をしなければならない（会社法930条1項1号）。

3　添付書類

　合資会社の設立の登記申請書には、次の書面を添付しなければならない（商登法111条・94条、平18・3・31民商第782号民事局長通達）。
①　定款　　持分会社の定款には、公証人の認証を要しない。
②　定款の定めに基づく社員の互選によって代表社員を定めたときは、その互選を証する書面および代表社員の就任承諾書（商登法111条・93条。Ⅰ3②（35頁）参照）
③　代表社員が法人であるときは、次に掲げる書面
　ⓐ　当該法人の登記事項証明書（ただし、当該登記所の管轄区域内に当該法人の本店または主たる事務所がある場合を除く）
　　　申請書に当該法人の会社法人等番号を記載した場合には、登記事項証明書は添付することを要しない（商登法19条の3、商登規36条の3）。
　ⓑ　当該社員の職務を行うべき者（当該法人の職務執行者）の選任に関する書面　　当該法人の業務執行の決定機関において選任したことを証する議事録等を添付する。具体的には、次のとおりである。
　　㋐　当該法人が株式会社である場合には、取締役が選任したことを証する書面（取締役会設置会社にあっては取締役会議事録、委員会設置会

第2章 設　立

　　　　社にあっては執行役が選任したことを証する書面。会社法348条1項・2項・362条4項3号・418条）

　　　㋺　当該法人が持分会社である場合には、社員が選任したことを証する書面（会社法590条1項・2項・591条2項）

　　　㋩　当該法人が学校法人その他の理事会が法定されている法人である場合には、理事会議事録（私立学校法36条2項）

　　　㋥　当該法人が理事会が法定されていない法人である場合には、理事の過半数をもって選任したことを証する書面

　　ⓒ　当該社員の職務を行うべき者（当該法人の職務執行者）が就任を承諾したことを証する書面

④　代表社員以外の社員が法人であるときは、当該法人の登記事項証明書（ただし、当該登記所の管轄区域内に当該法人の本店または主たる事務所がある場合を除く）

　　申請書に当該法人の会社法人等番号を記載した場合には、登記事項証明書は添付することを要しない（商登法19条の3、商登規36条の3）。

⑤　有限責任社員がすでに履行した出資の価額を証する書面（商登法110条）　代表社員の作成に係る出資金領収書、財産の引継書等を添付する。

⑥　代理権限を証する書面（商登法18条）　代理人によって登記の申請をする場合に添付する。

⑦　許可書（商登法19条）　官庁の許可を要する事項の登記を申請するには、官庁の許可書またはその認証がある謄本を添付する。

⑧　印鑑届書（商登法20条1項・2項、商登規9条1項・5項）　Ⅰ3⑦（36頁）と同一である。

4 登記申請書

【書式2-9】 登記申請書(2)──合資会社設立

合資会社設立登記申請書

1	商　　　　　号	合資会社　平成商会
1	本　　　　　店	名古屋市中区栄二丁目5番6号
1	登 記 の 事 由	設立の手続終了（注1）
1	登記すべき事項	別添のとおり（注2）
1	登 録 免 許 税	金60,000円（注3）
1	添 付 書 類	定款　　　　　　　　　　　　　　　　　　　1通

　　　　　　　　　業務執行社員の過半数の一致があったこと
　　　　　　　　　を証する書面　　　　　　　　　　　　　1通
　　　　　　　　　代表社員の就任承諾書　　　　　　　　　1通
　　　　　　　　　代表社員の印鑑証明書　　　　　　　　　○通
　　　　　　　　　{合資会社を代表する社員が法人である場合には，
　　　　　　　　　次の①②③の書面を添付する}
　　　　　　　　　　①　当該法人の登記事項証明書　　　　1通
　　　　　　　　　　②　職務執行者の選任に関する書面　　1通
　　　　　　　　　　③　職務執行者の就任承諾書　　　　　1通
　　　　　　　　　{代表社員以外の社員が法人であるときは，当該
　　　　　　　　　法人の登記事項証明書を1通添付する}
　　　　　　　　　有限責任社員がすでに履行した出資の価額を証する
　　　　　　　　　書面　　　　　　　　　　　　　　　　　1通
　　　　　　　　　委任状　　　　　　　　　　　　　　　　1通

上記のとおり登記の申請をする。
　　平成○年○月○日

　　　　　　　　　　　　　　　　名古屋市中区栄二丁目5番6号
　　　　　　　　　　　　　　　　　申　請　人　合資会社　平成商会
　　　　　　　　　　　　　　　　名古屋市東区葵三丁目6番7号
　　　　　　　　　　　　　　　　　代 表 社 員　鈴　木　一　郎

第2章 設　立

　　　　　　　　　　　　　　　名古屋市北区清水五丁目2番3号
　　　　　　　　　　　　　　　　上記代理人　　佐　藤　太　郎　㊞
○○法務局○○出張所　御中

（注1）　定款を作成し（公証人の認証は不要）、出資の払込みが完了すれば設立手続は終了する。ただし、合資会社の場合には、必ずしも出資全部の履行が会社設立時になされなくてもよい場合がある。この点については第1節Ⅲ5（31頁）を参照。
（注2）　登記すべき事項を記録した電磁的記録（法務省令で定めるものに限る）を申請書とともに提出するときは、申請書には当該電磁的記録に記録された事項を記載することを要しない（商登法17条4項、【書式2-10】参照）。
（注3）　合資会社の設立の登記の登録免許税は、申請1件につき、本店の所在地においては6万円、支店の所在地においては9000円である。

【書式2-10】　登記すべき事項の入力例

```
「商号」合資会社平成商会
「本店」名古屋市中区栄二丁目5番6号
「公告をする方法」官報に掲載してする。
「目的」
　1　○○の製造販売
　2　○○の売買
　3　前各号に附帯する一切の事業
「社員に関する事項」
「資格」無限責任社員
「住所」名古屋市東区葵三丁目6番7号
「氏名」鈴木一郎
「社員に関する事項」
「資格」無限責任社員
「住所」愛知県岡崎市徳川町一丁目2番3号
「氏名」平成商事株式会社
「社員に関する事項」
「資格」有限責任社員
「住所」横浜市中区緑町2丁目8番地
```

「氏名」山田順次
「社員に関するその他の事項」金40万円全部履行
「社員に関する事項」
「資格」代表社員
「氏名」鈴木一郎

> （注）代表社員が法人の場合の入力例
> 「社員に関する事項」
> 「資格」代表社員
> 「氏名」平成商事株式会社
> 「職務執行者」
> 「住所」愛知県岡崎市徳川町二丁目3番5号
> 「氏名」職務執行者　佐藤　正

「登記記録に関する事項」設立

［備考］
(1) 公告方法についての定款の定めがないときは、官報により掲載する方法を公告方法とする旨を入力する（会社法912条10号）。
(2) 電子公告を公告方法とするときは、次に掲げる事項を入力する（会社法912条9号）。
　① 電子公告により公告すべき内容である情報について不特定多数の者がその提供を受けるために必要な事項であって法務省令で定めるもの（会社規220条1項4号。具体的には、当該情報が掲載されているウェブページのURL）
　② 事故その他のやむを得ない事由によって電子公告による公告をすることができない場合の公告方法について定款の定めがあるときは、その定め

第2章 設立

【書式2-11】 定　款

合資会社　平成商会　定款

第1章　総　則

(商号)
第1条　当会社の商号は，合資会社　平成商会とする。
(本店支店の所在地)
第2条　当会社は，本店を名古屋市中区栄二丁目5番6号に置く。(注1)
(目的)
第3条　当会社の目的は次のとおりとする。
　　　1　○○の製造販売
　　　2　○○の売買
　　　3　前各号に附帯する一切の事業

第2章　社員及び出資

(社員の氏名・住所・出資及び責任)
第4条　社員の氏名及び住所，出資の目的及びその価額又は評価の標準並びに
　　　社員の責任は，次のとおりである。
　　　1　金200万円也
　　　　　名古屋市東区葵三丁目6番7号
　　　　　　　　無限責任社員　　鈴　木　一　郎
　　　1　実用新案権登録第○○○号　この価格金60万円
　　　　　愛知県岡崎市徳川町一丁目2番3号
　　　　　　　　無限責任社員　　平成商事株式会社
　　　1　金40万円也
　　　　　横浜市中区緑町2丁目8番地
　　　　　　　　有限責任社員　　山　田　順　次
(出資の時期)
第5条　金銭をもって出資の目的とした者は，平成○年○月○日までにその全
　　　額を当会社に払い込まなければならない。
(持分の譲渡)
第6条　社員は，その持分の全部又は一部を他人に譲渡するときは，他の社員
　　　全員の承諾を得ることを要する。

第3章　業務の執行及び会社の代表

（業務執行社員）
第7条　当会社の業務は，業務執行社員がこれを執行するものとする。
　　2　鈴木一郎及び平成商事株式会社は業務執行社員とし，当会社の業務を執行する。
（代表社員）
第8条　代表社員は，社員の互選によって，業務執行社員の中からこれを定める。

第4章　社員の入社及び退社

（入社）
第9条　新たに社員を入社させるには，総社員の同意を要する。
（社員の相続人）
第10条　社員が死亡した場合または合併により消滅した場合には，その相続人その他の一般承継人は，他の社員全員の承諾を得て，持分を承継して社員として加入することができる。

第5章　事業年度

（事業年度）
第11条　当会社の事業年度は，毎年4月1日から翌年3月31日までとする。

第6章　清　算

（清算方法）
第12条　当会社が解散した場合における会社財産の処分方法は，総社員の同意をもってこれを定める。ただし，次条及び商法の規定により総社員又はその選任した者において清算をすることもできる。
（残余財産の分配）
第13条　残余財産は，各社員の出資額に応じてこれを分配する。

　以上，合資会社　平成商会　設立のためにこの定款を作成し，次に各社員記名押印する。
　　平成〇年〇月〇日（注2）
　　　　　　　　　　鈴　木　一　郎　㊞（注3）

第 2 章 設　立

```
　　　　　　　　　平成商事株式会社
　　　　　　　　　　代表取締役　平　成　花　子　㊞
　　　　　　　　　山　田　順　次　㊞
```

(注1)　最小行政区画をもって表示すれば足りる。ただし、最小行政区画のみを記載した場合は、具体的本店所在場所を定めたことを証する書面（【書式2-13】）を添付しなければならない。

(注2)　定款の作成日を記載する。

(注3)　社員の全員が署名（記名押印）する。合資会社の定款については、公証人の認証は不要である。したがって、押すべき印鑑については制限がない。

【書式2-12】　委任状

```
【書式2-4】を参照。
```

【書式2-13】　本店・代表社員等の決定書

```
　　　　　　　　　　決　定　書（注1）

1．本　　店　　名古屋市中区栄二丁目5番6号（注2）
2．代表社員　　鈴木一郎（注3）
　　　　　　　｛法人の場合：平成商事株式会社｝
上記事項を決定する。
　　平成○年○月○日（注4）
　　　　　　合資会社　平成商会
　　　　　　　　社　員　　鈴　木　一　郎　㊞（注5）
　　　　　　　　社　員　　平成商事株式会社
　　　　　　　　　　　　　　代表取締役　平　成　花　子　㊞
　　　　　　　　社　員　　山　田　順　次　㊞
```

(注1)　登記すべき事項につき総社員の同意またはある社員の一致を要するときは、申請書にその同意または一致があったことを証する書面を添付しなければならない（商登法118条・93条）。

(注2)　定款で具体的な本店所在場所を定めているときは、記載を要しない。定款で具体的な本店所在場所を定めていない場合において、定款で業務執行

　　　　社員を定めている場合は、原則として、業務執行社員の過半数をもって本店の所在場所を決定する（会社法591条1項）。定款で業務執行社員を定めていない場合は、定款に別段の定めがない限り、社員の過半数をもって決定する（同法590条1項・2項）。
(注3)　①定款で、代表社員を定めている場合は2.の決定は不要。定款で代表社員を定めていない場合は、定款の定めに基づく社員の互選によって、業務執行社員の中から代表社員を定めることができる（会社法599条3項）。②本例の場合は、定款8条で「代表社員は、社員の互選をもって、これを定める」としているので、この定めに従うことになる。
(注4)　決定をした日。
(注5)　本例は、定款8条で、代表社員の定めは社員の互選によるとしているので、社員の記名押印を要する。押すべき印鑑について制限はない。本例の決定書の記名押印箇所は、資格を単に「社員」としているが、合資会社の場合には、無限責任社員・有限責任社員の別を明示してもよい。

【書式2-14】　代表社員の就任承諾書

　　　　　　　　　　　就任承諾書（注1）

　私は，平成〇年〇月〇日，貴社の代表社員に定められたので，その就任を承諾します。
　　平成〇年〇月〇日（注2）

　　　　　　　　　　　　　　　　　名古屋市東区葵三丁目6番7号
　　　　　　　　　　　　　　　　　　鈴　木　一　郎　㊞（注3）

合資会社　平成商会　御中

(注1)　定款に代表社員が記載されている場合は、この就任承諾書は不要である。有限会社の事案であるが、設立登記申請に際し、社員が取締役または監査役として定款に記載されている場合には、就任承諾書の添付を要しないとする先例がある（昭39・8・22民甲第2875号民事局長回答）。
　　　　定款の定めにより、社員の互選によって業務執行社員の中から代表社員を定めた場合には、被選任者の就任承諾書を添付する（Ⅰ3②（35頁）を参照）。
(注2)　就任を承諾した日。

第2章 設　立

(注3)　押すべき印鑑について制限はない。なお、法人が代表社員となった場合は、記名押印は次のようになる。

```
愛知県岡崎市徳川町一丁目2番3号
　　平成商事株式会社
　　　　代表取締役　　平　成　花　子　㊞
```

【書式2-15】　職務執行者の選任に関する書面（代表社員が株式会社の場合）

取締役会議事録（注1）

　平成〇年〇月〇日午前〇時〇分当会社の本店において，取締役〇名（総取締役数〇名）出席のもとに，取締役会を開催し，下記議案につき可決確定のうえ，午前〇時〇分閉会した。

　　　　　議案　職務執行者選任の件

　代表取締役平成花子は定款の規定により議長となり，当会社が合資会社平成商会の代表社員として選定されたことに伴い，職務執行者を選任する必要がある旨を述べ，協議の結果，全員一致をもって次の者を選任した。被選任者は，その就任を承諾した。

　　　　　職務執行者　　佐　藤　　　正

　上記の決議を明確にするため，この議事録を作成し出席取締役全員がこれに記名押印する。

　　　平成〇年〇月〇日

　　　　　　　　　平成商事株式会社
　　　　　　　　　　出席取締役　　平　成　花　子　㊞（注2）
　　　　　　　　　　　　同　　　　佐　藤　　　正　㊞
　　　　　　　　　　　　同　　　　田　中　次　郎　㊞

(注1)　法人が業務執行社員である場合には、当該法人は、当該業務を執行する職務執行者を選任しなければならない（会社法598条1項）。合資会社の代表社員が法人であるときは、代表社員の職務を行う者の選任に関する書面および代表社員となった当該法人の登記事項証明書を添付しなければならないが、申請書に会社法人等番号を記載した場合には、添付不要（商登法111条・94条2号・19条の3）。

56

(注2) 職務執行者の選任に関する書面に、当該法人の印鑑証明書を添付すべき規定はない。代表取締役については法務局への届出印を押すのが一般的であろうが、他の取締役も含めて押すべき印鑑について制限はない。
　　　なお、監査役が取締役会に出席している場合は、監査役の記名押印を要する。

【書式2-16】 職務執行者の就任承諾書（代表社員が株式会社の場合）

就任承諾書（注1）

　私は，平成〇年〇月〇日，合資会社平成商会の代表社員の職務執行者に選任されたので，その就任を承諾します。
　　平成〇年〇月〇日（注2）

　　　　　　　　　　　　　　　　愛知県岡崎市徳川町二丁目3番5号
　　　　　　　　　　　　　　　　　　佐　藤　　正　㊞（注3）

平成商事株式会社　御中

(注1) 法人が合資会社の代表社員になった場合は、代表者の職務を執行する者（職務執行者）の就任承諾書を添付しなければならない（商登法111条・94条）。
(注2) 就任を承諾した日。
(注3) 押すべき印鑑について制限はない。

【書式2-17】 有限責任社員がすでに履行した出資の価額を証する書面

領　収　書（注1）

　　金40万円也（注2）
　但し，合資会社　平成商会の出資金（出資の全額）として領収しました。
　　平成〇年〇月〇日（注3）
有限責任社員　　山　田　順　次　殿
　　　　　　　　　　名古屋市中区栄二丁目5番6号
　　　　　　　　　　　合資会社　平成商会
　　　　　　　　　　　　代表社員　鈴　木　一　郎　㊞（注4）

(注1) 有限責任社員の「出資の目的及びその価額並びに既に履行した出資の価額」は登記すべき事項となっているので（会社法913条7号）、この書面の添付が要求される（商登法110条、商登法逐条解説262頁参照）。無限責任社員については、出資に関する事項は登記すべき事項とされていないので、「既に履行した出資の価額を証する書面」を添付する必要はない。
(注2) 有限責任社員がすでに履行した出資の価額を記載する。なお、合資会社においては、出資の一部の履行も可能である（第1節III 5(1)(31頁)を参照）。
(注3) 出資の履行をした日を記載する。
(注4) 押すべき印鑑については制限がない。

III 合同会社の設立登記

1 登記事項

合同会社の設立の登記は、その本店の所在地において、次に掲げる事項を登記してしなければならない（会社法914条）。

① 目的
② 商号
③ 本店および支店の所在場所
④ 合同会社の存続期間または解散の事由についての定款の定めがあるときは、その定め
⑤ 資本金の額
⑥ 業務執行社員の氏名または名称　　合名会社および合資会社の場合と異なって、合同会社の社員は登記すべき事項でない。業務執行権を有する社員（業務執行社員）を登記する。
⑦ 代表社員の氏名または名称および住所
⑧ 代表社員が法人であるときは、当該社員の職務を行うべき者（職務執行者）の氏名および住所

⑨　会社法939条1項（会社の公告方法）の規定による公告方法についての定款の定めがあるときは、その定め
⑩　⑨の定款の定めが電子公告を公告方法とする旨のものであるときは、次に掲げる事項
　ⓐ　電子公告により公告すべき内容である情報について不特定多数の者がその提供を受けるために必要な事項であって法務省令（会社規220条1項5号）で定めるもの　具体的には、当該情報が掲載されているウェブページの URL をいう。
　ⓑ　会社法939条3項後段（事故等のため電子公告に代わる公告方法）の規定による定款の定めがあるときは、その定め
⑪　⑨の定款の定めがないときは、会社法939条4項の規定により官報に掲載する方法を公告方法とする旨

2　申請期間

　合同会社の設立の登記については、申請期間につき会社法上規定がない。なお、設立に際して支店を設けた場合（支店が本店の所在地を管轄する登記所の管轄区域内にある場合を除く）には、本店の所在地における設立の登記をした日から2週間以内に、支店の所在地における登記をしなければならない（会社法930条1項1号）。

3　添付書類

　合同会社の設立の登記申請書には、次の書面を添付しなければならない（商登法118条・94条、平18・3・31民商第782号民事局長通達）。
①　定款　持分会社の定款には、公証人の認証を要しない。
②　定款の定めに基づく社員の互選によって代表社員を定めたときは、その互選を証する書面および代表社員の就任承諾書（商登法93条。Ⅰ 3②（35頁）参照）
③　代表社員が法人であるときは、次に掲げる書面

第2章 設立

ⓐ 当該法人の登記事項証明書（ただし、当該登記所の管轄区域内に当該法人の本店または主たる事務所がある場合を除く）

　申請書に当該法人の会社法人等番号を記載した場合には、登記事項証明書は添付することを要しない（商登法19条の3、商登規36条の3）。

ⓑ 当該社員の職務を行うべき者（当該法人の職務執行者）の選任に関する書面　当該法人の業務執行の決定機関において選任したことを証する議事録等を添付する。具体的には、次のとおりである。

　㋑ 当該法人が株式会社である場合には、取締役が選任したことを証する書面（取締役会設置会社にあっては取締役会議事録、委員会設置会社にあっては執行役が選任したことを証する書面。会社法348条1項・2項・362条4項3号・418条）

　㋺ 当該法人が持分会社である場合には、社員が選任したことを証する書面（会社法590条1項・2項・591条2項）

　㋩ 当該法人が学校法人その他の理事会が法定されている法人である場合には、理事会議事録（私立学校法36条2項）

　㋥ 当該法人が理事会が法定されていない法人である場合には、理事の過半数をもって選任したことを証する書面

ⓒ 当該社員の職務を行うべき者（当該法人の職務執行者）が就任を承諾したことを証する書面

④ 出資に係る払込みおよび給付があったことを証する書面（商登法117条）　金銭の払込みについては払込みがあったことを証する書面等、金銭以外の財産の給付については財産の引継書等がこれにあたる。

　払込みがあったことを証する書面の例としては、次のものがある（平18・3・31民商第782号民事局長通達・第2部第1・2(3)オ、平14・12・25民商第3231号民事局商事課長通知、平6・5・10民四第3012号民事局第四課長通知参照）。

ⓐ 払込金受入証明書（【書式2-26】）

ⓑ 設立時代表社員が作成した出資に係る払込みがあったことを証する

書面に、次のいずれかを合綴したもの
　　　㋑　金融機関における口座の預金通帳の写し　　通帳全部の写しである必要はなく、払込みをした金融機関の名称、店名、口座番号、口座名義人および所要の取引に関する事項が記載されている頁の写しがあればよいとされる。また、「預金通帳の写し」を提示すればよく、当該通帳の原本を提示する必要はない（民事月報58巻3号276頁）。
　　　㋺　取引明細表その他の払込取扱機関が作成した書面
⑤　設立時の資本金の額につき、業務執行社員の過半数の一致があったことを証する書面（商登法118条・93条）
⑥　資本金の額が会社法および会社計算規則の規定に従って計上されたことを証する書面（商登規92条・61条9項）　　合同会社の設立時の資本金の額については、【書式2-27】を参照。
⑦　代理権限を証する書面（商登法18条）　　代理人によって登記の申請をする場合に添付する。
⑧　許可書（商登法19条）　　官庁の許可を要する事項の登記を申請するには、官庁の許可書またはその認証がある謄本を添付する。
⑨　印鑑届書（商登法20条1項・2項、商登規9条1項・5項）　　Ⅰ3⑦（36頁）と同一である。

8　商業登記法117条は、「設立の登記の申請書には、法令に別段の定めがある場合を除き、会社法第578条（合同会社の設立時の出資の履行）に規定する出資に係る払込み及び給付があつたことを証する書面を添付しなければならない」としている。ここでいう「法令に別段の定めがある場合」とは、株式会社から合同会社に組織変更する場合や、合併または会社分割により合同会社を設立する場合を指す。これらの場合には、合同会社の有限責任社員は払込み・給付義務を負わないため、これらの原因による合同会社の設立の登記においては、出資に係る払込みおよび給付に関する書面を添付書面としていない（商登法77条・124条・125条。松井・民事月報71頁）。

4 登記申請書

【書式2-18】 登記申請書(3)——合同会社設立

合同会社設立登記申請書

1 商　　　　号　　合同会社　平成商会
1 本　　　　店　　名古屋市中区栄二丁目5番6号
1 登 記 の 事 由　　設立の手続終了（注1）
1 登記すべき事項　　別添のとおり（注2）
1 課 税 標 準 金 額　　金300万円
1 登 録 免 許 税　　金60,000円（注3）
1 添 付 書 類　　定款　　　　　　　　　　　　　　　　1通
　　　　　　　　　代表社員，本店所在地，資本金を決定した
　　　　　　　　　ことを証する書面　　　　　　　　　　1通
　　　　　　　　　代表社員の就任承諾書　　　　　　　　1通
　　　　　　　　　{合同会社を代表する社員が法人である場合には，
　　　　　　　　　次の①②③の書面を添付する}
　　　　　　　　　　①　登記事項証明書　　　　　　　　1通
　　　　　　　　　　②　職務執行者の選任に関する書面　1通
　　　　　　　　　　③　職務執行者の就任承諾書　　　　1通
　　　　　　　　　{代表社員以外の社員が法人であるときは，当該
　　　　　　　　　法人の登記事項証明書を1通添付する}
　　　　　　　　　代表社員の印鑑証明書　　　　　　　　○通
　　　　　　　　　払込みがあったことを証する書面　　　1通
　　　　　　　　　資本金の額の計上に関する代表社員の証明書　1通
　　　　　　　　　委任状　　　　　　　　　　　　　　　1通
上記のとおり登記の申請をする。
　　平成○年○月○日
　　　　　　　　　　　　　　名古屋市中区栄二丁目5番6号
　　　　　　　　　　　　　　　申　請　人　　合同会社　平成商会
　　　　　　　　　　　　　　名古屋市東区葵三丁目6番7号
　　　　　　　　　　　　　　　代 表 社 員　　鈴　木　一　郎

                                       名古屋市北区清水五丁目2番3号
                                         上記代理人　　佐　藤　太　郎　㊞
○○法務局○○出張所　御中

(注1)　出資の全額の払込みが完了し（会社法578条）、代表社員・本店の所在地・資本金を決定すれば設立手続は終了する。なお、定款で、代表社員（同法599条3項）および本店の所在地が定められている場合は、これらの事項について特に決定する必要はない。
(注2)　登記すべき事項を記録した電磁的記録（法務省令で定めるものに限る）を申請書とともに提出するときは、申請書には当該電磁的記録に記録された事項を記載することを要しない（商登法17条4項、【書式2-19】参照）。
(注3)　合同会社の設立の登記の登録免許税は、申請1件につき、本店の所在地においては資本金の額の1000分の7（これによって計算した税額が6万円に満たないときは、6万円）、支店の所在地においては9000円である。

【書式2-19】　登記すべき事項の入力例

```
「商号」合同会社平成商会
「本店」名古屋市中区栄二丁目5番6号
「公告をする方法」官報に掲載してする。
「目的」
　1　○○の製造販売
　2　○○の売買
　3　前各号に附帯する一切の事業
「資本金の額」金300万円
「社員に関する事項」
「資格」業務執行社員
「氏名」鈴木一郎
「社員に関する事項」
「資格」業務執行社員
「氏名」平成商事株式会社
「社員に関する事項」
「資格」代表社員
「住所」名古屋市東区葵三丁目6番7号
```

第2章 設　立

「氏名」鈴木一郎

> （注）代表社員が法人の場合の入力例
> 「社員に関する事項」
> 「資格」代表社員
> 「住所」愛知県岡崎市徳川町一丁目2番3号
> 「氏名」平成商事株式会社
> 「職務執行者」
> 「住所」愛知県岡崎市徳川町二丁目3番5号
> 「氏名」職務執行者　佐藤　正

「登記記録に関する事項」設立

［備考］
(1) 公告方法についての定款の定めがないときは、官報により掲載する方法を公告方法とする旨を入力する。
(2) 電子公告を公告方法とするときは、次に掲げる事項を入力する。
　① 電子公告により公告すべき内容である情報について不特定多数の者がその提供を受けるために必要な事項であって法務省令で定めるもの（会社規220条1項5号。具体的には、当該情報が掲載されているウェブページのURL）
　② 事故その他のやむを得ない事由によって電子公告による公告をすることができない場合の公告方法について定款の定めがあるときは、その定め

【書式2-20】　定　款

合同会社　平成商会　定款（注1）

第1章　総　則

（商号）
第1条　当会社は、合同会社平成商会と称する。
（本店の所在地）
第2条　当会社は、本店を名古屋市｛または、名古屋市中区栄二丁目5番6号｝に置く（注2）。

(目的)
第3条　当会社は，次の事業を営むことを目的とする。
1　○○の製造販売
2　○○の売買
3　前各号に附帯する一切の事業
(公告の方法)
第4条　当会社の公告は，官報に掲載してする。
(社員の氏名・住所・出資及び責任)
第5条　社員の氏名及び住所，出資の目的及びその価額並びに責任は次のとおりである。
　　名古屋市東区葵三丁目6番7号
　　　　金300万円　有限責任社員　　鈴　木　一　郎
　　愛知県岡崎市徳川町一丁目2番3号
　　　　金200万円　有限責任社員　　平成商事株式会社

第2章　業務執行社員及び代表社員

(業務執行社員)
第6条　社員鈴木一郎及び平成商事株式会社は，業務執行社員とし，当会社の業務を執行するものとする。
(代表社員)
第7条　代表社員は，業務執行社員の互選をもって，これを定める。（注3）

第3章　事業年度

(事業年度)
第8条　当会社の事業年度は，毎年4月1日から翌年3月31日までとする。

　以上，合同会社平成商会の設立のため，この定款を作成し，社員が次に記名押印する。
　　平成○年○月○日
　　　　　　　有限責任社員　　鈴　木　一　郎　㊞（注4）
　　　　　　　有限責任社員　　平成商事株式会社
　　　　　　　　　　　　　　　代表取締役　平成花子　㊞

第2章 設　立

(注1)　公証人の認証は要しない。
(注2)　本店を最小行政区画（名古屋市）で記載したときは、業務執行社員の過半数により、本店の所在場所（名古屋市中区栄二丁目5番6号）を決定する。
(注3)　①定款の定めに基づく社員の互選によって、業務執行社員の中から代表社員を定めることができる（会社法599条3項）。旧商法は、「定款又ハ総社員ノ同意ヲ以テ業務執行社員中特ニ会社ヲ代表スベキ者ヲ定ムルコトヲ妨ゲズ」としていた（旧商法76条。圏点は筆者）。しかし、会社法599条3項は「定款の定めに基づく社員の互選」としているから、代表社員の選任には、必ずしも総社員の同意を要しない（平18・3・31法務省民商第782号民事局長通達）。本例は、「業務執行社員の互選」によって代表社員を定めることにしている。②代表社員は、定款で定めることもできる（会社法599条3項）。この場合の記載は、「当会社の代表社員は、鈴木一郎｛または、平成商事株式会社｝とする」となる。③会社法は、旧商法のように有限責任社員が代表社員または業務執行社員となることを禁じていないから（旧商法156条参照）、有限責任社員も代表社員または業務執行社員となることができる。
(注4)　公証人の認証を受けないので、押すべき印鑑について制限はない。

【書式2-21】　代表社員・資本金等の決定書

決　定　書（注1）

1．本　　店　　名古屋市中区栄二丁目5番6号（注2）
2．代表社員　　鈴　木　一　郎（注3）
3．資　本　金　　金500万円（注4）

上記事項を決定する。
　　平成○年○月○日（注5）
　　　　　　　　　合同会社　平成商会
　　　　　　　　　　　社　員　　鈴　木　一　郎　㊞（注6）
　　　　　　　　　　　社　員　　平成商事株式会社
　　　　　　　　　　　　　　　代表取締役　平　成　花　子　㊞

(注1) 登記すべき事項につき総社員の同意またはある社員の一致を要するときは、申請書にその同意または一致があったことを証する書面を添付しなければならない（商登法118条・93条）。
(注2) 定款で、具体的な本店所在場所を定めているときは、記載を要しない。定款で具体的な本店所在場所を定めていない場合において、定款で業務執行社員を定めている場合は、原則として、業務執行社員の過半数をもって本店の所在場所を決定する（会社法591条1項）。定款で業務執行社員を定めていない場合の取扱いは、(注6)②を参照。
(注3) ①定款で、代表社員を定めている場合は2.の決定は不要。定款で代表社員を定めていない場合は、定款の定めに基づく社員の互選によって、業務執行社員の中から代表社員を定めることができる（会社法599条3項）。②本例の場合は、定款7条で「代表社員は、業務執行社員の互選をもって、これを定める」としているので、この定めに従うことになる。
(注4) 設立時の資本金の額を決定する（会社計算規則44条1項参照）。
(注5) 決定をした日。
(注6) ①例の場合は、定款で、業務執行社員を定め、また代表社員の選任は業務執行社員の互選によるとしているので、決定事項は業務執行社員が決定する（会社法591条1項）。したがって、業務執行社員の記名押印を要する。押すべき印鑑について制限はない。②定款で業務執行社員を定めていない場合は、合同会社の業務は、定款に別段の定めがない限り、社員の過半数をもって決定する（同法590条1項・2項）。

【書式2-22】 代表社員の就任承諾書

就任承諾書（注1）

　私は，平成○年○月○日，貴社の代表社員に定められたので，その就任を承諾します。

　平成○年○月○日（注2）

　　　　　　　　　　　　　　名古屋市東区葵三丁目6番7号
　　　　　　　　　　　　　　　鈴　木　一　郎　㊞（注3）

合同会社　平成商会　御中

第2章 設　立

(注1)　定款に代表社員が記載されている場合は、この就任承諾書は不要である。有限会社の事案であるが、設立登記申請に際し、社員が取締役または監査役として定款に記載されている場合には、就任承諾書の添付を要しないとする先例がある（昭39・8・22民甲第2875号民事局長回答）。定款の定めにより社員の互選によって、業務執行社員の中から代表社員を定めた場合には、被選任者の就任承諾書を添付する（Ⅰ3②（35頁）参照）。
(注2)　就任を承諾した日。
(注3)　押すべき印鑑について制限はない。なお、法人が代表社員となった場合は、記名押印は次のようになる。

> 愛知県岡崎市徳川町一丁目2番3号
> 　　平成商事株式会社
> 　　　　代表取締役　平　成　花　子　㊞

【書式2-23】　職務執行者の選任に関する書面（代表社員が株式会社の場合）

取締役会議事録（注1）

　平成○年○月○日午前○時○分当会社の本店において，取締役○名（総取締役数○名）出席のもとに，取締役会を開催し，下記議案につき可決確定のうえ，午前○時○分閉会した。

　　　　議案　職務執行者選任の件
　代表取締役平成花子は定款の規定により議長となり，当会社が合同会社平成商会の代表社員として選定されたことに伴い，職務執行者を選任する必要がある旨を述べ，協議の結果，全員一致をもって次の者を選任した。被選任者は，その就任を承諾した。
　　　　職務執行者　　佐　　藤　　　　正
　上記の決議を明確にするため，この議事録を作成し出席取締役全員がこれに記名押印する。
　　　平成○年○月○日
　　　　　　　　　　　平成商事株式会社
　　　　　　　　　　　　出席取締役　平　成　花　子　㊞（注2）

	同	佐藤　　正 ㊞
	同	田中　次郎 ㊞

（注1）　合同会社（合同会社平成商会）の社員となっている法人（平成商事株式会社）の議事録である。法人が業務執行社員である場合には、当該法人は、当該業務を執行する職務執行者を選任しなければならない（会社法598条1項）。合同会社の代表社員が法人であるときは、代表社員の職務を行う者の選任に関する書面および代表社員となった当該法人の登記事項証明書を添付しなければならない（商登法118条・94条2号）。

　　　　　申請書に当該法人の会社法人等番号を記載した場合には、登記事項証明書は添付することを要しない（商登法19条の3、商登規36条の3）。

（注2）　職務執行者の選任に関する書面に、当該法人の印鑑証明書を添付すべき規定はない。代表取締役については法務局への届出印を押すのが一般的であろうが、他の取締役も含めて押すべき印鑑について制限はない。

　　　　　なお、監査役が取締役会に出席している場合は、監査役の記名押印を要する。

【書式2-24】　職務執行者の就任承諾書（代表社員が株式会社の場合）

就任承諾書（注1）

　私は，平成○年○月○日，合同会社平成商会の代表社員の職務執行者に選任されたので，その就任を承諾します。

　平成○年○月○日（注2）

愛知県岡崎市徳川町二丁目3番5号
佐藤　　正 ㊞（注3）

平成商事株式会社　御中

（注1）　法人が合同会社の代表社員になった場合は、代表者の職務を執行する者（職務執行者）の就任承諾書を添付しなければならない（商登法118条・94条）。
（注2）　就任を承諾した日。
（注3）　押すべき印鑑について制限はない。

第2章 設 立

【書式2-25】 出資に係る払込みがあったことを証する書面

証　明　書（注1）

　当会社の資本金については，以下のとおり全額の払込みがあったことを証明します。(注2)

　　　払込みを受けた金額　金500万円

　平成○年○月○日（注3）

　　　　　　　　　　合同会社　平成商会
　　　　　　　　　　　代表社員　　鈴　木　一　郎　㊞（注4）
　　　　　　　　　　　┌──────────────────────┐
　　　　　　　　　　　｛法人が代表社員の場合｝
　　　　　　　　　　　代表社員　平成商事株式会社
　　　　　　　　　　　　　職務執行者　　佐　藤　　　正　㊞
　　　　　　　　　　　└──────────────────────┘

(注1)　本例は、社員の出資が金銭の場合の例である。この証明書には、①払込取扱機関における口座の預金通帳の写し（口座名義人が判明する部分を含む）、または、②取引明細表その他の払込取扱機関が作成した書面を合綴し、(注4)の印鑑で契印する（平18・3・31民商第782号民事局長通達）。また、①または②の書面の振込みに関する部分に、下線等を付して明示する（3④（60頁）を参照）。

(注2)　合同会社は出資の全額払込主義をとるので、社員になろうとする者は、定款の作成後、合同会社の設立の登記をする時までに、その出資に係る金銭の全額を払い込み、またはその出資に係る金銭以外の財産の全部を給付しなければならない（会社法578条本文）。

(注3)　証明書の作成日。

(注4)　設立時の代表社員が証明する。この印鑑は、法務局への届出印を押す。

第2節　登記手続

【書式2-26】　払込金受入証明書

使　用 区　分 （○印）	会社法人用・登記用

払込金受入証明書

払込金額	
法　人　名	
証明書発行 の　目　的	□株式会社　　　　　（発起設立　　募集株式） □新株予約権　　　　（募集　　　　行使） □合同会社　　　　　（設立　　　　社員の加入） □投資法人　　　　　（募集投資口） □有限責任事業組合　（設立　　　　社員の加入） □その他（　　　　　　　　　　　　　　　）
摘　　要	

　当行は，払込取扱場所として，その払込事務を取扱い，上記のとおり払込金を受け入れたことを証明します。

　　　平成　年　月　日

　　　　　　　証明者　　所　在　地印
　　　　　　　　　　　　銀行名・店名　　　　　　　　　　㊞
　　　　　　　　　　　　代　表　者

注　1．この証明書は，払込期日・期限以後（当日を含む）の日をもって2通
　　　（会社法人用・登記用）を作成し，当該会社・法人に交付する。
　　2．払込金額はチェックライター等により記入する。
　　3．目的欄の該当にレ点を付すとともに，設立等の該当個所に○を付す。
　　　なお，目的欄に該当しない払込金を受け入れる場合には，「その他」に
　　　目的を記載する。

第2章　設　立

【書式2-27】　資本金の額の計上に関する代表社員の証明書

> ## 資本金の額の計上に関する証明書（注1）
>
> ①　払込みを受けた金額
>
> 　　　　　　　　　　　　　　　　　　　　　　　　　　　金〇〇円
>
> ②　給付を受けた金銭以外の財産の出資時における価額（会社計算規則第44条第1項第1号）（注2）
>
> 　　　　　　　　　　　　　　　　　　　　　　　　　　　金〇〇円
>
> ③　①＋②
>
> 　　　　　　　　　　　　　　　　　　　　　　　　　　　金〇〇円
>
> 　資本金〇〇円は，会社計算規則第44条の規定に従って計上されたことに相違ないことを証明する。
>
> 　　平成〇年〇月〇日
>
> 　　　　　　　　　　　合同会社　平成商会
> 　　　　　　　　　　　　　代表社員　鈴　木　一　郎　㊞（注3）

（注1）　設立に際して出資される財産が金銭のみである場合は、資本金の額の計上に関する証明書を添付する必要はない（平19・1・17民商第91号民事局長通達）。

（注2）　出資をした者における帳簿価額を計上すべき場合（会社計算規則44条1項1号イ、ロ）には、帳簿価額を記載する。

（注3）　代表者が設立の登記の際に登記所に提出する印鑑を押す。

|参考|――持分会社の設立時の資本金の額

　持分会社の設立（新設合併および新設分割による設立を除く）時の資本金の額は、下記の①に掲げる額から②に掲げる額を減じて得た額（零未満である場合にあっては、零）の範囲内で、社員になろうとする者が定めた額（零以上の額に限る）とされる（会社計算規則44条1項）。

> ①　設立に際して出資の履行として持分会社が払込みまたは給付を受けた財産（以下、「出資財産」という）の出資時における価額（次の㋑または㋺に掲げる場合における出資財産にあっては、当該㋑または㋺に定める額）
> 　　㋑　当該持分会社と当該出資財産の給付をした者が共通支配下関係となる場合（当該出資財産に時価を付すべき場合を除く）

		当該出資財産の当該払込みまたは給付をした者における当該払込みまたは給付の直前の帳簿価額
	㋺	㋑に掲げる場合以外の場合であって、当該給付を受けた出資財産の価額により資本金または資本剰余金の額として計上すべき額を計算することが適切でないとき 　　㋑に定める帳簿価額
－②	設立時の社員になろうとする者が設立に要した費用のうち、設立に際して資本金または資本剰余金の額として計上すべき額から減ずるべき額と定めた額	
≧	設立時の資本金の額	①－②の範囲内で、社員になろうとする者が定めた額（零以上の額に限る）

　合資会社の有限責任社員は、定款に別段の定めがない限り、設立時または設立後加入（入社）時において出資全部の履行を強制されるものではなく、すでに合資会社に対し履行した出資の価額を除く未履行部分について、会社債権者に対して持分会社の債務を弁済する責任を負う。つまり直接有限責任を負うわけである（会社法580条2項）。これに対し、会社法は、合同会社の社員（有限責任社員）の責任の範囲を社員の出資の価額に限定するとともに、設立時または設立後加入（入社）時に定款で定めた出資の全部を履行することを義務づけ（出資全額履行主義。会社法578条・604条3項）、会社債権者に対して直接責任を負わないようにしている（間接有限責任）。

　このような法的構成および合同会社には無限責任社員が存在しないことから、持分会社で資本金の額を登記するのは、合同会社のみに限られている（会社法914条5号）。

第3章

社員の責任

第1節　社員の会社債権者に対する責任

I　無限責任社員の責任

1　無限責任社員の弁済責任

(1)　弁済責任事由

　無限責任社員は、次に掲げる場合には、会社債権者に対し、連帯して持分会社の債務を弁済する責任を負う（会社法580条1項）。
　①　当該持分会社の財産をもってその債務を完済することができない場合
　②　当該持分会社の財産に対する強制執行がその効を奏しなかった場合
　　（社員が、当該持分会社に弁済をする資力があり、かつ、強制執行が容易であることを証明した場合を除く）

　「会社の財産をもってその債務を完済することができない場合」とは、旧破産法127条1項（現行法16条1項）[9]におけると同様いわゆる債務超過を指し、この事実が存する以上、会社債務に対する社員の連帯無限の責任は当然発生し、しかも、会社債務の全額について弁済の責めを負う（大判大13・3・22民集3巻5号185頁）。会社の弁済資力および程度については、債権者に立証責任がある（会社法重要判例314頁）。

(2)　連帯・無限・直接の責任

　無限責任社員の会社債権者に対する責任は、連帯・無限責任である。「連帯」とは、無限責任社員と会社との関係ではなく、無限責任社員相互が連帯責任を負うという意味である（東京地判大14・9・12新聞2458号13頁、判例コンメンタール160頁）。無限責任社員の責任は直接責任である。「直接責任」

9　破産法16条1項は、債務超過を「債務者が、その債務につき、その財産をもって完済することができない状態をいう」と定義している。

とは、会社債権者に対して無限責任社員が直接に債務の支払いをなす責任のことをいい、責任を負う社員がいったん会社に責任額の払込みをし、会社がそれを債権者に弁済するというものではない（これは間接責任となる）。

会社債務を弁済した無限責任社員相互の間の負担部分は、出資額の割合による（高松高判平元・4・18判時1337号125頁）。

2 社員の抗弁権

社員（無限責任社員および有限責任社員をいう。以下同じ）が持分会社の債務を弁済する責任を負う場合には、社員は、持分会社が主張することができる抗弁をもって当該持分会社の債権者に対抗することができる（会社法581条1項）。社員の責任は会社債務に付従するから、社員は、会社が債権者に対して有する抗弁を主張することができる。持分会社がその債権者に対して相殺権、取消権または解除権を有するときは、社員は、当該債権者に対して債務の履行を拒むことができる（同条2項）。

II 有限責任社員の責任

1 合資会社の有限責任社員

(1) 原 則

合資会社の有限責任社員は、定款で定めた出資の価額（すでに持分会社に対し履行した出資の価額を除く）を限度として、会社債権者に対して持分会社の債務を弁済する責任を負う（会社法580条2項）。

合資会社の有限責任社員は、合同会社の有限責任社員の場合と異なり[10]、定款または総社員の同意によって出資の履行時期が定められていない限り、出

---

[10] 合同会社の社員になろうとする者は、定款の作成後、設立の登記をする時までに、出資の全部を履行しなければならない（会社法578条）。

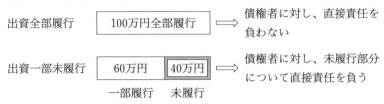

資の履行時期について制限がない。したがって、出資の未履行部分がある場合には、その部分について、有限責任社員は会社債権者に対し直接責任を負う。有限責任社員がその出資義務を全部履行している場合には、会社債権者に対し弁済責任を負わない。

(2) 超過配当の場合

合資会社が利益の配当により有限責任社員に対して交付した金銭等(金銭その他の財産をいう)の帳簿価額(以下、「配当額」という)が、当該利益の配当をする日における利益額(持分会社の利益の額として法務省令(会社規159条4号、会社計算規則163条)で定める方法により算定される額をいう)を超える場合には、当該利益の配当を受けた有限責任社員は、当該合資会社に対し、連帯して、当該配当額に相当する金銭を支払う義務を負う(会社法623条1項)。

利益の配当をする日における利益額を超えて利益の配当を受けた有限責任社員は、その出資の価額(すでに合資会社に対し履行した出資の価額を除く)および配当額が利益額を超過する額(合資会社への上記支払義務を履行した額を除く)の合計額を限度として、会社債権者に対し合資会社の債務を弁済する責任を負う(会社法623条2項)。

2 合同会社の社員

合同会社の社員(有限責任社員)になろうとする者は、定款の作成後、設立の登記をする時までに、出資全部を履行しなければならない(会社法578条)という全額払込主義がとられているので、合同会社の社員は、会社債権

者に対し合同会社の債務について責任を負わない。

合同会社の社員は、いわゆる間接責任である。合同会社の社員は、会社に対して出資義務を負うのみで、会社債務につき会社債権者に対しては何らの責任も負わない。社員が会社にした出資が、会社を通じて間接的に会社債権者に対する債務の弁済にあてられるから間接責任と呼ばれている。

なお、合同会社の社員に対しては、有限責任社員の出資の未履行価額および超過配当額の合計額を会社債権者に対する責任範囲と定める会社法623条2項の規定は適用されない（会社法630条3項）。

第2節　社員の出資に係る責任

Ⅰ　金銭を出資の目的とした場合

社員が金銭を出資の目的とした場合において、その出資をすることを怠ったときは、当該社員は、その利息を支払うほか、損害があれば損害の賠償をしなければならない（会社法582条1項）。

合名会社または合資会社の社員の出資は、会社設立時に全部の履行を強制されるものではなく（大判昭8・2・15民集12巻215頁）、出資の履行時期につき別段の定めがされていないときは、会社が出資の履行を請求した時に履行期が到来する（[判例①参照]）。合同会社の社員の出資は、定款の作成後、合同会社の設立の登記をする時までに、全部を履行しなければならない（会社法578条本文）。

Ⅱ　債権を出資の目的とした場合

社員が債権を出資の目的とした場合において、当該債権の債務者が弁済期に弁済をしなかったときは、当該社員は、その弁済をする責任を負う。この場合においては、当該社員は、その利息を支払うほか、損害があれば損害の

賠償をしなければならない（会社法582条2項）。出資の目的が債権の場合、債権が弁済期に弁済されて初めて出資義務が履行されたことになる（大判昭16・7・5民集20巻1057頁）。

第4章

商号の変更

第1節　手続のポイント

I　同一本店所在場所における同一商号の登記の禁止

　他人が登記した商号は、同一市区町村内において同一の営業のために登記することができないとする類似商号の規制（旧商法19条、旧商登法27条）は、廃止された。ただし、商号の登記は、その商号が他人のすでに登記した商号と同一であり、かつ、その本店の所在場所が当該他人の商号の登記に係る本店の所在場所と同一であるときは、することができない（商登法27条）。

　同一本店所在地における商号の取扱いにつき平18・3・31民商第782号民事局長通達は、「具体的な取扱いは、改正前と同様である（昭和63年2月16日付け法務省民四第712号法務省民事局第四課長回答参照）」としている（[先例④]参照）。

II　清算会社と同一商号の規制

　清算をする持分会社（清算持分会社）は、清算の目的の範囲内においてのみ存続し（会社法645条）、営業を行わないので他の会社の営業と競合する余地はなく、同一本店所在場所において同一商号の登記を申請したとしても、その申請は受理される（[先例⑥]参照）。

[先例⑥]　昭34・9・21民甲第2070号民事局長通達
　（照会）　清算中の会社と同一または類似の商号をもって会社登記の申請があった場合清算中の会社と雖も商法第19条の適用があるとの大正10年10月8日付民事第375号民事局長回答の趣旨によれば当該登記は受理すべきでないと思料されますところ、清算会社は清算の目的の範囲内に

> おいてのみ存在し、かつ、営業を行わないので他の会社の営業と競合する余地はないから、当該会社の商号は商法第19条による保護を受けないものと解すべきであるとの説もあり、これが登記事務の取扱についていささか疑義がありますので、右先例はいまもなお維持さるべきものであるかどうか、何分の御垂示賜わりたくお伺いいたします。
> （回答）　受理してさしつかえないものと考える。おって、所問で引用の大正10年10月8日付民事第375号民事局長回答は、右によって変更されたものと了知されたい。

III　定款の変更

　商号は、定款の絶対的記載（記録）事項である（会社法576条1項2号）。したがって、商号を変更するためには定款の変更が必要である。

　持分会社は、定款に別段の定めがある場合を除き、総社員の同意によって、定款の変更をすることができる（会社法637条）。定款で定めることができる「別段の定め」の内容については特に制限はない[11]。したがって、「総社員の同意」ではなく、たとえば、「社員の過半数」としたり「業務執行社員の過半数」とすることや、特定の業務執行社員への委任も認められる（新会社法の解説23頁）。

　　11　定款の変更をするについて、総社員の同意に代わる要件を制限している法律もある。たとえば、中間法人法107条は「定款を変更するには、総社員の同意によらなければならない。　2　第104条第2項の規定は、前項の場合について準用する」とし、同法104条2項は「無限責任中間法人は、総社員のうち定款で定める一定割合以上の者の同意により事業の全部の譲渡をすることができる旨を定款で定めることができる。この場合において、当該一定割合は、2分の1を上回らなければならない」と定めている。

Ⅳ　ローマ字・アラビア数字・符号の使用

1　商号とローマ字等の使用

ローマ字・アラビア数字・符号の使用、およびローマ字の使用と同一商号の判断については、第2章第1節Ⅲ4(2)(C)(28頁)を参照されたい。

2　ローマ字使用と商号登記の更正・変更の登記

商号にローマ字を用いるための更正または変更の登記手続については、次のように取り扱うものとされている（平14・7・31民商第1839号民事局長通達、平14・7・31民商第1841号民事局商事課長依命通知）。なお、ローマ字商号への更正または変更をするにつき、類似商号の取扱いについては優先的取扱い等の特段の措置はとられない（前掲・平14・7・31民商第1839号通達第一・三）。

(1)　**平成14年10月31日以前から、定款で商号にローマ字を用いていた会社**

平成14年10月31日以前から、定款で定める商号にローマ字を用いていた会社については、登記の更正の手続に準じて、当事者の申請により登記上の商号を訂正することができるものとされた。この手続は、登記の更正（商登法132条（旧商登法107条））の手続に準じて処理する（定款上の商号のローマ字部分を片仮名で表記した商号を登記している場合に限る）。

① 登記の事由および登記すべき事項　「商号の更正」および「商号を何何と更正」とする。
② 添付書面　定款および代理人により申請する場合は委任状。
③ 登録免許税　本店所在地における申請1件につき2万円。

(2)　**平成14年11月1日以後に、定款で商号にローマ字を用いる会社**

定款上、日本文字により商号を表記している会社が、平成14年11月1日以後に定款を変更してローマ字商号を使用しようとするときは、次の手続による。

① 登記の事由　「商号の変更」および「平成○年○月○日商号の変更」とする。
② 添付書面　総社員（無限責任社員および有限責任社員の全員）の同意があったことを証する書面および代理人により申請する場合は委任状。
③ 登録免許税　本店所在地における申請1件につき3万円。

第2節　登記手続

I　添付書類

商号変更登記の申請書には、次の書面を添付する。
① 総社員の同意またはある社員の一致があったことを証する書面　定款変更を決定した総社員の同意書を添付する。ただし、定款でもって、定款変更要件につき別段の定めをしている場合は、その定めに従う（会社法637条）。この場合には、総社員の同意書に代えて、「ある社員の一致があったことを証する書面」を添付する（商登法93条・111条・118条）。
　　なお、ローマ字商号に変更（更正）する場合は、第1節IV 2を参照されたい。
② 定款　総社員の同意により定款を変更したときは、定款の添付を要しない。しかし、総社員の同意によらないで、ある社員の一致で定款を変更することができる旨を定款で定めている場合には、これを証するために定款の添付を要する（商登規82条・90条・92条、規則逐条解説37頁）。
　　なお、ローマ字商号に更正する場合は、第1節IV 2を参照されたい。
③ 委任状　登記の申請を代理人によって行う場合に添付する（商登法18条）。

第4章　商号の変更

II　登記申請書

書式例は、持分会社共通である。

【書式4-1】　登記申請書(4)——商号変更

```
                合資会社変更登記申請書

1　商　　　　号　　合資会社　鈴木商会（注1）
1　本　　　　店　　名古屋市中区栄二丁目5番6号
1　登 記 の 事 由　商号変更
1　登記すべき事項　平成○年○月○日商号変更（注2）
                  商号　合資会社　平成商会
1　登 録 免 許 税　金30,000円
1　添 付 書 類　　総社員の同意書　　　　　　　　　1通
                  委任状　　　　　　　　　　　　　1通
上記のとおり登記の申請をする。
    平成○年○月○日
                        名古屋市中区栄二丁目5番6号
                          申　請　人　　合資会社　平成商会（注3）
                        名古屋市東区葵三丁目6番7号
                          代 表 社 員　　鈴　木　一　郎
                        名古屋市北区清水五丁目2番3号
                          上記代理人　　佐　藤　太　郎　㊞

○○法務局○○出張所　御中
```

(注1)　変更前の商号（登記簿上の商号）を記載する。
(注2)　商号を変更した日（原則として、定款変更の決議をした日）と、変更後の商号を記載する。
(注3)　変更後の商号を記載する。

【書式4-2】 総社員の同意書

同　意　書

1. 当会社の定款第1条「合資会社　鈴木商会」とあるのを，次のとおり変更すること。（注1）
　　　　商号「合資会社　平成商会」

上記に同意する。
　　平成○年○月○日（注2）
　　　　　　　　　　　名古屋市中区栄二丁目5番6号
　　　　　　　　　　　（旧商号）合資会社　鈴木商会
　　　　　　　　　　　（新商号）合資会社　平成商会
　　　　　　　　　　　　社　員　　鈴　木　一　郎　㊞（注3）
　　　　　　　　　　　　社　員　　平成商事株式会社
　　　　　　　　　　　　　　　　職務執行者　佐　藤　正　㊞
　　　　　　　　　　　　社　員　　田　中　順　次　㊞

（注1）　定款の変更は、定款に別段の定めがない限り、総社員（合資会社の場合は無限責任社員および有限責任社員の全員）の同意をもって行う。定款で、ある社員の一致で定款を変更できる旨を定めている場合は、その定めに従う（会社法637条）。総社員の同意またはある社員の一致があったことを証する書面（同意書・決定書）を添付する（商登法93条・111条・118条）。
　　　　本例の同意書の記名押印箇所は、資格を単に「社員」としているが、合資会社の場合は、無限責任社員・有限責任社員の別を明示してもよい。
（注2）　総社員の同意があった日を記載する。この日が、登記申請書の「登記すべき事項　平成○年○月○日商号変更」の日付となる。
（注3）　本例は、総社員の同意によって定款を変更する例であるから、社員全員が記名押印する。押すべき印鑑については制限がない。

第5章

目的の変更

第1節　手続のポイント

I　類似商号

　他人が登記した商号は、同一市区町村内において同一の営業のために登記することができないとする類似商号の規制（旧商法19条、旧商登法27条）は、廃止された。ただし、商号の登記は、その商号が他人のすでに登記した商号と同一であり、かつ、その本店の所在場所が当該他人の商号の登記に係る本店の所在場所と同一であるときは、することができない（商登法27条）。

　商業登記法27条で定める同一商号・同一住所における類似商号規制は、旧商法19条または旧商業登記法27条のように「同一の営業のため」という要件を課していないので、目的の同一性が類似商号規制の要件となることはない。

II　定款の変更

　目的は、定款の絶対的記載（記録）事項である（会社法576条1項1号）。したがって、目的を変更するためには定款の変更が必要である。持分会社は、定款に別段の定めがある場合を除き、総社員の同意によって、定款の変更をすることができる（会社法637条）。

　なお、会社の目的の具体性については、登記官の審査はなされない（平18・3・31民商第782号民事局長通達）。

第2節　登記手続

I　添付書類

　目的変更登記の申請書には、次の書面を添付する。

① 総社員の同意またはある社員の一致があったことを証する書面　定款変更を決定した総社員の同意書を添付する。ただし、定款でもって、定款変更要件につき別段の定めをしている場合は、その定めに従う。この場合には、総社員の同意書に代えて、「ある社員の一致があったことを証する書面」を添付する（商登法93条・111条・118条）。
② 定款　総社員の同意により定款を変更したときは、定款の添付を要しない。しかし、総社員の同意によらないで、ある社員の一致で定款を変更することができる旨を定款で定めている場合には、これを証するために定款の添付を要する（商登規82条・90条・92条、規則逐条解説37頁）。
③ 委任状　登記の申請を代理人によって行う場合に添付する（商登法18条）。

II　登記申請書

書式例は、持分会社共通である。

【書式5-1】　登記申請書(5)――目的変更

合資会社変更登記申請書

1　会社法人等番号　　〇〇〇〇－〇〇－〇〇〇〇〇〇
1　商　　　　　号　　合資会社　鈴木商会
1　本　　　　　店　　名古屋市中区栄二丁目5番6号
1　登　記　の　事　由　　目的変更
1　登記すべき事項　　平成〇年〇月〇日次のとおり変更（注1）
　　　　　　　　　　　1．△△の販売
　　　　　　　　　　　2．××の製造
　　　　　　　　　　　3．上記各号に附帯する一切の業務
1　登　録　免　許　税　　金30,000円
1　添　付　書　類　　総社員の同意書　　　　　　　　1通
　　　　　　　　　　　委任状　　　　　　　　　　　　1通
上記のとおり登記の申請をする。

第5章　目的の変更

　　　　平成○年○月○日
　　　　　　　　　　　　　　　名古屋市中区栄二丁目5番6号
　　　　　　　　　　　　　　　　　申　請　人　　合資会社　鈴木商会
　　　　　　　　　　　　　　　名古屋市東区葵三丁目6番7号
　　　　　　　　　　　　　　　　　代 表 社 員　　鈴　木　一　郎
　　　　　　　　　　　　　　　名古屋市北区清水五丁目2番3号
　　　　　　　　　　　　　　　　　上記代理人　　佐　藤　太　郎　㊞
○○法務局○○出張所　御中

（注1）　目的を変更した日（定款変更の同意があった日）と、変更後の目的を全
　　　部記載する。コンピュータ庁に対して申請する場合は、登記すべき事項を
　　　「別添FDのとおり」として、変更後の目的を記録した磁気ディスクを提
　　　供することもできる（商登法17条4項）。

【書式5-2】　総社員の同意書

　　　　　　　　　　　　　同　意　書

1．当会社の定款第○条を，次のとおり変更すること。（注1）
　　　1．△△の販売
　　　2．××の製造
　　　3．上記各号のに附帯する一切の業務
上記に同意する。
　　　平成○年○月○日（注2）
　　　　　　　　　名古屋市中区栄二丁目5番6号
　　　　　　　　　　合資会社　鈴木商会
　　　　　　　　　　　　社　員　　鈴　木　一　郎　㊞（注3）
　　　　　　　　　　　　社　員　　平成商事株式会社
　　　　　　　　　　　　　　　職務執行者　　佐　藤　　正　㊞
　　　　　　　　　　　　社　員　　田　中　順　次　㊞

（注1）　定款の変更は、定款に別段の定めがない限り、総社員（合資会社の場合
　　　は無限責任社員および有限責任社員の全員）の同意をもって行う。定款で、
　　　ある社員の一致で定款を変更できる旨を定めている場合は、その定めに従

う（会社法637条）。総社員の同意またはある社員の一致があったことを証する書面（同意書・決定書）を添付する（商登法93条・111条・118条）。
　本例の同意書の記名押印箇所は、資格を単に「社員」としているが、合資会社の場合は、無限責任社員・有限責任社員の別を明示してもよい。

（注2）　総社員の同意があった日を記載する。この日が、登記申請書の「登記すべき事項　平成○年○月○日次のとおり変更」の日付となる。

（注3）　本例は、総社員の同意によって定款を変更する例であるから、社員全員が記名押印する。押すべき印鑑については制限がない。

第6章

本店の移転

第1節　手続のポイント

I　類似商号

　他人が登記した商号は、同一市区町村内において同一の営業のために登記することができないとする類似商号の規制（旧商法19条、旧商登法27条）は、廃止された。ただし、商号の登記は、その商号が他人のすでに登記した商号と同一であり、かつ、その本店の所在場所が当該他人の商号の登記に係る本店の所在場所と同一であるときは、することができない（商登法27条）。

　なお、すで商号が登記されている会社が清算中である場合は、同一商号とならない（［先例⑥］（82頁）を参照）。

II　本店移転の手続

1　定款の変更

　本店の所在地は定款の絶対的記載事項であるから（会社法576条1項3号）、定款で本店所在地を最小行政区画をもって定めている場合に、他の最小行政区画に本店を移転するときは、定款の変更をしなければならない。また、定款で具体的な所在場所を定めている場合も定款の変更を要する。

　定款の変更は、定款に別段の定めがある場合を除き、総社員の同意によって行う（会社法637条）。定款で別段の定めをしている場合（たとえば、「定款の変更は、総社員の過半数をもって行う」と定めているような場合）は、その定めに従う。

2　業務執行社員による決定

　本店を移転する日および移転する所在場所の決定は業務執行行為であるか

ら、定款に別段の定めがある場合を除き、業務執行社員の過半数をもって決定する。持分会社において、定款で業務を執行する者を定めていない場合は社員全員が業務を執行し、定款で業務を執行する社員を定めている場合は、定款で定められた社員が業務を執行する（会社法590条1項・2項・591条1項）。業務執行の決定方法は〔表9〕のとおりである。

〔表9〕 業務を執行する社員・業務執行の決定方法

	定款で業務執行社員を定めていない場合	定款で業務執行社員を定めている場合
業務執行社員になる者	社員は、定款に別段の定めがある場合を除き、業務を執行する。	定款で定められた社員が、業務を執行する。
業務執行の決定の方法	定款に別段の定めがある場合を除き、社員の過半数をもって決定する。	定款に別段の定めがある場合を除き、業務執行社員の過半数をもって決定する。
根拠	会社法590条1項・2項	会社法591条1項

第2節　登記手続

I　管轄外への本店移転

　本店を他の登記所の管轄区域内に移転した場合の新所在地における登記の申請は、旧所在地を管轄する登記所を経由してしなければならない。旧本店所在地を管轄する登記所への登記の申請と、新本店所在地を管轄する登記所への登記の申請とは、同時に行う必要がある（商登法95条・111条・118条・51条1項前段）。

　商業登記法20条1項または2項（印鑑の提出）の規定により、新所在地を管轄する登記所に提出する代表者の印鑑も、旧本店所在地を管轄する登記所

を経由して行う（商登法95条・111条・118条・51条1項後段）。

II　添付書類

本店移転の登記申請書には、次の書面を添付する。

① 　総社員の同意書（商登法93条・111条・118条）　本店移転をするにあたって、定款の変更を要する場合に添付する。本店の所在地は定款の絶対的記載事項であるから（会社法576条1項3号）、本店所在地を変更するための定款変更は、定款に別段の定めがある場合を除き、総社員の同意によって行う（同法637条）。

② 　業務執行社員の過半数の一致があったことを証する書面（商登法93条・111条・118条）　定款または総社員の同意により新本店の地番まで定めないときに限り添付する（書式精義（下）755頁・903頁。合同会社の場合は1065頁参照）。

③ 　委任状（代理人が申請する場合。商登法18条）。

④ 　定款　本店移転をするにあたって定款の変更を要するときは、総社員の同意をもってこれを行う（会社法637条）。しかし、定款でもって定款変更要件を別に定めている場合（たとえば、総社員の同意ではなく、「総社員の過半数の同意を要する」と定めている場合）は、その定めに従う。この別段の定めがある場合には、これを証するために定款を添付する。

　　定款で新本店の具体的所在地番を定めなかったときは、業務執行社員の過半数をもって決定する（会社法590条1項・2項・591条1項）。業務執行社員になる者は〔表9〕のように2つのケースがあるが、定款で業務執行社員を定めているときは、この業務執行社員の過半数により新本店を決することになる。したがって、この場合には、定款に業務執行社員の定めがあることを証するために定款を添付する（規則逐条解説37頁）。

III 登記申請書

書式例は、持分会社共通である。

1 同一管轄内の移転の場合・他の管轄区域内へ移転した場合の旧所在地管轄登記所への申請の場合

【書式6-1】 登記申請書(6)——本店移転①

合資会社本店移転登記申請書（注１）

１	会社法人等番号	○○○○－○○－○○○○○○
１	商　　　　号	合資会社　鈴木商会
１	本　　　　店	名古屋市中区栄二丁目５番６号（注２）
１	登記の事由	本店移転
１	登記すべき事項	平成○年○月○日本店移転（注３）
		本店　名古屋市東区葵一丁目３番８号
１	登録免許税	金30,000円
１	添付書類	｛(定款の変更を要する場合)総社員の同意書　　1通｝
		｛(定款または総社員の同意により新本店の地番まで定めない場合)業務執行社員の過半数の一致があったことを証する書面　　1通｝
		委任状　　　　　　　　　　　　　　　　　　1通

上記のとおり登記の申請をする。
　　平成○年○月○日

　　　　　　　　　　　　　　　名古屋市東区葵一丁目３番８号（注４）
　　　　　　　　　　　　　　　　　申　請　人　　合資会社　鈴木商会
　　　　　　　　　　　　　　　名古屋市東区葵三丁目６番７号
　　　　　　　　　　　　　　　　　代　表　社　員　　鈴　木　一　郎
　　　　　　　　　　　　　　　名古屋市北区清水五丁目２番３号
　　　　　　　　　　　　　　　　　上記代理人　　佐　藤　太　郎　㊞

○○法務局○○出張所　御中

（注１）　この申請書は、①同一管轄内で本店移転をした場合、または、②他の管

第6章　本店の移転

　　　　轄区域内へ本店移転をした場合に、旧本店所在地で申請する場合のものである（②の場合は、後件で新本店所在地の登記所に申請する申請書を同時に提出する）。
（注2）　登記簿上の本店を記載する。
（注3）　現実に本店を移転した日および新本店を記載する。
（注4）　新本店を記載する。
［参考］　新所在地を管轄する登記所への代表者の印鑑の提出は、旧本店所在地を管轄する登記所を経由して行う（商登法95条・111条・118条・51条1項後段）。新本店所在地を管轄する登記所に提出する印鑑が、旧本店所在地を管轄する登記所に提出していた印鑑と同一であるときは、代表者の印鑑証明書（市区町村長の作成した印鑑証明書）の添付を省略できる（平10・5・1民四第876号民事局長通達第一）。

【書式6-2】　総社員の同意書

同　意　書

1．当会社の本店を平成○年○月○日次の地に移転すること。
　　　　本店　名古屋市東区葵一丁目3番8号
1．当会社の定款第2条を次のとおり変更すること。ただし，この変更の効力は，平成○年○月○日現実に本店を下記の地に移転した時から効力を生ずる。
　　　（注1）
　　　　　第2条　当会社は，本店を名古屋市東区葵一丁目3番8号に置く。
　　　　　　　　｛または，「当会社は，本店を名古屋市に置く。」｝

上記に同意する。
　　平成○年○月○日（注2）
　　　　　　　名古屋市中区栄二丁目5番6号
　　　　　　　合資会社　鈴木商会
　　　　　　　　　社　員　　鈴　木　一　郎　㊞（注3）
　　　　　　　　　社　員　　平成商事株式会社
　　　　　　　　　　　　職務執行者　佐　藤　　正　㊞
　　　　　　　　　社　員　　田　中　順　次　㊞

第2節　登記手続

(注1)　定款の変更は、定款に別段の定めがない限り、総社員の同意をもって行う（会社法637条）。
(注2)　総社員の同意があった日。
(注3)　総社員が記名押印する。押すべき印鑑については制限がない。

【書式6-3】　決定書（業務執行社員の一致を証する書面）

決　定　書（注1）

1．当会社の本店を平成○年○月○日下記の地に移転すること。
　　本店　名古屋市東区葵一丁目3番8号
上記事項を決定した。
　　平成○年○月○日（注2）
　　　　　　　　名古屋市中区栄二丁目5番6号
　　　　　　　　　合資会社　鈴木商会
　　　　　　　　　　社　員　鈴　木　一　郎　㊞（注3）
　　　　　　　　　　社　員　平成商事株式会社
　　　　　　　　　　　　　　職務執行者　佐　藤　正　㊞

(注1)　定款または総社員の同意により新本店の具体的地番および移転の日を定めないときに限り添付する（合資会社の例として書式精義（下）903頁参照）。
　　　定款で業務を執行する社員を定めていないときは、定款に別段の定めがある場合を除き、社員全員が業務を執行する。持分会社の業務は、定款に別段の定めがある場合を除き、社員の過半数をもって決定する（会社法590条1項・2項）。定款で業務を執行する社員を定めているときは、持分会社の業務は、定款に別段の定めがある場合を除き、業務を執行する社員の過半数をもって決定する（同法591条）。定款で業務を執行する社員を定めているときは、これを証するために定款を添付する（商登規82条・90条・92条）。
(注2)　協議の成立日を記載する。
(注3)　業務執行社員が記名押印する。押すべき印鑑については制限がない。

2 他の管轄区域内への移転の場合の新所在地管轄登記所への申請

【書式6-4】 登記申請書(7)——本店移転②

合資会社本店移転登記申請書（注1）

1 会社法人等番号　　○○○○-○○-○○○○○○
1 商　　　　　号　　合資会社　鈴木商会
1 本　　　　　店　　名古屋市東区葵一丁目3番8号（注2）
1 登 記 の 事 由　　本店移転
1 登記すべき事項　　別添FDのとおり（注3）
1 登 録 免 許 税　　金30,000円
1 添 付 書 類　　委任状　　　　　　　　　　　　　　1通
　　　　（注4）

上記のとおり登記の申請をする。
　　平成○年○月○日

　　　　　　　　　　　　名古屋市東区葵一丁目3番8号
　　　　　　　　　　　　　　申 請 人　　合資会社　鈴木商会
　　　　　　　　　　　　名古屋市東区葵三丁目6番7号
　　　　　　　　　　　　　　代 表 社 員　　鈴 木 一 郎
　　　　　　　　　　　　名古屋市北区清水五丁目2番3号
　　　　　　　　　　　　　　上記代理人　　佐 藤 太 郎　㊞

○○法務局○○出張所　御中（注5）

（注1）　本店を他の登記所の管轄区域内に移転した場合の新所在地における登記の申請は、旧所在地を管轄する登記所を経由してしなければならない。旧本店所在地を管轄する登記所への登記申請と新本店所在地を管轄する登記所への登記申請とは、同時に行う必要がある。なお、当書式例は新本店所在地の登記所で支店登記をしていない場合のものである。

（注2）　新本店を記載する。

（注3）　登記すべき事項を記録した電磁的記録（法務省令で定めるものに限る）を申請書とともに提出するときは、申請書には当該電磁的記録に記録された事項を記載することを要しない（商登法17条4項、【書式6-5】参照）。

第 2 節　登記手続

(注 4)　代理人によって登記の申請をする場合には、委任状を添付する（商登法18条）。それ以外の書面の添付を要しない。
(注 5)　新本店所在地を管轄する登記所を記載する。

【書式6-5】　登記すべき事項の入力例(1)——合名会社の場合

「商号」合名会社鈴木商会
「本店」名古屋市東区葵一丁目3番8号
「公告をする方法」官報に掲載してする。
　（注）定款で、会社が公告する方法を定めた場合に入力する。
「目的」
1　○○の製造販売
2　○○の売買
3　前各号に附帯する一切の事業
「社員に関する事項」
「資格」社員
「住所」名古屋市東区葵三丁目6番7号
「氏名」鈴木一郎
「社員に関する事項」
「資格」社員
「住所」愛知県岡崎市徳川町一丁目2番3号
「氏名」平成商事株式会社
「社員に関する事項」
「資格」社員
「住所」横浜市中区緑町2丁目8番地
「氏名」山田順次
「社員に関する事項」
「資格」代表社員
「氏名」鈴木一郎

第6章　本店の移転

> （注）代表社員が法人の場合の入力例
> 「社員に関する事項」
> 「資格」代表社員
> 「氏名」平成商事株式会社
> 「職務執行者」
> 「住所」愛知県岡崎市徳川町二丁目3番5号
> 「氏名」職務執行者　佐藤　正

「登記記録に関する事項」平成〇年〇月〇日〇県〇市〇町〇番地から本店移転

［備考］
(1) 会社がその本店を他の登記所の管轄区域内に移転したときは、合名会社の設立の登記事項と同一事項（会社法912条）を登記することになる（同法916条）。
(2) 公告方法についての定款の定めがないときは、官報により掲載する方法を公告方法とする旨を入力する。
(3) 電子公告を公告方法とするときは、次に掲げる事項を入力する。
　① 電子公告により公告すべき内容である情報について不特定多数の者がその提供を受けるために必要な事項であって法務省令で定めるもの（会社規220条1項1号。具体的には、当該情報が掲載されているウェブページのURL）
　② 事故その他のやむを得ない事由によって電子公告による公告をすることができない場合の公告方法について定款の定めがあるときは、その定め

【書式6-6】　登記すべき事項の入力例(2)──合資会社の場合

「商号」合資会社鈴木商会
「本店」名古屋市東区葵一丁目3番8号
「公告をする方法」官報に掲載してする。
「目的」
1　〇〇の製造販売
2　〇〇の売買
3　前各号に附帯する一切の事業
「社員に関する事項」

第2節　登記手続

「資格」無限責任社員
「住所」名古屋市東区葵三丁目6番7号
「氏名」鈴木一郎
「社員に関する事項」
「資格」無限責任社員
「住所」愛知県岡崎市徳川町一丁目2番3号
「氏名」平成商事株式会社
「社員に関する事項」
「資格」有限責任社員
「住所」横浜市中区緑町2丁目8番地
「氏名」山田順次
「社員に関する事項」
「資格」代表社員
「氏名」鈴木一郎

> （注）代表社員が法人の場合の入力例
> 「社員に関する事項」
> 「資格」代表社員
> 「氏名」平成商事株式会社
> 「職務執行者」
> 「住所」愛知県岡崎市徳川町二丁目3番5号
> 「氏名」職務執行者　佐藤　正

「登記記録に関する事項」平成○年○月○日○県○市○町○番地から本店移転

［備考］
　　会社がその本店を他の登記所の管轄区域内に移転したときは、合資会社の設立の登記事項と同一事項（会社法913条）を登記することになる（会社法916条）。公告方法については、【書式6-5】の［備考］(2)(3)を参照。

【書式6-7】　登記すべき事項の入力例(3)——合同会社の場合

「商号」合同会社鈴木商会
「本店」名古屋市東区葵一丁目3番8号
「公告をする方法」官報に掲載してする。

「目的」
1 ○○の製造販売
2 ○○の売買
3 前各号に附帯する一切の事業
「資本金の額」金300万円
「社員に関する事項」
「資格」業務執行社員
「氏名」鈴木一郎
「社員に関する事項」
「資格」業務執行社員
「氏名」平成商事株式会社
「社員に関する事項」
「資格」代表社員
「住所」名古屋市東区葵三丁目6番7号
「氏名」鈴木一郎

> （注）代表社員が法人の場合の入力例
> 「社員に関する事項」
> 「資格」代表社員
> 「住所」愛知県岡崎市徳川町二丁目3番5号
> 「氏名」平成商事株式会社
> 「職務執行者」
> 「住所」愛知県岡崎市徳川町二丁目3番5号
> 「氏名」職務執行者　佐藤　正

「登記記録に関する事項」平成○年○月○日○県○市○町○番地から本店移転

［備考］
　　会社がその本店を他の登記所の管轄区域内に移転したときは、合同会社の設立の登記事項と同一事項（会社法914条）を登記することになる（会社法916条）。公告方法については、【書式6-5】の［備考］を参照。

第7章

社員の変更

第7章 社員の変更

第1節　手続のポイント

I　社員の加入

1　社員の地位の取得方法

持分会社の社員の地位の取得方法には、〈図10〉に示すとおり3つの方法がある。

〈図10〉　持分会社の社員の地位の取得方法

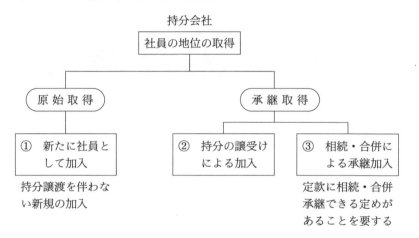

上記図の概略説明は次のとおりである。
① 他の社員から持分の譲渡を受けないで、新たに社員として加入する方法（社員の地位の原始取得）
② 他の社員が有する持分の全部または一部を譲り受けて加入する方法（社員の地位の承継取得）
③ 社員の死亡または合併による消滅により、その一般承継人が、死亡した社員または合併により消滅した社員が有していた持分を承継して加入

する方法（社員の地位の承継取得）

　社員の死亡または合併による消滅は法定退社事由になる（会社法607条3号・4号）。したがって、死亡または合併により消滅した社員の持分を承継して加入するためには、定款に、死亡または合併により消滅した社員の持分を承継して加入することができる旨の定めがあることを要する（同法608条1項・2項）。

以下で、持株会社の社員の地位の取得について詳細を述べる。

2　持分を譲り受けない加入

(1)　原始的加入

持分会社は、新たに社員を加入させることができる（会社法604条1項）[12]。

加入は、加入しようとする者と会社との間の入社行為によって行われる。ただし、新たな出資による社員の加入は定款の絶対的記載（記録）事項（社員の氏名または名称および住所——会社法576条1項4号）に変更を来すから、会社が入社行為を締結するためには、定款に別段の定めがある場合を除き、総社員の同意を必要とする。新たな出資による社員の加入は、当該社員に係る定款の変更をした時に、その効力を生ずる（同法604条2項・637条）。

社員が出資の履行をした場合には、持分会社の資本金の額は、原則として、当該出資により払込みまたは給付がされた財産の額の範囲内で、持分会社が計上するものと定めた額が増加する（会社計算規則30条1項1号）。なお、持分会社で資本金の額を登記するのは合同会社のみである（会社法914条5号）。

(2)　合同会社の特則

(A)　社員となる時期

合同会社が新たに社員を加入させる場合において、新たに社員となろうと

---

[12] 旧商法では、入社した社員の責任に関する規定（旧商法82条）があるのみで、社員の入社自体に関する規定は設けられていなかった。会社法では、社員の加入およびその効力の発生について規定を新設した。

〈図11〉 社員となる時期（設立の場合を除く）

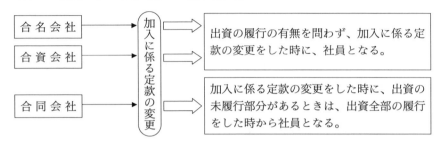

する者が、当該社員の加入に係る定款の変更をした時にその出資に係る払込みまたは給付の全部または一部を履行していないときは、その者は、当該払込みまたは給付を完了した時に、合同会社の社員となる（会社法604条3項）。このような制限があるのは、合同会社は出資について全額払込主義をとるので、合同会社の社員になろうとする者は、その者が社員となる時までに出資全部の履行をしなければならないからである（同法578条参照）。

(B) 資本金の額の増加

社員が出資の履行をした場合には、合同会社の資本金の額は、原則として、当該出資により払込みまたは給付がされた財産の額の範囲内で、合同会社が計上するものと定めた額が増加する（会社計算規則30条1項1号）。合同会社は資本金の額が登記事項とされているから（会社法914条5号）、社員の出資の履行により資本金の額が増加したときは、2週間以内に、その本店の所在地において、資本金の額の変更登記を申請しなければならない（同法915条1項）。

(3) 総社員の同意・定款の変更

社員の氏名・住所は、定款の絶対的記載（記録）事項である（会社法576条1項4号）。社員の加入は定款の絶対的記載事項に変更を来すから、定款に別段の定めがある場合を除き、総社員の同意によって、定款の変更をしなければならない（同法637条）。

なお、定款の変更をするにつき総社員の同意ではなく別段の定めをしてい

る場合、たとえば、社員もしくは業務執行社員の過半数とする旨、あるいは特定の業務執行社員に委任している場合には、その定めに従う。特定の業務執行社員に委任している例として、定款に「社員の入社には代表社員のみの同意・承認あるをもって足る」とある場合には、定款の定めに従うことになる（昭37・4・16民四第64号民事局第四課長回答、登記研究175号64頁）。

(4) 加入した社員の責任

持分会社の成立後に加入した社員は、その加入前に生じた持分会社の債務についても弁済する責任を負う（会社法605条）。この場合の責任とは、無限責任社員にあっては連帯・無限の責任であり、有限責任社員にあっては、その出資の価額（すでに持分会社に対し履行した出資の価額を除く）を限度として、持分会社の債務を弁済する責任をいう（同法580条参照）。

なお、成立後に加入した社員には、原始的加入をした者のほかに、既存社員の持分の全部または一部を譲り受けて承継的に社員権を取得した者、および定款の定めに基づき死亡した社員の相続人として社員になった者も含む（注釈会社法(1)299頁〔大塚龍児〕）。

3 持分譲渡による加入・退社

(1) 持分の全部または一部の譲渡と他の社員の承諾

社員（業務執行権を有しない有限責任社員を除く。(2)参照）は、定款に別段の定めがある場合を除き、他の社員全員の承諾がなければ、その持分の全部または一部を他人に譲渡することができない（会社法585条1項）。

持分の全部譲渡とは、譲渡人が有する持分（持分単一主義により持分は1個）を他人に譲渡することをいい、社員たる地位の譲渡となる。持分の一部譲渡とは、持分をその計算上の数額において分割して、その一部を譲渡することをいう。[13]持分の一部譲渡の場合は、譲渡人は依然として社員の地位にとどまる。

他の社員全員の承諾とは、譲渡者を除く他の社員全員の承諾をいう（注釈会社法(1)244頁〔鴻常夫〕参照）。他の社員の承諾のない持分譲渡は無効である

(会社法論（上）91頁）が、事後承諾でもよい。持分の譲渡の相手である「他人」とは、譲渡者以外の他の社員に限らず、社員以外の者も含まれる。持分譲渡による新たな社員の加入には、譲渡人と譲受人との間で持分の譲渡契約を締結するほか、他の社員全員の承諾を得る必要がある（商登法逐条解説224頁）。

持分の譲受けによる社員の加入は、定款に別段の定めがない限り、総社員の同意によって当該社員に係る定款の変更をした時に、その効力を生ずる（会社法604条2項）。

(2) 業務執行権を有しない有限責任社員の場合

業務執行権を有しない有限責任社員は、業務執行権を有する社員全員の承諾があるときは、その持分の全部または一部を他人に譲渡することができる。定款に別段の定めがない限り、総社員の同意は不要である（会社法585条2項・4項）。

旧商法は、有限責任社員がその持分の全部または一部を譲渡しようとするときは、無限責任社員全員の同意を要するとしていた（旧商法154条）。しかし、会社法では、有限責任社員の変動は原則として無限責任社員が負うべき責任の範囲には影響を与えないものであることから、業務執行権を有しない有限責任社員の持分の譲渡の承諾権は、定款に別段の定めがない限り、業務執行社員の権限とされた（新会社法の解説16頁）。

業務執行権を有しない有限責任社員の持分譲受けによる加入は、定款に別段の定めがない限り、業務執行社員の全員の同意によって業務執行権を有しない有限責任社員の持分の譲受けに係る定款の変更をした時に、その効力を生ずる（会社法604条2項）。

---

13 持分会社の社員の持分は、出資額の多少にかかわらず、社員1人につき1個である。これを持分単一主義という。これに対して株式会社の株主は、原則として、1出資単位（1株または一単元）につき1個の持分を有する（持分複数主義。会社法308条1項参照）。

〔表10〕 持分譲渡の承諾権者

譲 渡 人	承諾をする者	根　拠
無限責任社員	譲渡人を除く、他の社員の全員の承諾	会社法585条1項
業務執行権を有する有限責任社員	譲渡人を除く、他の社員の全員の承諾	会社法585条1項
業務執行権を有しない有限責任社員	業務執行権を有する社員の全員の承諾	会社法585条2項
承諾をする者・要件については、定款で別段の定めをすることができる。		会社法585条4項

(3) 定款の変更

(A) 社員加入に係る定款変更の同意者

　持分の譲受けによる社員の加入は、定款の絶対的記載事項である社員の氏名・住所の記載（記録）に変更を来すから、定款に別段の定めがある場合を除き、総社員の同意をもって定款の変更をしなければならない（会社法604条2項・637条）。

　ただし、業務執行権を有しない有限責任社員の持分の譲渡に伴い定款の変更を生ずるときは、その持分の譲渡による定款の変更は、業務執行権を有する社員全員の同意によってすることができる（会社法585条3項）。これは、業務執行権を有しない有限責任社員の持分譲渡の承諾権者が業務執行社員の全員であることと、定款変更の同意者の範囲を同じにしたものである。定款で別段の定めをすることもできる（同条4項）。

(B) 定款による別段の定めの例示

　社員が持分の全部または一部の譲渡をするためには、原則として総社員の同意を要するという要件は、定款で定めることにより、これを緩和することができる。定款の定めの内容については、特に制限はない（会社法585条4項）。たとえば、「社員は、譲渡者を除く社員の過半数の同意を得て、その持

分の全部または一部を譲渡することができる」と定款で定めることができる。また、持分譲渡の承諾権を業務執行社員のみに与えたり、一定の場合には承諾を要しないものと定めることもできる。

(4) 自己持分の禁止

持分会社は、その持分の全部または一部を譲り受けることができない（会社法587条1項）。この自己持分取得の禁止規定は旧商法にはなく、会社法で新たに設けられたものである。持分会社が当該持分会社の持分を取得した場合には、当該持分は、当該持分会社がこれを取得した時に、消滅する（同条2項）。

(5) 持分譲渡の効果

(A) 持分全部譲渡の効果

(a) 社員でない者に対して持分の全部譲渡がされた場合

社員でない者に対して持分の全部譲渡がされた場合には、譲渡人は社員たる地位を喪失して退社し、譲受人は新たに社員の地位を取得して加入する。

(b) 社員に対して持分の全部譲渡がされた場合

社員に対して持分の全部譲渡がされた場合には、譲渡人は社員たる地位を喪失して退社し、持分を譲り受けた社員の持分が増加する。無限責任社員が有限責任社員の持分を譲り受けても、無限責任社員としてその持分が増加するにすぎない。なお、有限責任社員が無限責任社員の持分を譲り受けた場合には、有限責任社員としての持分が増加するにとどまるとする説（会社法論（上）136頁、会社法詳論（下）1272頁、注釈会社法(1)603頁〔江頭憲治郎〕）と、無限責任社員になるとする説（味村（下）222頁）とが対立する。

(c) 代表権・業務執行権の承継

持分の全部譲渡と業務執行権・代表権の帰属については、次の①および②に分けて考える必要がある。

① 定款で業務執行権・代表権を与えない場合　社員は、定款に別段の定めがある場合を除き、業務執行社員となり、業務執行社員は持分会社を代表するとされている（会社法590条1項・599条1項）。したがって、

この場合は、業務執行権および会社代表権は社員地位に当然に付着する権限としての性格を有すると認められ、持分すなわち社員地位を譲り受けた者は両権限を当然に取得すると考えてよい（社員の地位の相続351頁参照）。

② **定款で業務執行権・代表権を与えた場合**　定款で業務執行権および会社代表権を与えられた者が持分の全部譲渡をしても、この両権限は社員地位に付着したものとは認められず、譲受人が承継することはないと解すべきである（定款の定めに基づき社員の互選によって業務執行社員の中から代表社員を定めた場合も、同様と解すべきである）。これらの権限は、特定の個人の信用および能力を基礎として委託されたものだからである（社員の地位の相続351頁、注釈会社法(1)314頁〔古瀬村邦夫〕参照）。

(B) 持分一部譲渡の効果

(a) **社員でない者に対して持分一部譲渡がされた場合**

社員でない者に対して持分の一部譲渡がされた場合には、譲渡人の持分が減少し、譲受人は新たに社員の地位を取得して加入する。

(b) **社員から社員への持分一部譲渡がされた場合**

社員が他の社員から持分の一部の譲渡を受けた場合には、持分の一部譲渡をした社員の持分が減少し、持分の一部を譲り受けた社員の持分が増加する。

(c) **代表権・業務執行権の承継**

持分の一部譲渡をした者が業務執行権・会社代表権を有する社員である場合に、持分の一部譲渡があっても一部譲渡人のこれらの権限には何ら影響がない。業務執行権・会社代表権を有する者から持分の一部譲渡を受けた者が、これらの権限を取得するか否かについては前掲(A)(c)を参照されたい。

(6) **持分の全部の譲渡をした社員の責任**

持分の全部を他人に譲渡した社員は、退社による変更の登記（会社法915条1項）をする前に生じた持分会社の債務について、従前の責任の範囲内でこれを弁済する責任を負う（同法586条1項）。従前の責任の範囲とは、会社法580条で定める社員の責任をいう（2(4)参照）。退社の登記がなされるまでは、

現実に退社していても、対外的な責任の関係では、退社していないものと実際上同じに扱われることになる（注釈会社法(1)352頁〔古瀬村邦夫〕）。

　退社した社員のこの責任は、退社による変更の登記後2年以内に請求または請求の予告をしない持分会社の債権者に対しては、当該登記後2年を経過した時に消滅する（会社法586条2項）。

4　社員の死亡・合併と持分の承継

(1)　旧商法と会社法とにおける相続等の取扱いの相違点

(A)　旧商法における取扱い

　旧商法では、無限責任社員の死亡は法定退社原因とされ（旧商法85条3号・147条）、その相続人が死亡した無限責任社員の地位を承継して合名会社または合資会社に入社することは認められていなかった。ただし、死亡した無限責任社員の地位を相続人が承継して入社できる旨を定款で定めることができるものと解されていた（通説（法曹会編『最高裁判所判例解説・民事篇〈平成4年度〉』18頁））。これに対して有限責任社員の死亡の場合は、定款で相続承継入社ができる旨を定めていなくても、相続承継入社ができるものとされていた（旧商法161条1項）。

　有限責任社員が法人である場合において、当該法人が合併により消滅した場合の取扱いについては規定が存在しなかった。

(B)　会社法における取扱い

(a)　相続等による持分承継の定款の定め

　持分会社の社員の死亡または合併による消滅は法定退社事由とされ（会社法607条1項3号・4号）、死亡または合併により消滅した社員の相続人その他の一般承継人は、当該社員の持分を承継することができない。ただし、持分

14　会社が清算中の場合は、定款に相続承継入社ができる旨の定めがなくても、死亡した無限責任社員の相続人は社員の地位を承継することができた（旧商法144条）。

第1節　手続のポイント

〈図12〉　法定退社事由と承継加入

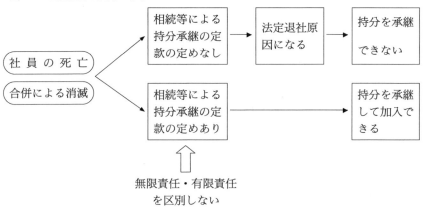

　会社は、その社員が死亡した場合または合併により消滅した場合における当該社員の相続人その他の一般承継人が当該社員の持分を承継する旨を定款で定めることができる（同法608条1項。以下、この定款の定めのことを「相続（等）による持分承継の定款の定め」という）。

　旧商法のように、無限責任社員の死亡については相続承継入社を認めず（清算中の場合を除く（旧商法144条））、有限責任社員の死亡については定款の定めがなくても相続承継入社を認めるという社員の責任の種類によって取扱いを異にするのは合理的な理由がないことから（新会社法の解説20頁）、会社法では責任による区別を設けなかった。

(b)　**相続等による持分承継の定款の定めがない場合**

　持分会社の定款に相続等による持分承継の定めがないときは、死亡または合併により消滅した社員の相続人その他の一般承継人は、当該社員の持分を承継することができない。この場合は、死亡または合併により消滅した社員の退社に基づく持分払戻請求権を承継できるにすぎない。

　相続人その他の一般承継人は、総社員の同意を得て、この持分払戻請求権を出資として持分会社に加入することができる。この場合は、持分の承継ではなく、加入による新たな持分の取得である（大判大6・4・30民録23輯765頁）。

(c) 清算中の場合

清算中の持分会社（清算持分会社）において、社員が死亡した場合または合併により消滅した場合には、相続等による持分承継の定款の定めがないときでも、当該社員の相続人その他の一般承継人は、当該社員の持分を承継する（会社法675条）。

(C) 相続による持分承継の定款の定め方

(a) 判例に現れた定款の形態

相続による持分承継の定款の定め方として、判例上現れたものには次のものがある。

① 相続人が当然に承継加入する（大判大6・4・30民録23輯765頁）。
② 特定の相続人が当然に承継加入する（家督相続人の例として大判昭9・11・9法学4号500頁）。
③ 相続人が欲するときは、相続人の一方的意思表示で加入できる（大判昭2・5・4新聞2697号5頁）。
④ 相続人は、他の社員の同意を条件として承継加入できる（大判大13・3・26新聞2253号18頁）。

(b) 定款の定めと承継者

(a)にあげた判例の形態を大別すると、①「相続が発生した場合において、相続人が欲したときには承継加入することができる」旨の定めと、②「相続が発生した場合には、当然に相続人は承継加入する」旨の定めとがある。

①の場合には、相続人の任意の意思表示によって承継加入して社員となることができる。相続人が数人いる場合において、その一部の者が加入の意思を表示したときは、その者は相続分に応じて死亡した社員の権利義務を有し、加入の意思を表示しない者は持分の払戻請求権を取得すると解すべきであろうとする見解がある（味村（下）143頁）。

②の場合には、相続人は当然に社員たる地位を取得するとするのが判例（大判昭9・2・9法学4号500頁）、登記先例（[先例⑦]）である。したがって、相続人が社員となることを欲しないときは、相続の放棄または限定承認をす

るほかないものとされる（味村（下）143頁）。なお、この場合においては、(5)(B)で後述するように、相続人全員がいったん相続による承継加入の登記をし、その後において社員となることを欲しない者は、自己の持分を相続承継する意思のある他の相続人に譲渡して退社登記をすることも考えられる。

(2) 持分承継の時期・定款の変更等

(A) 持分承継の時期

社員の加入の時期につき、会社法604条2項は「持分会社の社員の加入は、当該社員に係る定款の変更をした時に、その効力を生ずる」としているが、相続等による持分承継の定款の定めがある場合には、死亡した社員または合併により消滅した社員の一般承継人（社員以外のものに限る）は、死亡した社員または合併により消滅した社員の持分を承継した時に、当該持分を有する社員となる（会社法608条2項）。

この「承継した時」とは、社員が自然人の場合は相続開始（死亡）の時であり（民法882条）、社員が法人（会社）である場合に吸収合併により消滅したときは吸収合併がその効力を生ずる日（吸収合併契約書で定めた効力発生日）であり（会社法750条1項・752条1項）、新設合併により消滅したときは新設会社の成立の日（本店所在地において新設合併による設立登記をした日）である（会社法754条1項・756条1項）。

(B) 一般承継に伴うみなし定款変更

相続等による持分承継の定款の定めがある場合には、持分会社は、死亡した社員または合併により消滅した法人の一般承継人が持分を承継した時に、当該一般承継人に係る定款の変更をしたものとみなされる（会社法608条3項）。

ある社員が持分を譲渡するためには、定款に別段の定めがある場合を除き、総社員の同意（業務執行権を有しない有限責任社員が譲渡する場合は、業務執行権を有する社員全員の承諾）を要し（会社法585条1項・2項）、また定款の変更を要する（同法585条3項・637条）が、社員の相続開始または合併による持分の移転は譲渡ではないから、総社員（または業務執行社員全員）の同意を要

せず、総社員（または業務執行社員全員）の同意による加入に係る定款の変更という問題も生じない。

(C) 未履行出資の連帯責任

相続等による持分承継の定款の定めがある場合において、社員の相続開始または合併による持分の一般承継人が2人以上あるときに、相続により持分を承継したものであって、出資に係る払込みまたは給付の全部または一部を履行していないものがあるときは、各一般承継人は、連帯して当該出資に係る払込みまたは給付の履行をする責任を負う（会社法608条4項）。

(3) 業務執行権・代表権・責任の承継

(A) 業務執行権・代表権

持分の相続承継と業務執行権・代表権の帰属については、次の①および②に分けて考える必要がある。

① **定款で業務執行権・代表権を与えない場合** 社員は、定款に別段の定めがある場合を除き、業務執行社員となり、業務執行社員は持分会社を代表するとされている（会社法590条1項・599条1項）。したがって、この場合は、業務執行権および会社代表権は社員地位に当然に付着する権限としての性格を有すると認められ、持分すなわち社員地位を譲り受けた者は両権限を当然に取得すると考えてよい（社員の地位の相続351頁）。

② **定款で業務執行権・代表権を与えた場合** 定款で業務執行権および会社代表権を与えられた者の持分を相続承継しても、この両権限は社員地位に付着したものとは認められず、譲受人が承継することはないと解すべきである。これらの権限は、特定の個人の信用および能力を基礎として委託されたものだからである（社員の地位の相続351頁、注釈会社法(1)314頁〔古瀬村邦夫〕参照）。

(B) 責任の承継

(a) **社員でない者が承継する場合**

無限責任社員の死亡により、社員でない者が無限責任社員の地位を承継す

る場合には、その者は無限責任社員として持分会社に相続加入する（笹野和夫「Q&A 商業法人登記の実務」登記情報455号105頁）。

(b) **社員である者が承継する場合**

無限責任社員の死亡により、無限責任社員である者が無限責任社員の地位を承継する場合には、その者の持分が増加するにすぎない。これに対し、無限責任社員の死亡により、有限責任社員である者が無限責任社員の地位を承継する場合には、その者の持分が増加するにとどまらず、2つの地位を併有するのではなく、責任の別にも変更を来し、無限責任社員になると解されている（笹野・前掲105頁、味村（下）222頁）[15]。

(4) **相続による共有と権利の行使者**

相続財産は相続人全員の共有に属するから（民法898条）、相続による持分承継の定款の定めがある場合において一般承継人（相続人）が2人以上あるときは、一般承継人全員で1個の持分を準共有することになる。

社員の相続開始による持分の一般承継人が2人以上ある場合には、各一般承継人は、承継した持分についての権利を行使する者1人を定めなければ、当該持分についての権利を行使することができない。ただし、承継した持分についての権利を行使する者1人を定めていない場合でも、持分会社が当該権利を行使することに同意した場合は、共有者（準共有者）は権利を行使することができる（会社法608条5項）。

(5) **相続人の1人を承継社員とすることの可否**

(A) **遺産分割協議・単純承認・相続の放棄・限定承認**

相続による持分承継の定款の定めがある場合において、死亡した社員の共同相続人全員による遺産分割協議により、共同相続人中の1人が、死亡した社員の地位を承継したとする相続承継加入の登記は受理されない（下記［先例⑧］～［先例⑩］参照）。

---

15 有限責任社員が無限責任社員の持分を譲り受けた場合には、有限責任社員としての持分が増加するにとどまるとする説もある（3(5)(A)(b)を参照）。

単純承認をした相続人が数人存する場合、相続人は、相続開始と同時に、その相続分に応じて死亡した社員の地位を承継すると解される（味村（下）143頁）。この場合、死亡した社員の地位は、権利義務を包括したものであって、いったん社員となることによって生じた債務は分割することができず、遺産分割協議によって相続人中の1人を死亡社員の地位の承継者としても、その協議の効力は遡及しないと解されている（商登法逐条解説226頁、登記インターネット2巻6号150頁、登記先例解説集23巻12号74頁）。したがって、遺産分割協議の結果に基づき相続人中の1人の者のみを相続承継加入者とする登記はできず、いったん相続人全員の相続承継加入の登記をしたうえで、社員となることを欲しない相続人の退社の登記をしなければならない。この登記手続の詳細は後記(B)を参照されたい。

　社員の相続承継加入を定款で認めている場合に、他の相続人が相続の放棄をしたことにより相続人の1人が持分全部を承継したときは、承継者のみによる加入の登記を申請することができる（登記研究432号131頁）。

　相続等による持分承継の定款の定めがある場合において、死亡した無限責任社員の持分を相続した相続人は相続の限定承認をすることができるか、については否定説が多いとされるが、これを肯定する学説もある（社員の地位の相続347頁）。

　［先例⑦］　昭18・3・8民事局長回答
　　（照会）　合資会社の有限責任社員が死亡し相続人が甲乙の場合に、「甲説（略）相続人ハ相続抛棄ヲ為ササル限リ法律上当然社員トシテ入社スヘク従ツテ甲乙間ニ於テ遺産分割契約スルモ乙カ社員ノ資格ヲ取得シタル後ノコトニ係リ甲ノミニヨリ入社登記ハ受理スヘキモノニアラス。乙説（略）。」
　　（回答）　（略）甲説ノ通ト思考致候此段及回答候也」

　［先例⑧］　昭34・1・14民甲第2723号民事局長回答
　　（照会）　定款において、無限責任社員が死亡したときは、その相続人において当然入社する旨の規定ある合資会社の無限責任社員が死亡した場合、

第 1 節　手続のポイント

共同相続人間の遺産分割契約により相続人の 1 人が会社出資金の全部を取得した場合、その者のみの入社登記の受理の可否について、いささか疑義がありますので、何分の御垂示を賜りたくお伺いします。
（回答）　当該登記申請を却下すべきものと考える。

［参考］　この先例の解説については、商業登記先例解説総覧852頁を参照。

［先例⑨］　昭36・8・14民甲第2016号民事局長回答（大分地方法務局・会同決議）
（照会）　合資会社の無限責任社員死亡し、定款に相続人が承継入社ができる規定がある場合、共同相続人のうち民法第903条第 2 項の規定による証明書添付し他の 1 人が承継入社する登記は受理できるか。
（回答）　受理できない。

［先例⑩］　昭38・5・14民甲第1357号民事局長回答
（照会）　合資会社の有限責任社員が死亡した場合には（商法161条）相続性を認めているが、先例は、共同相続人中の 1 人が社員となることの遺産分割協議が成立しても、遺産分割によって共同相続人中の一部の者のみが、これを承継入社することを認めないとしている（昭和18年 3 月（水戸地方裁判所長照会）民事局長回答）。しかしながら、当該相続開始前に具体化している出資義務及び相続開始前に生じている会社債務に対する社員の責任については、相続人全員が共同して負担するわけで、相続人の一部の者が持分を相続したからとしても他の相続人が、この負担まで免れるものではないと考えられるので、共同相続人間において民法の規定により遺産分割協議が成立した場合は有効と解し、相続人中の 1 人が相続による入社登記を受理することはできないでしょうか。
（回答）　受理しないのが相当である。

［名法・登記情報19号158頁］
（問）　商法第161条第 1 項には「有限責任社員ガ死亡シタルトキハ其ノ相続人之ニ代リテ社員ト為ル」とされているが、遺言証書を添付して、相続人中特定の者が入社する旨の変更登記申請があった場合は、受理すべき

123

第7章 社員の変更

でないと考えるがどうか。
（決議）　多数意見　受理できない。
　　　　　少数意見　受理できる。
（本省意見）　多数意見のとおり。

(B)　共同相続人中の1人が持分全部を取得する旨の登記手続

定款に「社員が死亡した場合には、相続人が当然に被相続人の地位を相続する」旨の定めがある場合において、共同相続人中の1人が相続持分全部を取得するための登記手続は次のようになる。

(a)　**無限責任社員が死亡した場合の例**

構成員が無限責任社員甲と有限責任社員A・B・Cの合資会社において、無限責任社員甲が死亡した場合（〈図13〉参照）に、遺産分割協議により、共同相続人（A・B・D）中の1人Aのみを承継社員と定めたときは、次の①から⑤の登記手続をする（笹野・前掲105頁）。[16]

①　無限責任社員甲の死亡による退社登記
②　有限責任社員A・Bの無限責任社員への責任変更登記

〈図13〉　無限責任社員が死亡した場合における相続人の承継加入

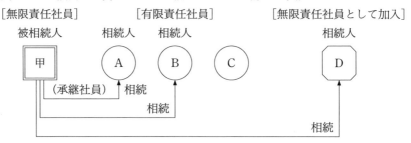

16　有限責任社員が無限責任社員の地位を承継した場合においては、責任は、有限責任のまま変更しないという見解と、無限責任に変更するという見解とに分かれている（3(5)(A)(b)（114頁）参照）。本事例は、有限責任から無限責任に変更するという見解によっている。

③　Dの相続承継加入の登記
④　無限責任社員Bの持分のうちの相続分に相当する分の譲渡（BからAへ）、および無限責任社員Bの有限責任社員への責任変更登記
⑤　無限責任社員Dの持分全部譲渡（DからAへ）による退社登記

(b) 有限責任社員が死亡した場合の例

有限責任社員が死亡した場合（〈図14〉参照）での登記手続については、下記の見解（名法・登記情報20号199頁）がある。

［名法・登記情報20号199頁］
　（問）　合資会社の有限責任社員Xが死亡し、その相続人がA、B、Cと複数いる場合において、その共同相続人のうちの一人であるAが有限責任社員Xの持分全部を取得することについて無限責任社員の同意を得たときの登記手続につき下記両説があり、乙説を相当と考えるがどうか。なお、当該会社の定款には、有限責任社員が死亡した場合の相続等に関する別段の定めはない。
　　甲説
　　　イ　有限責任社員Xについて、死亡の日をもって退社
　　　ロ　共同相続人A、B、CのうちAのみがX死亡の日をもって有限責任社員として入社
　　乙説
　　　イ　有限責任社員Xについて、X死亡の日をもって退社
　　　ロ　共同相続人A、B、C全員について、有限責任社員X死亡の日をもって有限責任社員として入社
　　　ハ　有限責任社員B、Cについて、無限責任社員全員の同意の効果発生の日をもって持分全部譲渡による退社
　　　ニ　有限責任社員Aについて、無限責任社員全員の同意の効果発生の日をもって持分の譲受けによる出資の増額
　　参照　昭和38年5月10日民事甲第1357号回答
　　　　　新訂詳解商業登記法（下巻）197頁以下
　　　　　全訂商業登記実務の手引（名古屋法務局）368頁以下
　　　　　商業登記書式精義1184頁以下
〈決議〉　多数意見　乙説。

少数意見　甲説。
〈民事行政部長指示〉　多数意見のとおり。

（筆者注）①上記（問）には、「なお、当該会社の定款には、有限責任社員が死亡した場合の相続等に関する別段の定めはない」とあるが、旧商法の場合（旧商法161条1項）と異なり、会社法では相続による持分承継の定款の定めがないと承継加入できない。②有限責任社員の死亡により、相続人の1人が遺産分割により承継加入する場合の他の文献としては、登記先例解説集23巻12号74頁「登記実務研究会報告〔3〕」がある。

〈図14〉　有限責任社員が死亡した場合における相続人の承継加入

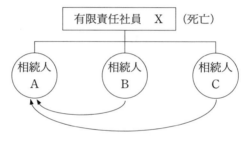

II　社員の退社

1　退　社

　会社消滅の場合以外における社員たる資格の喪失には、相対的喪失と絶対的喪失とがある。既述の持分全部の譲渡および相続による持分承継が定款で認められている場合における死亡が社員たる資格の相対的喪失であり、いわゆる退社の場合が社員たる資格の絶対的喪失に属する。退社とは、会社の存続中に特定社員の社員たる資格が絶対的に消滅することをいう。以下におい

ては、この退社（社員たる資格の絶対的消滅）について述べる。

　株式会社においては株式譲渡の制度はあるが退社の制度はなく、持分会社のみに退社の制度が認められている。持分会社において退社の制度が認められるのは、無限責任社員の負担する危険が極めて大きく、無限責任社員の意思に反してこれを持分会社に拘束するのは適当でないのと、社員個人の人格がすこぶる重要性を有するので、事情により特定の社員を会社関係から排除する必要があるからである（会社法論（上）94頁）。

　退社の事由は会社法で定められており、社員の意思に基づく任意退社と、社員の意思とは無関係に退社となる法定退社とがある。

2　任意退社

(1) 退社の予告

　持分会社の存続期間を定款で定めなかった場合またはある社員の終身の間持分会社が存続することを定款で定めた場合には、各社員は、事業年度の終了の時において退社をすることができる。この場合においては、各社員は、6カ月前までに持分会社に退社の予告をしなければならない。ただし、定款で別段の定めをすることもできる（会社法606条1項・2項）。たとえば、任意退社を10年間禁止する旨の定めも可能である（新会社法の解説19頁）。

　予告による退社の意思を事業年度の終了の時の6カ月前までにしたときは、事業年度の終了の時に当然退社の効果を生じ、重ねて退社の意思表示をする必要はない。この退社の意思表示は、会社を代表する社員に対して行う。退社の予告の意思表示は、持分会社に対する一方的意思表示によって効力を生じ、他の社員の同意を要しない（注釈会社法(1)306頁〔古瀬村邦夫〕）。

(2) やむを得ない事由

　定款による持分会社の存続期間の定め（会社法606条1項）または退社制限の定め（同条2項）の有無にかかわらず、各社員は、やむを得ない事由があるときは、いつでも退社することができる（同条3項）。この退社の意思表示は、やむを得ない事由によって退社しようとする社員の持分会社に対する

一方的意思表示により効力を生じる。

　ここでいう「やむを得ない事由」とは、社員が単に当初の意思を変更したというだけでは足りず、定款規定を定めた時や入社・設立時に前提としていた状況等が著しく変更され、もはや当初の合意どおりに社員を続けることができなくなった場合等がこれにあたるとされている（新会社法の解説19頁）。

　「やむを得ない事由」により退社する場合は、予告することを要せず、また事業年度の終わりを待たず告知により直ちに退社の効力を生ずる。

3　法定退社

　社員は、前記2の任意による退社のほか、〔表11〕に掲げる事由によって退社する（会社法607条1項）。

〔表11〕　法定退社事由

退社事由	解　　説
定款で定めた事由	原則として、強行規定や公序良俗に反しない限り、定款で社員の退社事由を自由に定めることができる（会社法607条1項1号）。
総社員の同意	総社員の同意があれば、会社法606条（任意退社）で定める場合（前記2参照）でなくても、いつでも退社することができる（会社法607条1項2号）。同意の要件につき、定款に別段の定めがあるときはそれに従う。 　なお、「数人が同時に退社の申出をした場合においても、その退社には退社申出者自身を除く他のすべての社員の同意を要し、すなわち総社員の同意を要する」（最判昭40・11・11民集19巻8号1953頁）。この判例によれば、社員がABCの場合に、AとBから同時に退社の申出があったときは、Aの申出による退社の同意は、BとCの同意で行い、Bの申出による退社の同意は、AとCの同意で行うことになる。

死亡	社員の死亡は退社事由になる（会社法607条1項3号）。相続による持分承継の定款の定めがある場合には、相続人は死亡した社員の持分を承継して持分会社の社員として加入することができる。
合併	社員である法人が合併により消滅したときは、退社事由になる（会社法607条1項4号）。社員である法人が合併により消滅した場合に、その持分を承継する旨の定款の定めがあるときは、承継（設立）法人は持分を承継して持分会社の社員として加入することができる。
破産手続開始の決定	社員に破産手続開始の決定があったときは、退社事由となる（会社法607条1項5号）。ただし、持分会社は、社員に破産手続開始の決定があったことを退社事由としない旨を定款で定めることができる（同条2項）。
解散	法人である社員は、当該法人の解散によって退社する。
後見開始の審判	社員が後見開始の審判を受けたときは、退社事由となる（会社法607条1項7号）。ただし、持分会社は、社員が後見開始の審判を受けたことを退社事由としない旨を定款で定めることができる（同条2項）。
除名	除名とは、特定の社員の意思に反して社員の資格を奪うことをいう。除名は、①法定の除名事由がある場合に、②除名すべき社員以外の社員の過半数の決議に基づき、③持分会社の請求により、④裁判所の判決をもってのみ、なすことができる（会社法859条）。除名の判決が確定したときは、本店所在地で、その登記（嘱託登記）をすることを要する（同法937条1項）。 法定除名事由には次のものがある（会社法859条）。 ①　出資の義務を履行しないこと　　出資義務の不履行とは、出資義務の履行不能および履行遅滞をいい、不履行の原因を問わない（注釈会社法(1)318頁〔古瀬村邦夫〕）。

	② 競業禁止義務の違反　業務執行社員が会社法594条1項（598条2項において準用する場合を含む）の規定に違反した場合である。 ③ 義務を執行するにあたって不正の行為をし、または業務を執行する権利がないのに業務の執行に関与したこと　「業務を執行する権利がないのに業務の執行に関与した」とは、定款で業務執行社員を定めている場合に（会社法590条1項）、業務執行権のない社員が業務執行について関与したときをいう。ただし、業務執行権を有しない社員であっても、原則として業務および財産の状況を調査することができる（同法592条）。 ④ 持分会社を代表するにあたって不正の行為をし、または代表権がないのに持分会社を代表して行為をしたこと　「代表権がないのに持分会社を代表」するとは、定款で業務執行社員の定めがなされ（会社法590条1項）、会社を代表すべき者を定款または定款の定めに基づく社員の互選によって業務執行社員の中から定めている場合（同法599条3項）に、これ以外の者が代表行為をすることをいう。会社の損害の有無は問わない（コンメンタール会社法112頁）。 ⑤ その他重要な義務を尽くさないこと。
持分差押債権者の権利行使	社員の持分を差し押さえた債権者は、持分会社および当該社員に対し6カ月前までに予告をすることにより、事業年度の終了時において当該社員を退社させることができる。ただし、この予告は、当該社員が、持分を差し押さえた債権者に対し、弁済をし、または相当の担保を提供したときは、その効力を失う（会社法609条1項・2項）。「相当の担保を提供したとき」とは、差押債権者との間で、担保物権を設定し、または保証契約を締結した場合をいう（最判昭49・12・20判時768号101頁）。 社員の持分の差押債権者にその社員を一方的に退社させることができる権利を与え、退社によって社員が受ける持分の払戻請求権により満足を得させようとするものである（注釈会社法(1)345頁〔古瀬村邦夫〕）。
会社継続の不同意	持分会社が、定款で定めた存続期間の満了もしくは解散事由の発生または総社員の同意によって解散した場合には、清算が結了するまで、社員の全部または一部の同意によって、持分会社を継続することができる（会社法641条1号～3号・642条1項）。この継続に不同意の社員は、持分会社が継続することとなった日に退社する（同法642条2項）。

| 設立の無効・取消し | 持分会社の設立の無効または取消しの訴えに係る請求を認容する判決が確定した場合において、その無効または取消しの原因が一部の社員のみにあるときは、他の社員の全員の同意によって、持分会社を継続することができる。この場合においては、当該原因がある社員は、退社したものとみなされる（会社法845条）。 |

4　退社に伴うみなし定款変更

社員が次に掲げる事由により退社した場合には、持分会社は、当該社員が退社した時に、当該社員に係る定款の定めを廃止する定款の変更をしたものとみなされる（会社法610条）。

①　任意退社（会社法606条）
②　債権者による社員の持分差押えによる退社（会社法609条1項）
③　定款で定めた存続期間の満了、定款で定めた解散の事由の発生または総社員の同意により解散した場合に、会社を継続することにつき同意しなかったための退社（会社法642条2項）
④　持分会社設立の無効・取消しの判決が確定した場合において、その原因があるために退社したものとみなされた場合（会社法845条）

このような定款変更のみなし規定がおかれたのは、社員の加入の場合と異なり、定款変更の手続を常にとることができるわけではないことに鑑みたものである（新会社法の解説20頁）。

5　退社に伴う持分の払戻し・資本金の額の減少と債権者保護手続

(1)　退社に伴う持分の払戻し

(A)　払戻しの規制

退社した社員は、その一般承継人が社員となった場合を除き、その出資の種類を問わず持分の払戻しを受けることができる。退社した社員の持分は、

出資の種類を問わず金銭で払い戻すことができる（会社法611条1項・3項）。

合名会社および合資会社については、払戻しによって会社財産がなくなったとしても、残存する無限責任社員に対して責任を追及できることをもって、退社に伴う持分払戻しにつき債権者保護手続を要しない（なお、退社した社員の責任については、会社法612条を参照）。

合同会社の場合は、有限責任社員のみから構成されることから、退社に伴う持分の払戻しについては〔表12〕のような規制がある（会社法635条、新会社法の解説22頁・23頁）。

〔表12〕 合同会社の社員の退社に伴う持分払戻規制

	区　分	債権者保護手続の要否
①	持分払戻額が持分の払戻しをする日における剰余金額を超えない場合	会社債権者からみれば、通常の利益の配当と同様であるから、特段の手続なく払い戻すことができる（会社法635条1項参照）。
②	持分払戻額が持分の払戻しをする日における剰余金額を超えるが、会社の簿価純資産額を超えない場合	債権者保護手続（1カ月以上の催告期間）を経ることにより、払い戻すことができる（会社法635条2項）。
③	持分払戻額が会社の簿価純資産額を超える場合（簿価債務超過の会社において持分を払い戻す場合を含む）	清算に準じた債権者保護手続（2カ月以上の催告期間）を経ることにより、払い戻すことができる（会社法635条2項）。

（注）　持分払戻額とは、持分の払戻しにより社員に対して交付する金銭等の帳簿価額をいう（会社法635条1項）。金銭等とは、持分を有する社員が受け取ることができる金銭その他の財産をいう（同法151条参照）。

第1節 手続のポイント

(B) 合同会社の債権者保護手続

(a) **持分払戻額が持分の払戻しをする日における剰余金額を超えるが、会社の簿価純資産額を超えない場合（〔表12〕②の場合）**

合同会社は、次に掲げる事項を官報に公告し、かつ、知れている債権者には、各別にこれを催告しなければならない。ただし、異議を述べることができる期間は、1カ月を下ることができない（会社法635条2項）。

① 当該剰余金額を超える持分の払戻しの内容
② 債権者が一定の期間内に異議を述べることができる旨

なお、合同会社が上記の公告を、官報のほか、定款で定める公告方法（時事に関する事項を掲載する日刊新聞紙または電子公告）でするときは、知れている債権者に対する各別の催告は不要である（会社法635条3項本文）。

債権者が前述②の異議申述期間内に異議を述べなかったときは、当該債権者は、当該持分の払戻しについて承認をしたものとみなされる。債権者が前述②の異議申述期間内に異議を述べたときは、合同会社は、当該債権者に対し、弁済し、もしくは相当の担保を提供し、または当該債権者に弁済を受けさせることを目的として信託会社等に相当の財産を信託しなければならない。ただし、持分払戻額が合同会社の純資産額として法務省令（会社規159条7号、会社計算規則166条）で定める方法により算定される額を超えない場合において、当該持分の払戻しをしても当該債権者を害するおそれがないときは、弁済、担保の提供または財産の信託を要しない（会社法635条4項・5項）。

(b) **持分払戻額が会社の簿価純資産額を超える場合（簿価債務超過の会社において持分を払い戻す場合を含む）（〔表12〕③の場合）**

合同会社は、次に掲げる事項を官報に公告し、かつ、知れている債権者には、各別にこれを催告しなければならない。ただし、異議を述べることができる期間は、2カ月を下ることができない（会社法635条2項）。

① 当該剰余金額を超える持分の払戻しの内容
② 債権者が一定の期間内に異議を述べることができる旨

なお、合同会社の公告方法のいかんを問わず、知れている債権者に対する

133

各別の催告は省略することができない（会社法635条3項ただし書）。

債権者が前述②の異議申述期間内に異議を述べなかったときは、当該債権者は、当該持分の払戻しについて承認をしたものとみなされる。債権者が前述②の異議申述期間内に異議を述べたときは、合同会社は、当該債権者に対し、弁済し、もしくは相当の担保を提供し、または当該債権者に弁済を受けさせることを目的として信託会社等に相当の財産を信託しなければならない（会社法635条5項ただし書）。なお、前述の場合と異なり、「債権者を害するおそれがない」という抗弁はできず、必ず弁済、担保の提供または財産の信託をしなければならない。

(2) 合同会社における資本金の額の減少

合同会社の社員が退社した場合には、合同会社は、会社法627条に定める債権者保護手続（会社法635条1項の場合には、同条の債権者保護手続を含む）を行って資本金の額を減少することができ、その場合には、資本金の額は、当該退社した社員の出資につき資本金の額に計上されていた額が減少する（会社計算規則30条2項）。合同会社の資本金の額は登記事項とされているので、資本金の額が減少した場合には、その変更登記をしなければならない（会社法914条5号・915条1項）。

III 社員の責任の変更

1 有限責任から無限責任に変更

(1) 責任の変更の手続

有限責任社員は、その責任を無限責任に変更して無限責任社員となることができる（会社法583条1項・638条。ここでいう責任の変更は、持分の譲渡を伴わない場合のものをいう。持分の譲渡を伴う責任変更については、Ⅰ3(5)（114頁）参照）。社員の責任の変更は、定款変更の方法によってなされる必要がある（注釈会社法(1)649頁〔林竧〕）。定款の変更は、定款に別段の定めがある

場合を除き、総社員（無限責任社員および有限責任社員の全員）の同意によって行う（会社法637条）。社員の責任を変更した場合には、その変更の登記をしなければならない（同法913条6号・915条1項・919条）。

(2) 変更後の責任

有限責任社員から無限責任社員となった場合には、無限責任社員となった者は、その者が無限責任社員となる前に生じた持分会社の債務についても、無限責任社員として弁済する責任を負う（会社法583条1項）。

2 無限責任から有限責任に変更

(1) 責任の変更の手続

無限責任社員は、その責任を有限責任に変更して有限責任社員となることができる（会社法583条3項。ここでいう責任の変更は、持分の譲渡を伴わない場合のものをいう。持分の譲渡を伴う責任変更については、Ⅰ3(5)（114頁）参照）。社員の責任の変更は、定款変更の方法によってなされる必要がある（注釈会社法(1)649頁〔林竧〕）。定款の変更は、定款に別段の定めがある場合を除き、総社員（無限責任社員および有限責任社員の全員）の同意によって行う（会社法637条）。社員の責任を変更した場合には、その変更の登記をしなければならない（同法913条6号・915条1項・919条）。

(2) 変更後の責任

無限責任社員が有限責任社員となった場合であっても、有限責任社員となった者は、その旨の登記をする前に生じた持分会社の債務については、無限責任社員として債務を弁済する責任を負う。この無限責任は、責任の変更登記後2年以内に請求または請求の予告をしない持分会社の債権者に対しては、当該登記後2年を経過した時に消滅する（会社法583条3項・4項）。

3 有限責任社員の出資の価額の変更と責任

(1) 定款の変更

有限責任社員の出資の目的およびその価額は定款の絶対的記載（記録）事

第7章 社員の変更

項であるから、これを変更するためには、定款に別段の定めがある場合を除き、総社員の同意を要する（会社法576条1項6号・637条）。総社員の同意があれば、定款を変更して、出資の目的の価額を増加または減額することができる。

　会社成立後に合資会社の有限責任社員が出資の未履行部分につき履行をしたときは、出資を履行した部分が増加する。[17]これに対し、合同会社は出資の全部履行主義をとり、出資全部を履行しない限り社員となることができないから（会社法578条・604条3項）、社員の未履行部分の履行という概念はない（なお、640条参照）。

(2) 有限責任社員の責任

(A) 合資会社の場合

　合資会社の有限責任社員が出資の価額を減少した場合であっても、当該有限責任社員は、その旨の登記をする前に生じた持分会社の債務については、従前の責任の範囲内でこれを弁済する責任を負う（会社法583条2項）。有限責任社員が出資の価額を減少した場合における責任は、責任の変更登記後2年以内に請求または請求の予告をしない持分会社の債権者に対しては、当該登記後2年を経過した時に消滅する（同条3項・4項）。

(B) 合同会社の場合

　合同会社は出資の全部履行主義をとり、社員が会社債権者に対して直接責任を負うことはなく（会社法578条・580条2項・604条3項参照）、有限責任社員の出資の価額を減少した場合における登記前の債務に係る責任に関する規定は、間接有限責任しか負わない合同会社の社員には適用されない（登記前も責任を負っていないためである（新会社法の解説15頁。会社法583条2項））。

　合同会社の資本金の額の増加または減少については第10章を参照されたい。

17　合同会社を除く持分会社の社員の出資履行期については、会社法で定められていない。定款または総社員の同意によって出資履行期を定めなかった場合は、会社の請求により初めてその履行期が到来する（最判昭62・1・22判時1223号136頁）。

第2節　登記手続

I　申請期間

　社員の加入または退社は登記事項に変更が生じるので、2週間以内にその本店の所在地において、変更の登記を申請しなければならない（会社法915条1項）。

II　添付書類・登録免許税額

1　通　則

　持分会社の登記申請書には、通則的な書面として、次の書面を添付しなければならない。
① 定款　　定款の定めがなければ登記すべき事項につき無効の原因が存することとなる申請については、申請書に定款を添付しなければならない（商登規82条・90条・92条）。
② 総社員の同意またはある社員の一致があったことを証する書面　　登記すべき事項につき、総社員の同意またはある社員の一致を要するときは、申請書にその同意または一致があったことを証する書面を添付しなければならない（商登法93条・111条・118条）。
③ 代理権限を証する書面　　代理人によって登記の申請をする場合に添付する（商登法18条）。

2 新たな出資による社員（合同会社にあっては、業務執行社員。以下同じ）の加入に伴う変更登記

(1) 添付書類

(A) 加入の事実を証する書面

社員の加入に伴う定款の変更に係る総社員（定款に別段の定めがある場合を除く）の同意があったことを証する書面等がこれにあたる（商登法96条1項・111条・118条）。

(B) 法人社員関係書面

加入する社員が法人であるときは、その法人社員が代表社員か否かの区分に応じ、次の①または②の書面（以下、「法人社員関係書面」という）を添付する（商登法96条1項・111条・118条）。

① 代表社員が法人であるときは、次に掲げる書面

ⓐ 当該法人の登記事項証明書（ただし、当該登記所の管轄区域内に当該法人の本店または主たる事務所がある場合を除く）

申請書に当該法人の会社法人等番号を記載した場合には、登記事項証明書は添付することを要しない（商登法19条の3、商登規36条の3）。

ⓑ 当該社員の職務を行うべき者（当該法人の職務執行者）の選任に関する書面　当該法人の業務執行の決定機関において選任したことを証する議事録等を添付する。具体的には、次のとおりである。

㋑ 当該法人が株式会社である場合には、取締役が選任したことを証する書面（取締役会設置会社にあっては取締役会議事録、委員会設置会社にあっては執行役が選任したことを証する書面。会社法348条1項・2項・362条4項3号・418条）

㋺ 当該法人が持分会社である場合には、社員が選任したことを証する書面（会社法590条1項2項・591条2項）

㋩ 当該法人が学校法人その他の理事会が法定されている法人である場合には、理事会議事録（私立学校法36条2項）

㊁　当該法人が理事会が法定されていない法人である場合には、理事の過半数をもって選任したことを証する書面
　ⓒ　当該社員の職務を行うべき者（当該法人の職務執行者）が就任を承諾したことを証する書面
②　代表社員以外の社員が法人であるときは、当該法人の登記事項証明書（ただし、当該登記所の管轄区域内に当該法人の本店または主たる事務所がある場合を除く）
(C)　合同会社の場合に必要な書面
合同会社にあっては、次に掲げる書面も添付する。
①　出資に係る払込みまたは給付があったことを証する書面（商登法119条）
②　資本金の額が増加したときは、増加すべき資本金の額につき業務執行社員の過半数の一致があったことを証する書面（商登法118条・93条）、並びに資本金の額が会社法および会社計算規則の規定に従って計上されたことを証する書面（商登規92条・61条5項）

(2)　就任承諾書の要否

　社員と持分会社との関係は委任契約ではない。株式会社の役員と株式会社との関係は、委任に関する規定に従うとされている（会社法330条）が、持分会社については、このような規定は存在しない。したがって、社員が持分会社に加入したときには、社員の就任承諾書を添付する必要はない。ただし、定款の定めに基づく社員の互選によって代表社員を定めたときは、代表社員の就任承諾書を要する（平18・3・31民商第782号民事局長通達）。
　なお、業務を執行する社員と持分会社との関係は会社法593条、法人が業務執行社員である場合の職務執行者との関係は会社法598条、清算人と清算持分会社との関係については会社法651条1項を参照されたい。

(3)　登録免許税額

　登録免許税額は、申請1件につき3万円（合名会社、合資会社および資本金の額が1億円以下の合同会社については1万円（昭42・7・22民甲第2121号民事局

長通達第二・三))である。

　なお、出資の履行により合同会社の資本金の額が増加した場合にあっては、これに係る登録免許税額を加算した額である（登録免許税法別表第一・24㈠カ・ニ。平18・3・31民商第782号民事局長通達)。

3　持分譲受けによる社員の加入に伴う変更登記

(1)　添付書類

(A)　加入の事実を証する書面

　持分の譲渡契約書および社員の加入に伴う定款の変更に係る総社員（定款に別段の定めがある場合を除く）の同意があったことを証する書面等がこれにあたる（商登法96条1項・111条・118条)。

　なお、業務執行権を有しない有限責任社員の持分の譲受けによる場合には、持分の譲渡契約書のほか、譲渡された持分が業務執行権を有しない社員に係るものであることを証する書面（変更前の定款等）および業務執行社員の全員の同意があったことを証する書面等を添付する。

(B)　法人社員関係書面

　加入する社員が法人であるときは、代表社員か否かの区分に応じ、2(1)(B)の書面を添付する（商登法96条1項・111条・118条)。

(2)　登録免許税額

　登録免許税額は、2(3)と同様である。

4　社員の退社による変更の登記

(1)　添付書類

　社員の退社による変更の登記については、以下の書面を添付する。

①　退社の事実を証する書面（商登法96条1項・111条・118条)　社員の退社事由としては、持分全部の譲渡による退社、総社員の同意による退社、予告による退社、死亡による退社などがある。

②　合同会社にあっては、次に掲げる書面も添付する。

ⓐ 資本金の額の減少につき、業務執行社員の過半数の一致があったことを証する書面（商登法118条・93条）
ⓑ 債権者保護手続関係書面　資本金の額の減少による変更登記の申請書には、会社法627条2項の規定による債権者に対する公告および催告（同条3項の規定により公告を官報のほか時事に関する事項を掲載する日刊新聞紙または電子公告によってした場合にあっては、これらの方法による公告）をしたこと、並びに異議を述べた債権者があるときは、当該債権者に対し弁済しもしくは相当の担保を提供しもしくは当該債権者に弁済を受けさせることを目的として相当の財産を信託したこと、または当該資本金の額の減少をしても当該債権者を害するおそれがないことを証する書面を添付しなければならない（商登法120条）。
ⓒ 資本金の額が会社法および会社計算規則の規定に従って計上されたことを証する書面（商登規92条・61条5項）

(2) 登録免許税額

登録免許税額は、申請1件につき3万円（合名会社、合資会社および資本金の額が1億円以下の合同会社については1万円（昭42・7・22民甲第2121号民事局長通達第二・三））。合同会社の資本金の額が減少した場合にあっては、さらに、これに3万円を加算した額である（登録免許税法別表第一・24㈠カ・ツ。平18・3・31民商第782号民事局長通達）。

5　法人である社員の商号・本店の変更登記

(1) 添付書類

持分会社の社員である法人について、商号または本店の変更があった場合には、当該法人の登記事項証明書が添付書面となる。ただし、当該登記所の管轄区域内に当該法人の本店または主たる事務所がある場合を除く（商登法96条2項・111条・118条）。

(2) 登録免許税額

登録免許税額は、申請1件につき3万円（合名会社、合資会社および資本金

第7章　社員の変更

の額が1億円以下の合同会社については1万円）である（登録免許税法別表第一・24㈠カ）。

6　代表社員の職務執行者の変更登記

⑴　添付書類

職務執行者の就任による変更登記の場合は、2⑴(B)①の書面を添付する（商登法97条・111条・118条）。

職務執行者の退任による変更登記の場合は、退任を証する書面を添付する（商登法97条・111条・118条）。

⑵　登録免許税額

登録免許税額は、申請1件につき3万円（合名会社、合資会社および資本金の額が1億円以下の合同会社については1万円）である（登録免許税法別表第一・24㈠カ）。

III　登記申請書

1　無限責任社員が持分全部を譲渡して退社し、新たに譲受人が無限責任社員として加入（合名会社・合資会社）

【書式7-1】　登記申請書(8)――社員の変更①

```
              合資会社変更登記申請書
 1  会社法人等番号    ○○○○－○○－○○○○○○
 1  商        号    合資会社　鈴木商会
 1  本        店    名古屋市中区栄二丁目5番6号
 1  登記の事由      無限責任社員の退社及び入社
 1  登記すべき事項   平成○年○月○日無限責任社員A退社
                   同日　次の者加入
                     ○県○市○町○番地
```

　　　　　　　　　　無限責任社員　　C　　（注１）
　　　　　　　　　　｛法人の場合｝
　　　　　　　　　　○県○市○町○番地
　　　　　　　　　　無限責任社員　株式会社　平成商事
１　登録免許税　　金10,000円
１　添付書類　　　総社員の同意書　　　　　　　　　　　１通
　　　　（注２）　社員の加入・退社の事実を証する書面　１通
　　　　　　　　　委任状　　　　　　　　　　　　　　　１通
上記のとおり登記の申請をする。
　平成○年○月○日
　　　　　　　　　　　　　　名古屋市中区栄二丁目５番６号
　　　　　　　　　　　　　　　申　請　人　合資会社　鈴木商会
　　　　　　　　　　　　　　名古屋市東区葵三丁目６番７号
　　　　　　　　　　　　　　　代　表　社　員　鈴　木　一　郎
　　　　　　　　　　　　　　名古屋市北区清水五丁目２番３号
　　　　　　　　　　　　　　　上記代理人　佐　藤　太　郎　㊞
○○法務局○○出張所　御中

(注１)　無限責任社員は会社債権者に対して連帯・無限の責任を負う（会社法580条１項）。したがって、無限責任社員の出資の目的・その価額・履行部分については登記簿で公示しても意味がないため登記事項とされていないので（同法912条）、申請書に記載する必要がない。ただし、無限責任社員の出資の目的・その価額は、定款の絶対的記載事項である（同法576条１項６号）。

　　　持分譲渡を伴わない退社については、【書式7-33】を参照。
(注２)(1)　その事実を証する書面
　　　持分譲渡による社員の加入または退社による変更の登記の申請書には、「その事実を証する書面」（法人である社員の加入の場合にあっては、③に掲げる書面を含む）を添付しなければならない（商登法96条１項）。
　　　この書面としては、次のものが該当する。
　　　①　総社員の同意書　　無限責任社員がその持分を譲渡するためには、定款に別段の定めがない限り、譲渡者を除く他の社員全員（無限責任社員および有限責任社員）の承諾を要する（会社法585条１項４項）。なお、定款に別段の定めがある場合は、後記(2)を参照。

第7章　社員の変更

② 社員の加入および退社の事実を証する書面　　持分譲渡および譲受けを証する書面が該当する。しかし、上記①の「総社員の同意書」に加入・退社の事実が明白に記載され、かつ、加入および退社する社員の記名押印があれば、この②の書面の添付を省略できる（書式精義（下）956頁）。

③ 法人社員関係書面　　加入する社員が法人であるときは、その社員が代表社員か否かの区分に応じ、法人社員関係書面（Ⅱ2(1)(B)）も添付する。

(2) 定　款

　無限責任社員がその持分を譲渡するためには、定款に別段の定めがない限り、譲渡者を除く他の社員全員（無限責任社員および有限責任社員）の承諾を要する（会社法585条1項・4項）。また、持分の譲受けによる社員の加入は、定款の絶対的記載事項である社員の氏名・住所の記載（記録）に変更を来すから、定款に別段の定めがある場合を除き、総社員の同意をもって定款の変更をしなければならない（同法637条）。

　しかし、無限責任社員の持分の譲渡の承認要件および定款の変更要件について、定款で別段の定め（たとえば、総社員の同意ではなく、「総社員の3分の2以上」と定めているような場合）を設けている場合には、この定めを証するために定款を添付しなければならない（商登規82条・90条）。

【書式7-2】　総社員の同意書

同　意　書

1. 無限責任社員Aが当会社に対して有する持分全部を、〇県〇市〇町〇番地C｛または、株式会社　平成商事｝に譲渡し、これを譲り受けたC｛または、株式会社　平成商事｝が当会社の無限責任社員として加入すること。（注1）（注2）
2. 定款第〇条中、無限責任社員Aに関する事項を全部削除し、同条末尾に下記事項を加える。（注3）
　　　　〇県〇市〇町〇番地
　　　　　金50万円　無限責任社員　C｛または、株式会社　平成商事｝
以上の件につき同意する。
　　　平成〇年〇月〇日（注4）

　　　　　名古屋市中区栄二丁目5番6号
　　　　　合資会社　鈴木商会
　　　　　　　無限責任社員　　鈴　木　一　郎　㊞（注5）
　　　　　　　有限責任社員　　鈴　木　純　一　㊞
　　　　　　　退　社　社　員　　　　A　　　　㊞
　　　　　　　加　入　社　員　　　　C　　　　㊞
　　　　　　　　{法人の場合}
　　　　　　　　　　株式会社　平成商事
　　　　　　　　　　　　代表取締役　　平　成　花　子　㊞

（注1）　無限責任社員がその持分を譲渡するためには、定款に別段の定めがない限り、譲渡者を除く他の社員全員（無限責任社員および有限責任社員）の承諾を要する（会社法585条1項・4項）。

（注2）　社員の加入または退社による変更の登記の申請書には、その事実を証する書面を添付しなければならない（商登法96条1項）。この書面には、持分譲渡契約書または持分譲受証等が該当する。
　　　ただし、同意書の記載から加入または退社の事実が明白で、加入または退社する社員の記名押印もある場合には、「社員の加入または退社の事実を証する書面」の添付を省略することができる（書式精義（下）956頁）。

（注3）　無限責任社員の加入・退社は、社員の氏名・住所に変更を来すから定款の変更を要する。定款の変更は定款に別段の定めがある場合を除き、総社員（無限責任社員および有限責任社員の全員）の同意をもって行う（会社法637条）。
　　　出資に関する事項についての定款の絶対的記載事項は下表のとおりであり、同意書には、出資事項に関する下表①②③の事項が記載されていなければならない。

①	社員の氏名または名称・住所	会社法576条1項
②	社員の出資の目的・その価額または評価の標準	
③	社員の責任の有限・無限の別	
備考	無限責任社員の出資履行部分は、定款の絶対的記載（記録）事項でもなく、登	会社法576条1項・912条・913条

第7章　社員の変更

記すべき事項でもない。有限責任社員がすでに履行した出資の価額は、定款の絶対的記載（記録）事項ではないが、登記すべき事項である。

(注4)　同意があった日を記載する。
(注5)　譲渡者を除く、総社員（無限責任社員および有限責任社員の全員）が記名押印する。なお、本例では、退社員および入社員も同意書に記名押印しているから、「社員の入社および退社の事実を証する書面」を添付する必要はない（(注2)を参照）。この同意書に押す印鑑については制限がない。

〔記載例1〕　登記すべき事項
「社員に関する事項」
「資格」無限責任社員
「住所」○県○市○町○番地
「氏名」A
「原因年月日」平成○年○月○日退社
「社員に関する事項」
「資格」無限責任社員
「住所」○県○市○町○番地
「氏名」C
「原因年月日」平成○年○月○日加入

2　無限責任社員が持分全部を譲渡して退社し、譲受人が新たに有限責任社員として加入した場合（合資会社）

【書式7-3】　登記申請書(9)──社員の変更②

合資会社変更登記申請書

1　会社法人等番号　　○○○○-○○-○○○○○○
1　商　　　号　　　　合資会社　鈴木商会
1　本　　　店　　　　名古屋市中区栄二丁目5番6号

1 登 記 の 事 由　　無限責任社員の退社及び有限責任社員の加入
1 登記すべき事項　　平成○年○月○日無限責任社員Ａ退社
　　　　　　　　　　同日　次の者加入
　　　　　　　　　　　　○県○市○町○番地
　　　　　　　　　　　　金60万円　全部履行
　　　　　　　　　　　　有限責任社員　Ｄ（注１）
1 登 録 免 許 税　　金10,000円
1 添 付 書 類　　総社員の同意書　　　　　　　　　　　　　１通
　　　　（注２）　社員の加入・退社の事実を証する書面　　　１通
　　　　　　　　　出資の履行があったことを証明する書面　　１通
　　　　　　　　　委任状　　　　　　　　　　　　　　　　　１通
上記のとおり登記の申請をする。
　平成○年○月○日
　　　　　　　　　　　　　名古屋市中区栄二丁目５番６号
　　　　　　　　　　　　　　　申 　請 　人　　合資会社　鈴木商会
　　　　　　　　　　　　　名古屋市東区葵三丁目６番７号
　　　　　　　　　　　　　　　代 表 社 員　　鈴 　木 　一 　郎（注３）
　　　　　　　　　　　　　名古屋市北区清水五丁目２番３号
　　　　　　　　　　　　　　　上記代理人　　佐 　藤 　太 　郎　㊞
○○法務局○○出張所　御中

(注１)　合資会社の有限責任社員の出資の目的、その価額、すでに履行した出資の価額は、登記すべき事項である（会社法913条７号）。したがって、登記申請書には、有限責任社員の出資の目的、その価額、すでに履行した出資の価額を記載しなければならない。
　　　　持分譲渡を伴わない退社については、【書式7-33】を参照。
(注２)(1)　その事実を証する書面
　　　　持分譲渡による社員の加入または退社による変更の登記の申請書には、「その事実を証する書面」（法人である社員の加入の場合にあっては、③に掲げる書面を含む。）を添付しなければならない（商登法96条１項）。
　　　　この書面としては、次のものが該当する。
　　　① 　総社員の同意書　　無限責任社員がその持分を譲渡するためには、定款に別段の定めがない限り、譲渡者を除く他の社員全員（無限責任社員および有限責任社員）の承諾を要する（会社法585条１項・４項）。

なお、定款に別段の定めがある場合は、後記(3)を参照。
　② 社員の加入および退社の事実を証する書面　持分譲渡および譲受けを証する書面が該当する。しかし、上記①の「総社員の同意書」に加入・退社の事実が明白に記載がされ、かつ、加入および退社する社員の記名押印があれば、この②の書面の添付を省略できる（書式精義（下）956頁）。
　③ 法人社員関係書面　加入する社員が法人であるときは、その社員が代表社員か否かの区分に応じ、法人社員関係書面（Ⅱ2(1)(B)）も添付する。
(2)　出資の履行があったことを証する書面
　① 有限責任社員の出資の履行による変更の登記の申請書には、その履行があったことを証する書面を添付しなければならない（商登法112条）。
　　有限責任社員は、その出資の価額を限度として持分会社の債務を弁済する責任を負う。ただし、すでに持分会社に対し履行した出資の価額については責任を負わない（直接有限責任。会社法580条2項）。したがって、合資会社の有限責任社員については、すでに履行した出資の価額が登記簿に公示されることになる（同法913条7号）。すでに履行した出資の価額を証するために、加入する有限責任社員の「出資の履行があったことを証する書面」を添付する。
　② 「出資の履行があったことを証する書面」としては、代表社員が作成した出資についての領収書の控（金銭出資の場合）、または出資の履行を証する財産引継書（現物出資の場合）等がある。
　③ 「総社員の同意書」に出資履行部分についての記載があるときは、これをもって「出資の履行があったことを証する書面」とすることができる（登記研究345号82頁参照）。
(3)　定　款
　　無限責任社員がその持分を他の者に譲渡するについては、定款に別段の定めがない限り、譲渡者を除く全社員の承諾が必要である（会社法585条1項・4項）。また、社員の氏名・住所は定款の絶対的記載事項であるから（同法576条1項4号）、定款に別段の定めがある場合を除き、総社員の同意をもって定款の変更をしなければならない（同法637条）。定款に別段の定めがある場合は、これを証するために定款を添付しなけ

第2節　登記手続

ればならない（商登規90条・82条）。
(注3)　本書式例は、退社した無限責任社員A以外に2名以上の無限責任社員が存在する場合である。

　なお、会社を代表しない無限責任社員Aの退社により、会社を代表する無限責任社員がB1名となる場合には、Aの退社登記と代表社員の氏名の抹消登記を同時に行う（〔記載例2〕参照、味村（下）149頁）。職権では抹消されない（後記［先例⑪］、［登記研究364号83頁］を参照（なお、この登記研究の事案は、代表社員が死亡した場合のものである））。

〔記載例2〕　記録例（有限責任社員の記載は省略）

社員に関する事項	○県○市○町○番地 無限責任社員　A	
		平成○年12月3日退社
		平成○年12月10日登記
	○県○市○町○番地 無限責任社員　B	
	代表社員　B	
		平成○年12月3日無限責任社員が1名となったため抹消
		平成○年12月10日登記

［先例⑪］昭36・8・25民甲第2065号民事局長指示（鹿児島地鹿屋支部・登研決議）（味村（下）150頁より引用）
　(問)　合資会社の無限責任社員2名の中、1名が退社し、代表社員たる無限責任社員1名となった場合、代表社員の登記の抹消も同時に申請すべきか。又は職権で抹消すべきか。
　(決議)　抹消登記を申請すべきである。
　(鹿児島地方法務局長変更指示)　代表社員を置く定めのある限り抹消登記申請の要なし。

第 7 章　社員の変更

　　（民事局長変更指示）　抹消登記を申請するのを相当と考える。

［登記研究364号83頁］（昭和53年 3 月号）
（問）　総社員の同意によって業務執行社員の中から特に 1 名を代表社員と定めている合名会社において、代表社員が死亡した場合、①説として、従来代表社員でなかった他の業務執行社員が（数人あるときは各自）当然会社を代表することになるので、その業務執行社員から変更登記の申請をすべきである、という考え方と、②説として、総社員の同意によって代表社員たる業務執行社員以外の者の代表権はすでに剥奪されていると解されるので、代表社員が死亡したときも、従来代表社員でなかった業務執行社員が、当然には会社を代表することにはならず、後任代表社員から変更登記の申請をすべきである、という考え方とが会社内部で対立しておりますが、いずれに従うべきか決しかねますので、お伺いいたします。
（答）　②説が相当と考えます。

【書式7-4】　総社員の同意書

　　　　　　　　　　　　同　意　書

1　無限責任社員Ａが当会社に対して有する持分全部を，○県○市○町○番地Ｄに譲渡し、これを譲り受けたＤが当会社の有限責任社員として加入すること。（注 1 ）（注 2 ）
2　定款第○条中、無限責任社員Ａに関する事項を全部削除し、同条末尾に下記事項を加える。（注 3 ）
　　　　　○県○市○町○番地
　　　　　　　金60万円　全部履行
　　　　　　　有限責任社員　　Ｄ
以上の件につき同意する。
　　　平成○年○月○日（注 4 ）
　　　　　　　　　　　名古屋市中区栄二丁目 5 番 6 号
　　　　　　　　　　　合資会社　鈴木商会

                無限責任社員   鈴 木 一 郎 ㊞（注5）
                無限責任社員   佐 藤   正 ㊞
                有限責任社員   鈴 木 純 一 ㊞
                退 社 員   A   ㊞
                入 社 員   D   ㊞

(注1) 無限責任社員がその持分を譲渡するためには、定款に別段の定めがない限り、譲渡者を除く他の社員全員（無限責任社員および有限責任社員）の承諾を要する（会社法585条1項・4項）。

(注2) 社員の加入または退社による変更の登記の申請書には、その事実を証する書面を添付しなければならない（商登法96条1項）。この書面には、持分譲渡契約書または持分譲受証等が該当する。

　　　ただし、同意書の記載から加入または退社の事実が明白で、加入または退社する社員の記名押印もある場合には、「社員の加入または退社の事実を証する書面」の添付を省略することができる（書式精義（下）956頁）。

(注3) 無限責任社員の加入・退社は、社員の氏名・住所に変更を来すから定款の変更を要する。定款の変更は定款に別段の定めがある場合を除き、総社員（無限責任社員および有限責任社員の全員）の同意をもって行う（会社法637条）。

　　　出資に関する事項についての定款の絶対的記載事項は下表のとおりである。同意書には、出資事項に関する下記①②③の事項が記載されていなければならない。

①	社員の氏名または名称・住所	会社法576条1項
②	社員の出資の目的・その価額または評価の標準	
③	社員の責任の有限・無限の別	
備考	有限責任社員がすでに履行した出資の価額部分は、定款の絶対的記載（記録）事項ではないが、登記すべき事項である。	会社法576条1項・913条

(注4) 同意があった日を記載する。

(注5) 譲渡者を除く、総社員（無限責任社員および有限責任社員の全員）が記名押印する。なお、本例では、退社員および加入社員も同意書に記名押印

第7章 社員の変更

しているから、「社員の加入および退社の事実を証する書面」を添付する必要はない（（注2）参照）。
　この同意書に押す印鑑については制限がない。

〔記載例3〕　登記すべき事項
「社員に関する事項」
「資格」無限責任社員
「住所」○県○市○町○番地
「氏名」A
「原因年月日」平成○年○月○日退社
「社員に関する事項」
「資格」有限責任社員
「住所」○県○市○町○番地
「氏名」D
「社員に関するその他の事項」金60万円全部履行
「原因年月日」平成○年○月○日加入

3　無限責任社員が持分全部を他の無限責任社員の1人に譲渡して退社した場合（合名会社・合資会社）

【書式7-5】　登記申請書⑩――社員の変更③

合資会社変更登記申請書

1	会社法人等番号	○○○○－○○－○○○○○○
1	商　　　　号	合資会社　鈴木商会
1	本　　　　店	名古屋市中区栄二丁目5番6号
1	登記の事由	無限責任社員退社
1	登記すべき事項	平成○年○月○日無限責任社員A退社（注1）
1	登録免許税	金10,000円
1	添付書類（注2）	総社員の同意書　　　　　　　　　　1通 社員の退社の事実を証する書面　　　1通 委任状　　　　　　　　　　　　　　1通

152

上記のとおり登記の申請をする。
　　　　平成○年○月○日
　　　　　　　　　　　　　　　名古屋市中区栄二丁目5番6号
　　　　　　　　　　　　　　　　申　請　人　　合資会社　鈴木商会
　　　　　　　　　　　　　　　名古屋市東区葵三丁目6番7号
　　　　　　　　　　　　　　　　代表社員　　鈴　木　一　郎
　　　　　　　　　　　　　　　名古屋市北区清水五丁目2番3号
　　　　　　　　　　　　　　　　上記代理人　佐　藤　太　郎　㊞
　　○○法務局○○出張所　御中

（注1）　本例は、無限責任社員が自己の持分全部を他の無限責任社員に譲渡して退社する例である（譲受人は、すでに無限責任社員となっている者であり、譲り受けたことにより新たに加入する例ではない）。

　　　　無限責任社員は会社債権者に対して連帯無限の責任を負うので（会社法580条1項）、登記簿には無限責任社員の出資に関する事項は記載されない。無限責任社員の出資の目的・価額・履行部分は、登記すべき事項でない（同法912条・913条参照）。退社する無限責任社員Ａの持分の全部譲渡を受ける者が当該会社の無限責任社員である場合には、譲受無限責任社員Ｂの登記されている事項については何ら変更がない。

　　　　持分譲渡を伴わない退社については、【書式7-33】参照。

（注2）　無限責任社員が持分全部を他の無限責任社員の1人に譲渡して退社する場合の登記申請書には、次の書面を添付する。

　　　① 総社員の同意書　　無限責任社員がその持分を譲渡するためには、定款に別段の定めがない限り、譲渡者を除く他の社員全員（無限責任社員および有限責任社員）の承諾を要する（会社法585条1項・4項、商登法111条・93条）。なお、定款に別段の譲渡承諾要件を定めている場合は、その定めに従う。定款の定めによった場合は、定款を添付しなければならない（商登規82条・90条）。

　　　② 社員の退社の事実を証する書面　　持分譲渡を証する書面が該当する。

第7章 社員の変更

【書式7-6】 総社員の同意書

同　意　書

1　無限責任社員Aが当会社に対して有する持分全部（金60万円）を，当会社の無限責任社員である○県○市○町○番地Bに譲渡して退社すること。(注1)
2　定款○条中，無限責任社員Aに関する事項を全部削除し，無限責任社員Bの出資に関する事項を次のとおり変更すること。
　　「金40万円」を削除して「金100万円」とする。

以上の件につき同意する。
　　平成○年○月○日（注2）
　　　　　　　　　　　　　名古屋市中区栄二丁目5番6号
　　　　　　　　　　　　　合資会社　鈴木商会
　　　　　　　　　　　　　　無限責任社員　　鈴　木　一　郎　㊞（注3）
　　　　　　　　　　　　　　無限責任社員　　　　　　B　　　　㊞
　　　　　　　　　　　　　　有限責任社員　　　　　　D　　　　㊞
　　　　　　　　　　　　　　退　社　員　　　　　　　A　　　　㊞

（注1）　無限責任社員がその持分を譲渡するためには、定款に別段の定めがない限り、譲渡者を除く他の社員全員（無限責任社員および有限責任社員）の承諾を要する（会社法585条1項・4項、商登法111条・93条）。なお、定款に別段の譲渡承諾要件を定めている場合は、その定めに従う。
（注2）　同意があった日を記載する。
（注3）　押すべき印鑑については制限がない。代表社員の登記の抹消については、【書式7-3】（注3）参照。

【書式7-7】 持分譲渡証書

持分譲渡証書（注1）

1　私は，名古屋市中区栄二丁目5番6号　合資会社　鈴木商会　に対して無限責任社員として有していた持分金60万円全部を平成○年○月○日貴殿に譲渡したことを証明します。

第2節　登記手続

```
        平成○年○月○日（注2）
                        ○県○市○町○丁目○番地
                           譲渡人　　　A　　㊞　　（注3）
 名古屋市東区葵三丁目6番7号
     譲受人　　　B　　殿
```

（注1）　社員の退社の事実を証する書面として、持分譲渡証書を添付する（商登法111条・96条）。
（注2）　証明書の作成日を記載する。
（注3）　持分全部の譲渡人である退社無限責任社員を記載する。押すべき印鑑については制限がない。

〔記載例4〕　登記すべき事項
「社員に関する事項」
「資格」無限責任社員
「住所」○県○市○町○番地
「氏名」A
「原因年月日」平成○年○月○日退社

4　原始的加入（持分譲渡を伴わない無限責任社員または有限責任社員の加入）の場合（合名会社・合資会社）

【書式7-8】　登記申請書(11)──社員の変更④

```
                  合資会社変更登記申請書
 1　会社法人等番号　　○○○○-○○-○○○○○○
 1　商　　　　　号　　合資会社　鈴木商会
 1　本　　　　　店　　名古屋市中区栄二丁目5番6号
 1　登記の事由（注1）
         ｛例1：無限責任社員の原始的加入｝
                  無限責任社員加入
```

155

第7章 社員の変更

　　　　　　　　｛例2：有限責任社員の原始的加入｝
　　　　　　　　　　有限責任社員加入
1　登記すべき事項
　　　　　　　　｛例1：無限責任社員の原始的加入｝（注2）
　　　　　　　　　　平成○年○月○日次の者加入
　　　　　　　　　　　○県○市○町○丁目○番地
　　　　　　　　　　　　無限責任社員　　C
　　　　　　　　　　｛法人の場合｝
　　　　　　　　　　　○県○市○町○丁目○番地
　　　　　　　　　　　　無限責任社員　　株式会社　平成商事
　　　　　　　　｛例2：有限責任社員の原始的入社｝（注3）
　　　　　　　　　　平成○年○月○日次の者入社
　　　　　　　　　　　○県○市○町○丁目○番地
　　　　　　　　　　　　　金50万円　全部履行（注4）
　　　　　　　　　　　　有限責任社員　　C
　　　　　　　　　　｛法人の場合｝
　　　　　　　　　　　○県○市○町○丁目○番地
　　　　　　　　　　　　　金100万円　全部履行
　　　　　　　　　　　　有限責任社員　　株式会社　平成商事
1　登 録 免 許 税　　金10,000円
1　添 付 書 類　　総社員の同意書　　　　　　　　　　　　　　1通
　　　　（注5）　　社員の加入の事実を証する書面　　　　　　　1通
　　　　　　　　　出資の履行があったことを証する書面（注6）　1通
　　　　　　　　　委任状　　　　　　　　　　　　　　　　　　1通
上記のとおり登記の申請をする。
　　平成○年○月○日
　　　　　　　　　　　　　　　名古屋市中区栄二丁目5番6号
　　　　　　　　　　　　　　　　申 請 人　　合資会社　鈴木商会
　　　　　　　　　　　　　　　名古屋市東区葵三丁目6番7号
　　　　　　　　　　　　　　　　代 表 社 員　　鈴 木 一 郎
　　　　　　　　　　　　　　　名古屋市北区清水五丁目2番3号
　　　　　　　　　　　　　　　　上記代理人　　佐 藤 太 郎　㊞
○○法務局○○出張所　御中

(注1) 原始的加入とは、会社成立後に、社員たる地位の承継取得（持分譲受け、相続による持分承継・合併により消滅した会社の持分承継）によらないで、新たに出資をして原始的に社員地位を取得する場合をいう。
(注2) 無限責任社員の出資に関する事項（出資の目的・その価額および履行部分）は、登記すべき事項でない（会社法912条・913条参照）。したがって、申請書に記載する必要はない。
(注3) 有限責任社員の出資に関する事項（出資の目的・その価額およびすでに履行した出資の価額）は、登記すべき事項とされている（会社法913条）。
(注4) 有限責任社員の出資の一部履行の場合は、「金50万円　内金○万円履行」と記載する。
(注5) 社員の原始的加入の登記申請書には、次の書面を添付する。
　① 総社員の同意書　　持分譲渡によらない加入にあっては、定款に別段の定めがない限り、新社員を含む総社員の同意があったことを証する書面を要する（会社法604条2項・637条参照）。社員の氏名または名称・住所および出資事項は、定款の絶対的記載事項であり（同法576条1項）、社員の加入にあたっては、定款の変更をしなければならない（同法637条）。
　② 加入の事実があったことを証する書面　　社員の加入による変更登記の申請書には、その事実を証する書面を添付しなければならない（商登法96条1項・111条・118条）。この書面としては、加入契約書または代表社員の加入証明書などが該当する。上記①の総社員の同意書に加入の事実が明白に記載がされ、かつ、加入社員が記名押印していれば、加入の事実があったことを証する書面の添付を省略できる。
　③ 出資の履行があったことを証する書面　　無限責任社員の加入の場合は、不要である。有限責任社員の加入に限って添付する（商登法112条）。この書面としては、代表社員作成にかかる出資の領収証などであるが、前述①の総社員の同意書に出資履行部分の記載があるときは、添付を省略できる（書式精義（下）962頁）。
　　有限責任社員に限って、「出資の履行があったことを証する書面」の添付を要する理由は次のとおりである。有限責任社員は、自己の出資の価額を限度として会社債務を弁済する責任を負う。すでに会社に対し履行した出資の価額については責任を負わない（会社法580条2項）。有限責任社員のすでに履行した出資の価額は登記簿（登記記録）に公示され

第7章 社員の変更

るから（同法913条7号）、この履行部分を証するために有限責任社員の「出資の履行があったことを証する書面」を添付する。

④ 法人社員関係書面　加入する社員が法人であるときは、その社員が代表社員か否かの区分に応じ、法人社員関係書面（Ⅱ2(1)(B)）も添付する。

(注6)　無限責任社員の出資履行部分は登記されない（会社法913条7号参照）。したがって、無限責任社員の加入の場合は不要である。

【書式7-9】　総社員の同意書(1)——無限責任社員が加入する場合

同　意　書

1．下記の者は、新たに金50万円を出資して、無限責任社員として当会社に加入すること。（注1）

　　新たに加入する社員の責任の別、氏名、住所、出資の目的、その価額は次のとおりである。（注2）

　　　○県○市○町○丁目○番地
　　　　金50万円　　無限責任社員　　C

2．定款第○条末行に次の事項を加える。（注3）

　　　○県○市○町○丁目○番地
　　　　金50万円　　無限責任社員　　C

以上の件につき同意する。

　　平成○年○月○日（注4）

　　　　　　　名古屋市中区栄二丁目5番6号
　　　　　　　合資会社　鈴木商会
　　　　　　　　無限責任者員　鈴　木　一　郎　㊞（注5）
　　　　　　　　無限責任社員　佐　藤　　　正　㊞
　　　　　　　　有限責任社員　鈴　木　純　一　㊞
　　　　　　　　加　入　社　員　　　　　C　　　㊞

(注1)　持分譲渡を受けないで、新たに出資をして無限責任社員として原始的に加入する旨の記載である。持分譲渡によらない加入にあっては、定款に別段の定めがない限り、新社員を含む総社員の同意があったことを証する書面を添付する（会社法604条2項・637条参照）。

(注2) 無限責任社員の出資履行部分は登記すべき事項でないが、それ以外の責任の別、氏名等はいずれも登記すべき事項である（会社法912条・913条）。
(注3) 社員が加入するためには、定款に別段の定めがない限り、総社員（無限責任社員および有限責任社員の全員）の同意により定款を変更する必要がある（会社法604条1項・637条）。社員の加入は、当該社員に係る定款の変更をした時に、その効力を生ずる（同法604条2項）。
(注4) 総社員の同意があった日を記載する。
(注5) 総社員（無限責任社員および有限責任社員の全員）が記名押印する。押すべき印鑑については制限がない。

【書式7-10】　総社員の同意書(2)──有限責任社員が加入する場合

同 意 書

1．下記の者は，新たに金50万円を出資して，業務を執行しない有限責任社員として当会社に入社すること。(注1)
　　新たに加入する社員の責任の別，氏名，住所，出資の目的，その価額並びに既に履行した出資の価額は次のとおりである。(注2)
　　　　○県○市○町○丁目○番地
　　　　　金50万円　全部履行　有限責任社員　C
2．定款第○条末行に次の事項を加える。(注3)
　　　　○県○市○町○丁目○番地
　　　　　金50万円　有限責任社員　C
以上の件につき同意する。
　　平成○年○月○日（注4）
　　　　　　　　　名古屋市中区栄二丁目5番6号
　　　　　　　　　合資会社　鈴木商会
　　　　　　　　　　　無限責任社員　　鈴　木　一　郎　㊞（注5）
　　　　　　　　　　　無限責任社員　　佐　藤　　　正　㊞
　　　　　　　　　　　有限責任社員　　鈴　木　純　一　㊞
　　　　　　　　　　　加　入　社　員　　　　　C　　　　㊞

(注1) 持分譲渡を受けないで、新たに出資をして有限責任社員として原始的に加入する旨の記載である。持分譲渡によらない加入にあっては、新社員を

第7章 社員の変更

含む総社員の同意があったことを証する書面を添付する（商登法逐条解説202頁）。
（注2） 合資会社にあっては、社員の責任の別、氏名、住所、出資の目的、その価額並びにすでに履行した出資の価額は、いずれも登記すべき事項である（会社法913条）。
（注3） 社員が加入するためには、定款に別段の定めがない限り、総社員（無限責任社員および有限責任社員の全員）の同意により定款を変更する必要がある（会社法604条1項・637条）。社員の加入は、当該社員に係る定款の変更をした時に、その効力を生ずる（同法604条2項）。
（注4） 総社員の同意があった日を記載する。
（注5） 総社員（無限責任社員および有限責任社員の全員）が記名押印する。押すべき印鑑については制限がない。

【書式7-11】 出資の履行があったことを証する書面（受領書）

受　領　書（注）

1　金50万円
　　ただし，今般貴殿が有限責任社員として加入するについて出資された金額
上記の金額正に受領しました。
　　平成〇年〇月〇日
　　　　　　　　　　　　　　　　　名古屋市中区栄二丁目5番6号
　　　　　　　　　　　　　　　　　合資会社　鈴木商会
　　　　　　　　　　　　　　　　　　　代表社員　鈴　木　一　郎　㊞
〇県〇市〇町〇丁目〇番地
　　社員　C　殿

（注） 有限責任社員の出資の履行による変更登記の申請書には、「出資の履行があったことを証する書面」を添付しなければならない（商登法112条）。有限責任社員は、自己の出資の価額を限度として会社債務を弁済する責任を負う。すでに会社に対し履行した出資の価額については責任を負わない（会社法580条2項）。有限責任社員の出資履行部分は登記簿に公示されるから、この履行部分を証するために有限責任社員の「出資の履行があったことを証する

書面」を添付する。

　これに対し無限責任社員は、会社債権者に対し連帯・無限の責任を負う（会社法580条1項）。したがって、出資履行部分は登記簿（登記記録）で公示されないので、「出資の履行があったことを証する書面」の添付を要しない。

　総社員の同意書に出資履行部分について記載があるときは、この受領書の添付を要しない（書式精義（下）962頁）。

〔記載例5〕　登記すべき事項——無限責任社員の加入の場合
「社員に関する事項」
「資格」無限責任社員
「住所」○県○市○町○番地
「氏名」C
「原因年月日」平成○年○月○日加入

5　無限責任社員の持分の一部を有限責任社員に譲渡した場合（合資会社）

【書式7-12】　登記申請書⑿——社員の変更⑤

　　　　　　　　　合資会社変更登記申請書（注1）
1　会社法人等番号　　○○○○−○○−○○○○○○
1　商　　　　号　　合資会社　鈴木商会
1　本　　　　店　　名古屋市中区栄二丁目5番6号
1　登　記　の　事　由　　無限責任社員の持分の一部譲渡
1　登記すべき事項　　平成○年○月○日持分一部譲受（注2）
　　　　　　　　　　　○県○市○町○丁目○番地
　　　　　　　　　　　金50万円　全部履行
　　　　　　　　　　　有限責任社員　B
1　登　録　免　許　税　　金10,000円

第 7 章　社員の変更

```
1　添　付　書　類　　総社員の同意書　　　　　　　　　　　1 通
　　　　　　　　　　　委任状　　　　　　　　　　　　　　1 通
上記のとおり登記の申請をする。
　　平成○年○月○日
　　　　　　　　　　　　　　　　名古屋市中区栄二丁目 5 番 6 号
　　　　　　　　　　　　　　　　　　申　請　人　　合資会社　鈴木商会
　　　　　　　　　　　　　　　　名古屋市東区葵三丁目 6 番 7 号
　　　　　　　　　　　　　　　　　　代表社員　　鈴　木　一　郎
　　　　　　　　　　　　　　　　名古屋市北区清水五丁目 2 番 3 号
　　　　　　　　　　　　　　　　　　上記代理人　　佐　藤　太　郎　㊞
○○法務局○○出張所　御中
```

（注1）　無限責任社員が有する持分の一部を、すでに有限責任社員となっている者に譲渡した場合の申請書である。

（注2）　持分の一部譲渡を受けた日、有限責任社員の氏名・住所、出資の目的、その価額、すでに履行した出資の価額を記載する。申請書に記載する「金50万円」（出資の目的・その価額）は、有限責任社員Bがすでに有している持分（例：20万円）と、今般、無限責任社員Aから持分一部譲渡を受けたもの（例：30万円）とを合計したものである（変更後の金額を記載する）。

　　　　なお、無限責任社員Aが有限責任社員Bに、「平成○年○月○日持分一部譲渡」をした旨は記載しない。無限責任社員の出資の目的、その価額、履行した出資の価額は登記すべき事項でないから（会社法913条参照）、無限責任社員Aが有限責任社員Bに持分の一部金30万円を譲渡したとしても、一部譲渡人・無限責任社員Aの持分減少の登記の方法はない（これに対し、有限責任社員の持分一部譲渡の場合は、その変更登記をすることになる（【書式7-14】参照））。無限責任社員が 2 名以上あった場合には、有限責任社員Bは無限責任社員の誰から持分の一部譲渡を受けたのか登記簿上では判明しない。

〔記載例6〕 記録例──有限責任社員Bが無限責任社員Aの持分の一部金30万円を譲り受けた例

社員に関する事項	○県○市○町○番地 無限責任社員　A	
	○県○市○町○番地 有限責任社員　B 金20万円　全部履行	
	○県○市○町○番地 有限責任社員　B 金50万円　全部履行	平成○年12月3日持分の一部譲受
		平成○年12月10日登記

【書式7-13】　総社員の同意書

同　意　書

1　無限責任社員Aの持分金80万円のうち，金30万円を有限責任社員Bに譲渡すること。(注1)
2　有限責任社員Bの出資の目的，その価額，既に履行した出資の価額を次のとおり変更すること。
　　　　　金50万円　全部履行
3　以上の結果，定款第○条中，Bの出資の目的，その価額および既に履行した出資の価額を「金20万円　全部履行」とあるのを，「金50万円　全部履行」と変更すること。(注2)

以上の件につき同意する。
　　平成○年○月○日　(注3)
　　　　　　　　　　名古屋市中区栄二丁目5番6号
　　　　　　　　　　合資会社　鈴木商会
　　　　　　　　　　　無限責任社員　　鈴　木　一　郎　㊞（注4）
　　　　　　　　　　　無限責任社員　　　　　　A　　　㊞
　　　　　　　　　　　有限責任社員　　鈴　木　純　一　㊞
　　　　　　　　　　　有限責任社員　　　　　　B　　　㊞

(注1) 無限責任社員が持分を譲渡しようとするときは、譲渡者を除く総社員（無限責任社員および有限責任社員の全員）の同意を得なければならない。ただし、持分譲渡承認要件を定款で別途定めている場合は、その定めに従う（会社法585条1項・4項）。定款の定めによった場合には、定款を添付しなければならない（商登規82条・90条）。

(注2) 定款の変更は、定款に別段の定めがある場合を除き、総社員（無限責任社員および有限責任社員の全員）の同意によって行う（会社法637条）。有限責任社員の出資の目的、その価額、すでに履行した出資の価額は登記すべき事項である（会社法913条7号）。したがって、同意書にはこれらの事項が記載されていなければならない。

(注3) 総社員の同意があった日を記載する。

(注4) 総社員（無限責任社員および有限責任社員の全員）が記名押印する。押すべき印鑑については制限がない。

6　有限責任社員の持分の一部を他の有限責任社員に譲渡した場合（合資会社）

【書式7-14】　登記申請書(13)——社員の変更⑥

```
              合資会社変更登記申請書（注1）

 1  会社法人等番号    ○○○○－○○－○○○○○○
 1  商        号    合資会社　鈴木商会
 1  本        店    名古屋市中区栄二丁目5番6号
 1  登 記 の 事 由    有限責任社員の持分の一部譲渡
 1  登記すべき事項    平成○年○月○日持分の一部譲渡により，次のとおり
                    変更
（一部譲渡人を記載）  有限責任社員Aの出資の目的，価額，既に履行した出
                    資の価額
                          金30万円　全部履行（注2）
（一部譲受人を記載）  有限責任社員Bの出資の目的，価額，既に履行した出
                    資の価額
                          金70万円　全部履行（注3）
```

1	登録免許税	金10,000円	
1	添付書類 （注4）	無限責任社員全員の同意書 ｛または，業務執行社員全員の承諾書｝	1通
		委任状	1通

上記のとおり登記の申請をする。

　　平成〇年〇月〇日

　　　　　　　　　　　　　名古屋市中区栄二丁目5番6号
　　　　　　　　　　　　　　　申　請　人　　合資会社　鈴木商会
　　　　　　　　　　　　　名古屋市東区葵三丁目6番7号
　　　　　　　　　　　　　　　代 表 社 員　　鈴　木　一　郎
　　　　　　　　　　　　　名古屋市北区清水五丁目2番3号
　　　　　　　　　　　　　　　上記代理人　　佐　藤　太　郎　㊞

（注1）　この書式例は、有限責任社員Aが有する持分の一部を、他の有限責任社員に譲渡した例である。有限責任社員の出資の目的、その価額、すでに履行した出資の価額は登記すべき事項である（会社法913条7号）。持分の一部譲渡により、譲渡人Aおよび譲受人Bの持分の価額に変更が生じるので、この変更登記をする。

（注2）　一部譲渡後の譲渡人Aの持分の価額を記載する。

（注3）　一部譲渡後の譲受人Bの持分の価額を記載する。ここに記載する持分の価額は、Bがすでに有していた持分と、今般Aから一部譲渡を受けた持分の価額との合計額である。

（注4）①　社員が持分を譲渡するためには、総社員の同意を要する。ただし、業務を執行しない有限責任社員は、業務を執行する社員の全員の承諾があるときは、その持分の全部または一部を他人に譲渡することができる。業務を執行しない有限責任社員の持分の譲渡に伴い定款の変更を生ずるときは、その持分の譲渡による定款の変更は、業務を執行する社員の全員の同意によってすることができる（会社法585条1項～3項）。これらについて定款に別段の定めがあるときは、その定めに従う（同条4項）。

②　本例の場合、有限責任社員Aの出資の履行は全部なされているので、Bに持分の一部を譲渡してもAとBの「既に履行した出資の価額」は実質上何ら変更がないから、「出資の履行があったことを証する書面」（商登法112条）は不要である（書式精義（下）951頁）。

第7章　社員の変更

【書式7-15】　同意書

　　　　　　　　　　　同　意　書（注1）

1　有限責任社員Ａは持分金80万円のうち金50万円を有限責任社員Ｂに譲渡して，両者の出資の目的，その価額並びに既に履行した出資の価額を次のとおり変更すること。（注2）

　　　　　金30万円　全部履行　有限責任社員　　Ａ
　　　　　金70万円　全部履行　有限責任社員　　Ｂ

以上の件につき同意する。
　平成○年○月○日（注3）
　　　　　　　　　　名古屋市中区栄二丁目5番6号
　　　　　　　　　　　合資会社　鈴木商会
　　　　　　　　　　　　　無限責任社員　鈴　木　一　郎　㊞（注4）

　　　　　　　　　　　　　無限責任社員　佐　藤　　　正　㊞
　　　　　　　　　　　　　有限責任社員　　　　Ａ　　　　㊞
　　　　　　　　　　　　　有限責任社員　　　　Ｂ　　　　㊞

（注1）　定款に別段の定めがない限り、業務を執行する有限責任社員が持分を譲渡するためには、他の社員全員の承諾を要する。業務を執行しない有限責任社員が持分を譲渡するためには、業務を執行する社員全員の承諾があればよい（会社法585条1項・2項・4項）。

（注2）①　変更後の出資の価額を記載する。有限責任社員の出資の目的、その価額、すでに履行した出資の価額は登記すべき事項である（会社法913条7号）。持分の一部譲渡により、譲渡人Ａおよび譲受人Ｂの持分の価額に変更が生じるので、この変更登記をする。

　　　　②　本例のように、有限責任社員が持分の一部を他の有限責任社員に譲渡するときは、有限責任社員の持分の譲渡に伴って定款の変更を生じない場合も考えられる（注釈会社法(1)633頁〔鴻常夫〕、書式精義（下）949頁・952頁の同意書を参照。会社法585条3項は「定款の変更を生ずるときは」とある）。

　　　　　持分会社の社員の加入は、当該社員に係る定款の変更をした時に、その効力を生ずるとされている（会社法604条2項）。本例では、ＡとＢに

166

つきすでに履行した出資の価額に変更が生じるが、社員に変動がないので、変更登記の添付書面としての同意書には、定款変更に関する事項は記載不要と解すればよいであろう（すでに履行した出資の価額は登記すべき事項であるが、定款の絶対的記載事項ではない（同法576条1項・913条7号））。
(注3)　同意があった日を記載する。
(注4)　持分譲渡人が、業務を執行する有限責任社員である場合は他の社員全員が記名押印し、業務を執行しない有限責任社員である場合は業務を執行する社員のみが記名押印する。押すべき印鑑について制限はない。

7　有限責任社員が持分の一部を社員以外の者に譲渡し、譲受人が加入した場合（合資会社）

【書式7-16】　登記申請書⒁──社員の変更⑦

合資会社変更登記申請書（注1）

1　会社法人等番号	○○○○-○○-○○○○○○	
1　商　　　　号	合資会社　鈴木商会	
1　本　　　　店	名古屋市中区栄二丁目5番6号	
1　登記の事由	有限責任社員の持分の一部譲渡及び加入	
1　登記すべき事項	平成○年○月○日持分の一部譲渡及び加入により次のとおり変更	
（一部譲渡人を記載）	有限責任社員Aの出資の目的，価額，既に履行した出資の価額の変更	
	金60万円　全部履行（注2）	
（譲受人を記載）	○県○市○町○丁目○番地	
	金40万円　全部履行（注3）	
	有限責任社員　B　加入	
1　登録免許税	金10,000円	
1　添付書類（注4）	無限責任社員全員の同意書	1通
	社員の加入の事実を証する書面	1通
	委任状	1通

第7章　社員の変更

　　上記のとおり登記の申請をする。
　　　　平成○年○月○日
　　　　　　　　　　　　　　　　　　名古屋市中区栄二丁目5番6号
　　　　　　　　　　　　　　　　　　　　申　請　人　　合資会社　鈴木商会
　　　　　　　　　　　　　　　　　　名古屋市東区葵三丁目6番7号
　　　　　　　　　　　　　　　　　　　　代 表 社 員　　鈴　木　一　郎
　　　　　　　　　　　　　　　　　　名古屋市北区清水五丁目2番3号
　　　　　　　　　　　　　　　　　　　　上記代理人　　佐　藤　太　郎　㊞
　　○○法務局○○出張所　御中

(注1)　この書式例は、有限責任社員が持分の一部を社員以外の者に譲渡し、持分を譲り受けた者が新たに有限責任社員として加入する例である。
(注2)　持分の一部譲渡をした有限責任社員Aについて、一部譲渡後の出資の目的、その価額、すでに履行した出資の価額を記載する。
(注3)　持分を譲り受けて有限責任社員として加入するBについて、出資の目的、その価額、履行した出資の価額を記載する（会社法913条7号）。
(注4)　有限責任社員が持分の一部を社員以外の者に譲渡し、譲受人が加入する場合の登記申請書には、次の書面を添付する。
　　① 　加入社員Bが一部譲渡人Aから譲り受けた持分は、すでに譲渡人Aが会社に対して出資の全部履行をした部分であるから（登記簿の記載「全部履行」から判明する）、「出資の履行があったことを証する書面」（商登法112条）は不要である（書式精義（下）951頁）。
　　② 　社員が持分を譲渡するためには、総社員の同意を要する。ただし、業務を執行しない有限責任社員は、業務を執行する社員の全員の承諾があるときは、その持分の全部または一部を他人に譲渡することができる。業務を執行しない有限責任社員の持分の譲渡に伴い定款の変更を生ずるときは、その持分の譲渡による定款の変更は、業務を執行する社員の全員の同意によってすることができる（会社法585条1項～3項）。これらについて定款に別段の定めがあるときは、その定めに従う（同条4項）。定款の別段の定めに従う場合は、定款を添付する（商登規82条・90条）。
　　③ 　社員の加入の事実を証する書面　　社員の加入による変更登記の申請書には、その事実を証する書面を添付する（商登法112条）。この書面としては、持分譲渡契約書、入社契約書等が該当する。

第2節　登記手続

④　法人社員関係書面　　加入する社員が法人であるときは、その社員が代表社員か否かの区分に応じ、法人社員関係書面（Ⅱ2(1)(B)）も添付する。
⑤　定款　　業務を執行しない有限責任社員は、業務を執行する社員の全員の承諾があれば（総社員の承諾ではない）、持分を譲渡することができる（会社法585条1項・2項）。業務を執行する社員は、定款で定めることができる（同法590条1項）。業務を執行しない有限責任社員の持分譲渡につき、業務を執行する社員の全員が承諾したときは、業務を執行する社員であることを証するために定款を添付する（商登規82条・90条）。なお、業務を執行する社員を定款で定めない場合は、社員全員が持分会社の業務を執行する（会社法590条1項）。

【書式7-17】　同意書

```
            同　意　書

1　業務を執行しない有限責任社員Aは，その持分金100万円のうち金40万円
　をBに譲渡してその出資額を次のとおり変更し，これを譲り受けたBは，同
　時に業務を執行しない有限責任社員として加入すること。（注1）
            金60万円　全部履行　A
　加入する社員の氏名，住所，出資の目的，既に履行した出資の価額は次の
　とおりである。
            ○県○市○町○丁目○番地
            金40万円　全部履行
            有限責任社員　B
2　定款第○条中，Aの出資額「金100万円」とあるを「金60万円」と変更し，
　同条に次の事項を加えること。（注2）
            ○県○市○町○丁目○番地
            金40万円
            有限責任社員　B

以上の件につき同意する。
　　平成○年○月○日（注3）
```

第7章　社員の変更

```
　　　　　　　　　名古屋市中区栄二丁目5番6号
　　　　　　　　　合資会社　鈴木商会
　　　　　　　　　　　社　員　　鈴　木　一　郎　㊞（注4）
　　　　　　　　　　　社　員　　佐　藤　　　正　㊞
```

(注1)　業務を執行する有限責任社員は、他の社員の全員の承諾があるときは、その持分の全部または一部を他人に譲渡することができる。業務を執行しない有限責任社員は、業務を執行する社員の全員の承諾があるときは、その持分の全部または一部を他人に譲渡することができる（会社法585条1項・2項）。これらについて定款に別段の定めがあるときは、その定めに従う（同条4項）。

　　　　　持分の一部譲渡人Aの価額は、譲渡後（変更後）のものを記載する。

(注2)①　新たな社員の加入は、定款の変更を要する。業務を執行しない有限責任社員の持分の譲渡に伴い定款の変更を生ずるときは、その持分の譲渡による定款の変更は、業務を執行する社員の全員の同意によってすることができる（総社員の同意を要しない。会社法585条3項）。社員の加入は、当該社員に係る定款の変更をした時に、その効力を生ずる（同法604条2項）。

　　②　有限責任社員の氏名・住所、出資の目的、その価額は、定款の絶対的記載（記録）事項であるが、すでに履行した出資の価額は絶対的記載（記録）事項でない（会社法576条1項参照）。有限責任社員の氏名・住所、出資の目的、その価額、すでに履行した出資の価額は、登記すべき事項である（同法913条7号）。

(注3)　社員の同意があった日を記載する。

(注4)　譲渡する社員が業務を執行する有限責任社員であるときは、他の社員の全員が記名押印する。譲渡する社員が業務を執行しない有限責任社員である場合に、業務を執行する社員の全員によって持分の譲渡を承諾したときは、業務を執行する社員の全員が記名押印する（本例は後者によっている）。押すべき印鑑については制限がない。

【書式7-18】 持分譲渡契約書

持分譲渡契約書（注1）

平成○年○月○日

○県○市○町○番地
　　持分一部譲渡人　　A　　㊞（注2）
○県○市○町○番地
　　譲受人・加入社員　B　　㊞（注3）

上記AとBとの間において、次のとおり契約する。
1　Aは、合資会社鈴木商会に対して有する持分金100万円のうち金40万円をBに譲渡し、これを譲り受けたBは、同会社に有限責任社員として加入すること。
2　AはBの加入について、合資会社鈴木商会の社員全員｛または、譲渡人が業務を執行しない社員の場合には、「業務を執行する社員全員」｝の同意が得られるよう努力すること。

（注1）　この契約書は、「社員の入社の事実を証する書面」となる。【書式7-17】の「同意書」は、業務を執行する有限責任社員全員の同意を証する書面であり、有限責任社員Aおよび加入社員Bの記名押印がないから、この「持分譲渡契約書」（または、入社契約書）を申請書に添付しなければならない。
（注2）（注3）　押すべき印鑑について制限はない。

〔記載例7〕　登記すべき事項
「社員に関する事項」
「資格」有限責任社員
「住所」○県○市○町○番地
「氏名」A
「社員に関するその他の事項」金60万円全部履行
「原因年月日」平成○年○月○日持分の一部譲渡
「社員に関する事項」
「資格」有限責任社員
「住所」○県○市○町○番地
「氏名」B

第7章　社員の変更

「社員に関するその他の事項」金40万円全部履行
「原因年月日」平成○年○月○日加入

8　有限責任社員が持分全部を他の有限責任社員に譲渡して退社した場合（合資会社）

【書式7-19】　登記申請書(15)──社員の変更⑧

合資会社変更登記申請書（注1）

1　会社法人等番号　　○○○○-○○-○○○○○○
1　商　　　号　　　　合資会社　鈴木商会
1　本　　　店　　　　名古屋市中区栄二丁目5番6号
1　登 記 の 事 由　　有限責任社員の退社
1　登記すべき事項　　平成○年○月○日有限責任社員A退社
　　　（注2）　　　　同日　持分の譲受
　　　　　　　　　　　　○県○市○町○丁目○番地
　　　　　　　　　　　　金250万円　全部履行
　　　　　　　　　　　　有限責任社員　B
1　登 録 免 許 税　　金10,000円
1　添 付 書 類　　　社員全員の同意書　　　　　　　1通
　　　（注3）　　　　社員の退社の事実を証する書面　1通
　　　　　　　　　　委任状　　　　　　　　　　　　1通
上記のとおり登記の申請をする。
　　平成○年○月○日
　　　　　　　　　　　名古屋市中区栄二丁目5番6号
　　　　　　　　　　　　申　請　人　合資会社　鈴木商会
　　　　　　　　　　　名古屋市東区葵三丁目6番7号
　　　　　　　　　　　　代 表 社 員　鈴　木　一　郎
　　　　　　　　　　　名古屋市北区清水五丁目2番3号
　　　　　　　　　　　　上記代理人　佐　藤　太　郎　㊞
○○法務局○○出張所　御中

（注1）　この書式は、有限責任社員Aが持分全部を有限責任社員Bに譲渡して退

社し、譲受人たる有限責任社員Bが出資の価額を増加した例である。
(注2) 出資の価額は、譲受後（変更後）の金額を記載する。
(注3) 次の書面を添付する。
　① 総社員の同意またはある社員の一致があったことを証する書面
　　業務を執行する有限責任社員が持分を譲渡するためには、他の社員の全員の承諾を要する。この場合は、総社員の同意書を添付する（会社法585条1項、商登法111条・93条）。業務を執行しない有限責任社員の持分譲渡は、業務を執行する社員の全員の承諾を得てすることができる。この場合は、業務を執行する社員の全員の一致があったことを証する書面（業務を執行する社員の同意書）を添付する（会社法585条2項、商登法111条・93条）。なお、持分譲渡の承諾要件については、定款で別段の定めをすることができる（会社法585条4項）。
　② 定款　業務を執行する社員は、定款で定めることができる（会社法590条1項）。業務を執行しない有限責任社員の持分譲渡につき、業務を執行する社員の全員が承諾したときは、業務を執行する社員であることを証するために定款を添付する（商登規90条・82条）。なお、業務を執行する社員を定款で定めない場合は、社員全員が持分会社の業務を執行する（会社法590条1項）。
　　持分譲渡の承諾要件または業務を執行しない有限責任社員の持分譲渡に伴い定款の変更を要する場合に（同法585条1項～3項）、定款で別段の定めをしている場合は（同条4項）、定款を添付しなければならない（商登規90条・82条）。
　③ 退社の事実を証する書面　社員の退社による変更登記の申請には、その事実を証する書面を添付しなければならない（商登法111条・96条）。この書面として持分譲渡契約書が該当する。
　④ 法人社員関係書面　加入する社員が法人であるときは、その社員が代表社員か否かの区分に応じ、法人社員関係書面（Ⅱ2(1)(B)）も添付する。
[備考]　有限責任社員Bが譲渡人Aから譲り受けた持分は、すでに譲渡人Aが会社に対して出資の全部を履行した部分であるから（登記簿の記載「全部履行」から判明する）、「出資の履行があったことを証する書面」（商登法112条）の添付を要しない（書式精義（下）951頁）。

第7章　社員の変更

【書式7-20】　同意書

同　意　書

1　業務を執行しない有限責任社員Aは，その持分全部金150万円を業務を執行しない有限責任社員Bに譲渡して退社し，有限責任社員Bは，これを譲り受けること。（注1）
2　定款第○条を次のとおり変更すること。（注2）
　　　　有限責任社員Aの項を全部削除する。
　　　　有限責任社員Bの項中，「金100万円」とあるのを「金250万円」と変更すること。
　　　　（有限責任社員Bに関する出資変更後の定款の表示）
　　　　　○県○市○町○丁目○番地
　　　　　金250万円　全部履行
　　　　　有限責任社員　B

以上の件につき同意する。
　平成○年○月○日（注3）
　　　　　　　　　　　　名古屋市中区栄二丁目5番6号
　　　　　　　　　　　　合資会社　鈴木商会
　　　　　　　　　　　　　　社　員　鈴　木　一　郎　㊞（注4）
　　　　　　　　　　　　　　社　員　佐　藤　　正　　㊞

（注1）　業務を執行する有限責任社員が持分を譲渡するためには、他の社員の全員の承諾を要する。この場合は、総社員の同意書を添付する（会社法585条1項、商登法111条・93条）。業務を執行しない有限責任社員の持分譲渡は、業務を執行する社員の全員の承諾を得てすることができる。この場合は、業務を執行する社員の全員の一致があったことを証する書面（業務を執行する社員の同意書）を添付する（会社法585条2項、商登法111条・93条）。
（注2）①　新たな社員の加入は、定款の変更を要する。業務を執行しない有限責任社員の持分の譲渡に伴い定款の変更を生ずるときは、その持分の譲渡による定款の変更は、業務を執行する社員の全員の同意によってすることができる（総社員の同意を要しない。会社法585条3項）。社員の加入

は、当該社員に係る定款の変更をした時に、その効力を生ずる（同法604条2項）。
② 有限責任社員の氏名・住所、出資の目的、その価額は、定款の絶対的記載（記録）事項であるが、すでに履行した出資の価額は絶対的記載（記録）事項でない（会社法576条1項参照）。有限責任社員の氏名・住所、出資の目的、その価額、すでに履行した出資の価額は、登記すべき事項である（同法913条7号）。
（注3） 社員の同意があった日を記載する。
（注4） 譲渡する社員が業務を執行する有限責任社員であるときは、他の社員の全員が記名押印する。譲渡する社員が業務を執行しない有限責任社員である場合に、業務を執行する社員の全員によって持分の譲渡を承諾したときは、業務を執行する社員の全員が記名押印する（本例は後者によっている）。押すべき印鑑については制限がない。

【書式7-21】 持分譲渡契約書

持分譲渡契約書（注1）

平成〇年〇月〇日
〇県〇市〇町〇丁目〇番地
　　持分譲渡人　　A　㊞　（注2）
〇県〇市〇町〇丁目〇番地
　　持分譲受人　　B　㊞

　上記AとBは次のとおり契約した。
1　Aは，合資会社　鈴木商会に対して有する持分全部金150万円を有限責任社員Bに譲渡して退社し、これを譲り受けたBは出資の価額を増加する。
2　AはBの持分増加につき，合資会社　鈴木商会の社員全員｛または，譲渡人が業務を執行しない社員の場合には，「業務を執行する社員全員」｝の同意が得られるよう努力すること。

（注1） この持分譲渡契約書は、「社員の退社の事実を証する書面」（商登法96条）となる。前頁の「無限責任社員の同意書」は無限責任社員のみの記名押印しかないので、「社員の退社の事実を証する書面」を兼ねることはできない。譲渡人たる有限責任社員Aと譲受人たる有限責任社員Bとが記

第7章　社員の変更

名押印したこの持分譲渡契約書を添付しなければならない。
（注2）　譲渡人、譲受人の双方とも、押すべき印鑑については制限がない。

〔記載例8〕　登記すべき事項
「社員に関する事項」
「資格」有限責任社員
「住所」○県○市○町○番地
「氏名」A
「社員に関するその他の事項」金150万円全部履行
「原因年月日」平成○年○月○日退社
「社員に関する事項」
「資格」有限責任社員
「住所」○県○市○町○番地
「氏名」B
「社員に関するその他の事項」金250万円全部履行
「原因年月日」平成○年○月○日持分の譲受

9　社員の死亡等により退社した場合（合名会社・合資会社）

【書式7-22】　登記申請書(16)——社員の変更⑨

合資会社変更登記申請書

1	会社法人等番号	○○○○-○○-○○○○○○	
1	商　　　　号	合資会社　鈴木商会	
1	本　　　　店	名古屋市中区栄二丁目5番6号	
1	登記の事由	無限責任社員死亡による退社（注1）	
1	登記すべき事項	平成○年○月○日無限責任社員｛または有限責任社員｝A死亡	
1	登録免許税	金10,000円	
1	添付書類（注2）	社員の死亡を証する書面 委任状	1通 1通

上記のとおり登記の申請をする。
　　平成○年○月○日
　　　　　　　　　　　　　　名古屋市中区栄二丁目５番６号
　　　　　　　　　　　　　　　　申　請　人　　合資会社　鈴木商会
　　　　　　　　　　　　　　名古屋市東区葵三丁目６番７号
　　　　　　　　　　　　　　　　代 表 社 員　　鈴　木　一　郎
　　　　　　　　　　　　　　名古屋市北区清水五丁目２番３号
　　　　　　　　　　　　　　　　上記代理人　　佐　藤　太　郎　㊞
○○法務局○○出張所　御中

(注１)①　この書式例は、無限責任社員または有限責任社員が死亡した場合に、定款に相続による承継加入の定めがないときの例である。定款に、社員が死亡したときは、その相続人が相続承継加入する旨の定めがあるときは、【書式7-23】【書式7-24】参照。

　　　　社員の死亡は法定退社事由となる（会社法607条１項３号）。死亡社員の相続人は、死亡した社員が会社に対して有していた持分払戻請求権を相続することになる（注釈会社法(1)581頁〔蓮井良憲〕）。

　　　　なお、会社が解散した場合には、定款に相続加入の定めがなくても、死亡した無限責任社員の相続人は社員の地位を相続できる（会社法675条）。

　　　②　社員が、合併により消滅、破産手続開始の決定、解散、後見開始の審判を受けたことにより退社した場合は（法定退社事由。会社法607条１項４号から７号）、退社原因を「合併」、「破産手続開始決定」、「解散」、「後見開始」とする。

(注２)　(除)戸籍謄(抄)本または医師の死亡証明書等を添付する。

第7章 社員の変更

10　相続人の承継加入の場合（合名会社・合資会社）

(1)　無限責任社員の死亡の場合

【書式7-23】　登記申請書(17)——社員の変更⑩

合資会社変更登記申請書

1　会社法人等番号　　〇〇〇〇-〇〇-〇〇〇〇〇〇
1　商　　　　　号　　合資会社　鈴木商会
1　本　　　　　店　　名古屋市中区栄二丁目5番6号
1　登 記 の 事 由　　相続による社員変更
1　登記すべき事項　　平成〇年〇月〇日無限責任社員A死亡（注1）
　　　　　　　　　　同日下記の者　加入（注2）（注3）
　　　　　　　　　　　〇県〇市〇町〇丁目〇番地
　　　　　　　　　　　　無限責任社員｛合名会社は「社員」｝　甲
　　　　　　　　　　　〇県〇市〇町〇丁目〇番地
　　　　　　　　　　　　無限責任社員｛合名会社は「社員」｝　乙
1　登 録 免 許 税　　金10,000円
1　添 付 書 類　　相続を証する書面　　　　　　　　　　〇通
　　　　（注4）　　定款　　　　　　　　　　　　　　　　1通
　　　　　　　　　　委任状　　　　　　　　　　　　　　　1通
上記のとおり登記の申請をする。
　　平成〇年〇月〇日
　　　　　　　　　　　　　　　　名古屋市中区栄二丁目5番6号
　　　　　　　　　　　　　　　　　申　請　人　合資会社　鈴木商会
　　　　　　　　　　　　　　　　名古屋市東区葵三丁目6番7号
　　　　　　　　　　　　　　　　　代 表 社 員　鈴　木　一　郎
　　　　　　　　　　　　　　　　名古屋市北区清水五丁目2番3号
　　　　　　　　　　　　　　　　　上記代理人　佐　藤　太　郎　㊞
〇〇法務局〇〇出張所　御中

（注1）　無限責任社員の死亡は法定退社事由となる（会社法607条1項）。ただし、定款で、無限責任社員が死亡したときは、死亡社員の持分をその相続人が承継できる旨を定めていれば、単純承認をした相続人全員は無限責任社員

第2節　登記手続

　　　　として承継加入（相続承継加入）する（会社法608条1項）。詳細は第7章第1節Ⅰ4参照。
(注2)　死亡した無限責任社員Aの相続について、単純承認した相続人全員を記載する。相続持分は、遺産分割協議が成立するまでは相続人全員の準共有となり、その持分の権利行使者1名を定めなければならない（会社法608条5項）。共同相続の場合でも各相続人の持分の記載をしない。
　　　　相続放棄または限定承認をした者は、社員とならない（相続承継加入できない）。相続放棄があったことにより相続人が1名となった場合には、その1名の者が持分全部を承継して相続承継加入ができる（登記研究432号131頁）。
　　　　定款に、相続による承継加入ができる旨の定めがある場合において、共同相続人間の遺産分割契約により相続人の1人が出資金の全部を取得したとする、その者のみの加入登記の申請は受理されない（[先例⑧]（122頁）参照）。また、定款に相続人が承継入社できる旨の規定がある場合において、民法903条2項の規定による証明書を添付し他の1人の相続人が承継加入する登記の申請は受理されない（[先例⑨]（123頁）参照）。
(注3)　無限責任社員の死亡により、有限責任社員たる相続人が無限責任社員となった場合の記載については、〔記載例9〕参照。
(注4)①　単純承認をした相続人全員を登記申請書に記載するから（(注2)参照）、相続を証する書面として、除籍、戸籍謄本等を添付する。相続放棄、限定承認をした者があるときは、その旨を証明した裁判所の書面を添付する。
　　②　相続による承継加入の規定が定款にあることを証明するために、定款を添付する。
　　③　定款に相続承継加入をするためには他の社員の同意を要する旨の定めがない限り、他の社員の同意は不要である。

〔記載例9〕　登記すべき事項⑴──無限責任社員の死亡により有限責任社員たる相続人が無限責任社員となった場合

| 1 | 登記すべき事項 | 平成○年○月○日無限責任社員A死亡（注1）
　同日　有限責任社員甲の責任変更（注2）
　　　　無限責任社員　甲 |

第7章　社員の変更

(注1)　定款に、相続による承継加入ができる旨の定めがあることが必要である。
(注2)　相続人たる有限責任社員甲は、相続開始により、有限責任社員と無限責任社員の2つの社員地位を有することになるのではない。したがって、責任の変更の登記を申請する。添付書類は、【書式7-29】(注3)と同じである（登記研究71号40頁）。

〔記載例10〕　記録例――相続人が社員でない場合

社員に関する事項	○県○市○町○番地 無限責任社員　A	
		平成○年12月3日死亡
		平成○年12月10日登記
	○県○市○町○番地 無限責任社員　甲	平成○年12月3日加入
		平成○年12月10日登記
	○県○市○町○番地 無限責任社員　乙	平成○年12月3日加入
		平成○年12月10日登記

(注)　相続の単純承認をした相続人全員を登記する。原因は単に「加入」であり、「相続加入」または「承継加入」とは記載されない。合名会社の場合は、「無限責任社員」とあるのは「社員」となる。

〔記載例11〕　登記すべき事項(2)

「社員に関する事項」
「資格」無限責任社員
「住所」○県○市○町○番地
「氏名」A
「原因年月日」平成○年○月○日死亡
「社員に関する事項」
「資格」無限責任社員
「住所」○県○市○町○番地
「氏名」甲
「原因年月日」平成○年○月○日加入

「社員に関する事項」
「資格」無限責任社員
「住所」○県○市○町○番地
「氏名」乙
「原因年月日」平成○年○月○日加入
(注) 合名会社の場合は、「無限責任社員」とあるのを「社員」とする。

(2) 有限責任社員の死亡の場合

【書式7-24】 登記申請書(18)――社員の変更⑪

合資会社変更登記申請書

1 会社法人等番号　○○○○-○○-○○○○○○
1 商　　　　号　　合資会社　鈴木商会
1 本　　　　店　　名古屋市中区栄二丁目5番6号
1 登 記 の 事 由　　相続による社員変更
1 登記すべき事項　　平成○年○月○日有限責任社員A死亡（注1）
　　　　　　　　　　同日下記の者入社（注2）
　　　　　　　　　　　　○県○市○町○丁目○番地
　　　　　　　　　　　　　金150万円　全部履行
　　　　　　　　　　　　　　　有限責任社員　甲
　　　　　　　　　　　　○県○市○町○丁目○番地
　　　　　　　　　　　　　金150万円　全部履行
　　　　　　　　　　　　　　　有限責任社員　乙

{★相続人が，すでに有限責任社員となっている場合の記載については，参考❶（184頁）を参照。}

1 登 録 免 許 税　　金10,000円
1 添 付 書 類　　相続を証する書面　　　　　　　　　　○通
　　　　（注3）　　委任状　　　　　　　　　　　　　　1通

上記のとおり登記の申請をする。
　　平成○年○月○日

　　　　　　　　　　名古屋市中区栄二丁目5番6号
　　　　　　　　　　　申　請　人　　合資会社　鈴木商会

第7章　社員の変更

　　　　　　　　　　　　　　名古屋市東区葵三丁目6番7号
　　　　　　　　　　　　　　　　代表社員　　鈴　木　一　郎
　　　　　　　　　　　　　　名古屋市北区清水五丁目2番3号
　　　　　　　　　　　　　　　　上記代理人　佐　藤　太　郎　㊞

○○法務局○○出張所　御中

(注1)　有限責任社員の死亡は、退社事由となる（会社法607条1項3号）。ただし、定款で、有限責任社員が死亡したときは、死亡社員の持分をその相続人が承継できる旨を定めていれば、単純承認をした相続人全員は承継加入する（同法608条1項）。

　　　なお、相続人がすでに無限責任社員であるときは、相続により有限責任社員と無限責任社員との地位を併有するものではなく、無限責任社員としての持分の増加を生じるのみとされる（注釈会社法(1)652頁〔林䶌〕、味村（下）217頁）。この場合には、有限責任社員の相続人たる無限責任社員については、いったん有限責任社員としての承継登記をしたうえで、その責任を有限から無限に変更するような登記をする必要はない（登記研究265号70頁）。

(注2)　相続人全員を記載する。なお、遺産分割協議によって、相続人中の1人が直接加入する登記は受理されない（[先例⑩]（123頁）参照）。

(注3)①　単純承認をした相続人全員を登記申請書に記載するから（(注2)参照）、相続を証する書面として、除籍、戸籍謄本等を添付する。相続放棄、限定承認をした者があるときは、その旨を証明した裁判所の書面を添付する。

　　　②　定款に、承継加入をするためには他の社員の同意を要する旨の定めがない限り、他の社員の同意は不要である。

〔記載例12〕 記録例

社員に関する事項	○県○市○町○番地 無限責任社員　A	
	金300万円　全部履行	平成○年12月3日死亡
		平成○年12月10日登記
	○県○市○町○番地 有限責任社員　甲	平成○年12月3日加入
	金300万円の内持分2分の1全部履行	平成○年12月10日登記
	○県○市○町○番地 有限責任社員　乙	平成○年12月3日加入
	金300万円の内持分2分の1全部履行	平成○年12月10日登記

(注)　相続の単純承認をした相続人全員を登記する。原因は単に「加入」であり、「相続加入」または「承継加入」とは記載されない。Aの死亡日と、甲乙の加入日とは同一である。

〔記載例13〕 登記すべき事項

「社員に関する事項」
「資格」有限責任社員
「住所」○県○市○町○番地
「氏名」A
「社員に関するその他の事項」金300万円全部履行
「原因年月日」平成○年○月○日死亡
「社員に関する事項」
「資格」有限責任社員
「住所」○県○市○町○番地
「氏名」甲
「社員に関するその他の事項」金300万円の内持分2分の1全部履行
「原因年月日」平成○年○月○日加入
(注)　乙についても甲と同じように記載する（甲を乙に変更する。他の事項は甲の例と同じ）。

第7章　社員の変更

参考❶　①有限責任社員の死亡による相続加入の場合の履行部分の記載方法、②すでに有限責任社員となっている者が相続により有限責任社員の持分を取得した場合の記載方法（名法・登記情報19号232頁）

（問）　有限責任社員Bの死亡によりC（筆者注・Cは、相続開始前にすでに有限責任社員となっている）、Dが相続入社する場合は下記のとおりの持分で表示することになると思うがどうか。

　　　また、その後D持分をEが譲受け入社する場合は、履行部分を金額に引き直し記載して差し支えないと考えるがどうか。

　　　参照　商事法務305号18頁

~~○市○町○丁目○番地~~	昭和62年2月3日
~~金100万円　全部履行~~	死　亡
~~有限責任社員　　　　B~~	昭和62年2月12日登記
~~○市○町○丁目○番地~~	昭和　年　月　日
~~金200万円　全部履行~~	
~~有限責任社員　　　　C~~	昭和　年　月　日登記
○市○町○丁目○番地	昭和62年2月3日
金200万円	
金100万円の内持分3分の1　以上全部履行(注)	持分の一部相続
有限責任社員　　　　C	昭和62年2月12日登記
○市○町○丁目○番地	昭和62年2月3日
金100万円の内持分3分の2　全部履行	入　社
有限責任社員　　　　　D	昭和62年2月12日登記

（決議）　前段　意見のとおり。
　　　　　後段　多数意見　金額に引き直しはできない。
　　　　　　　　少数意見　金額に引き直してもよい。（ただし、Cについても引き直すとの意見あり。）

（本省意見）　前段　意見のとおり。
　　　　　　　後段　金額に引き直してもよい。
　　　　　　　　ただし、他の相続人Cについても金額に引き直した方が公示上好ましい。
　　　　　　　（登記原因は年月日変更）
　　　　　　　なお、持分で譲渡（表示）することもできる。

（民事行政部長指示）　前段　意見のとおり。

後段　少数意見のとおり。
(注)　Cの「金200万円」は、相続とは無関係なC固有の全部履行部分であり、「金100万円の内……」が相続部分である。「以上全部履行」とは、金200万円および金100万円のうち持分の3分の1が、全部履行とされている、という意味である。

> **参考❷**　合資会社の有限責任社員の履行部分を一括表示する変更登記の受否
> 　　　（名法・登記情報19号128頁）

(問)　合資会社の有限責任社員が、他の有限責任社員の死亡によりその持分を取得し、相続による出資の変更登記を了している場合、出資変更を登記原因として履行部分を一括して表示する変更登記ができないか。
(決議)　多数意見　できない。
　　　　少数意見　できる。
(本省意見)　有限責任社員の死亡による相続は、相続人が死亡した有限責任社員の地位を持分によって承継するのであるから、商法第203条の準用規定からして、持分の譲渡（その結果有限責任社員が1名となる）を伴わないものについては変更登記ができない。

11　有限責任社員の出資額の変更（増加・減少）の場合（合資会社）

【書式7-25】　登記申請書(19)——社員の変更⑫

合資会社変更登記申請書

1　会社法人等番号　　〇〇〇〇-〇〇-〇〇〇〇〇〇
1　商　　　　号　　合資会社　鈴木商会
1　本　　　　店　　名古屋市中区栄町二丁目5番6号
1　登記の事由（注1）
　　　｛例1：出資額の増加の場合｝
　　　　　　有限責任社員の出資の増加
　　　｛例2：出資額の減少の場合｝
　　　　　　有限責任社員の出資の減少
1　登記すべき事項

第7章　社員の変更

　　　　　　｛例1：出資額の増加の場合｝（注2）
　　　　　　　　　平成〇年〇月〇日次のとおり変更
　　　　　　　　　有限責任社員Ｃの出資の目的，価額及び既に履行した
　　　　　　　　出資の価額
　　　　　　　　　　金50万円　全部履行
　　　　　｛例2：出資額の減少の場合｝（注3）
　　　　　　　　　平成〇年〇月〇日次のとおり変更
　　　　　　　　　有限責任社員Ｃの出資の目的，価額及び既に履行した
　　　　　　　　出資の価額
　　　　　　　　　　金40万円　全部履行
1　登 録 免 許 税　　金10,000円
1　添 付 書 類
　　　　　｛例1：出資額の増加の場合｝（注4）
　　　　　　　　　総社員の同意書　　　　　　　　　　　　　　　1通
　　　　　　　　　出資の履行を証する書面　　　　　　　　　　　1通
　　　　　　　　　委任状　　　　　　　　　　　　　　　　　　　1通
　　　　　｛例2：出資額の減少の場合｝（注5）
　　　　　　　　　総社員の同意書　　　　　　　　　　　　　　　1通
　　　　　　　　　委任状　　　　　　　　　　　　　　　　　　　1通
上記のとおり登記の申請をする。
　　平成〇年〇月〇日
　　　　　　　　　　　　　　　名古屋市中区栄二丁目5番6号
　　　　　　　　　　　　　　　　申　請　人　　合資会社　鈴木商会
　　　　　　　　　　　　　　　名古屋市東区葵三丁目6番7号
　　　　　　　　　　　　　　　　　代 表 社 員　　鈴　木　一　郎
　　　　　　　　　　　　　　　名古屋市北区清水五丁目2番3号
　　　　　　　　　　　　　　　　　上記代理人　　佐　藤　太　郎　㊞
〇〇法務局〇〇出張所　御中

（注1）　出資の目的、その価額は、定款に別段の定めがある場合を除き、総社員の同意によって変更することができる（会社法637条）。ただし、有限責任社員は金銭その他の財産のみをもって出資の目的とすることができるから（同法576条1項6号）、労務または信用に変更することはできない。
　　なお、無限責任社員については、出資の目的、その価額、すでに履行し

た出資の価額は登記すべき事項ではない（会社法913条参照）。
(注2)　増加後の価額を記載する。
(注3)　減少後の価額を記載する。
(注4)　総社員（無限責任社員および有限責任社員の全員）の同意書および有限責任社員が追加出資をしたことを証する書面（出資の履行を証する書面）を添付する（商登法111条・93条・112条）。なお、総社員の同意書に追加出資事項が明確に記載されていれば、総社員の同意書をもって「出資の履行を証する書面」に代えることができると考える（登記研究345号82頁参照）。
(注5)　定款に別段の定めがある場合を除き、総社員（無限責任社員および有限責任社員の全員）の同意書を添付する（商登法111条・93条）。

【書式7-26】　総社員の同意書(1)——出資額を増加する場合

同　意　書

1　有限責任社員Cは金30万円を全部履行済であるところ、さらに金20万円を追加出資し、その全部の出資を履行し出資額を金50万円と変更すること。
　（注1）

上記に同意する。
　　　平成○年○月○日（注2）
　　　　　　　　名古屋市中区栄二丁目5番6号
　　　　　　　　合資会社　鈴木商会
　　　　　　　　　　無限責任社員　　鈴　木　一　郎　㊞（注3）
　　　　　　　　　　無限責任社員　　佐　藤　　正　　㊞
　　　　　　　　　　有限責任社員　　鈴　木　純　一　㊞
　　　　　　　　　　有限責任社員　　　　　C　　　　　㊞

(注1)　出資の目的、その価額は、定款に別段の定めがある場合を除き、総社員（無限責任社員および有限責任社員の全員）の同意をもって変更することができる（会社法637条）。
(注2)　総社員の同意があった日を記載する。
(注3)　定款に別段の定めがある場合を除き、総社員（無限責任社員および有限責任社員の全員）が記名押印する。押すべき印鑑については制限がない。

第7章　社員の変更

【書式7-27】　出資受領証明書（出資の履行を証する書面）

出資受領証明書（注1）

　金　20万円也
　　　但し，当会社に対する出資金としてすでに受領済であることを証明する。

　平成〇年〇月〇日
　　　　　　　　　　　名古屋市中区栄二丁目5番6号
　　　　　　　　　　　　合資会社　鈴木商会
　　　　　　　　　　　　　　代表社員　　鈴　木　一　郎　㊞（注2）
〇県〇市〇町〇丁目〇番地
　　有限責任社員　　C　殿

（注1）　本例以外に、会社の代表者が発行した「領収書（控）」を添付してもよい。
（注2）　押すべき印鑑については制限がない。

【書式7-28】　総社員の同意書(2)——出資額を減少する場合

同　意　書

1　有限責任社員Cは，その持分金60万円のうち金20万円の払い戻しを受け，その持分を「金40万円　全部履行」と変更すること。（注1）

上記に同意する。
　平成〇年〇月〇日（注2）
　　　　　　　　　名古屋市中区栄二丁目5番6号
　　　　　　　　　　合資会社　鈴木商会
　　　　　　　　　　　　無限責任社員　　鈴　木　一　郎　㊞（注3）
　　　　　　　　　　　　無限責任社員　　佐　藤　　正　㊞
　　　　　　　　　　　　有限責任社員　　鈴　木　純　一　㊞
　　　　　　　　　　　　有限責任社員　　　　　C　　　　㊞

(注1) 出資の目的、その価額は、定款に別段の定めがある場合を除き、総社員（無限責任社員および有限責任社員の全員）の同意をもって変更することができる（会社法637条）。
(注2) 総社員の同意があった日を記載する。
(注3) 定款に別段の定めがある場合を除き、総社員（無限責任社員および有限責任社員の全員）が記名押印する。押すべき印鑑については制限がない。

〔記載例14〕 登記すべき事項
「社員に関する事項」
「資格」有限責任社員
「住所」○県○市○町○番地
「氏名」C
「社員に関するその他の事項」金50万円全部履行｛変更後の額を記載する｝
「原因年月日」平成○年○月○日出資増加｛減少の場合：平成○年○月○日出資減少｝

12　社員の責任の変更（合資会社）

【書式7-29】　登記申請書⑳──社員の変更⑬

合資会社変更登記申請書

1　会社法人等番号　　○○○○－○○－○○○○○○
1　商　　　　　号　　合資会社　鈴木商会
1　本　　　　　店　　名古屋市中区栄二丁目5番6号
1　登 記 の 事 由　　社員の責任変更（注1）
1　登記すべき事項（注2）
　　　　｛例1：有限責任を無限責任に変更した場合｝
　　　　　　　　平成○年○月○日有限責任社員Cの責任変更
　　　　　　　　　無限責任社員　　C
　　　　｛例2：無限責任を有限責任に変更した場合｝
　　　　　　　　平成○年○月○日無限責任社員Bの責任変更
　　　　　　　　　金300万円　全部履行

第7章　社員の変更

　　　　　　　　　　　　　　有限責任社員　　B
　1　登録免許税　　金10,000円
　1　添付書類
　　　　　　｛例1：有限責任を無限責任に変更した場合｝（注3）
　　　　　　　　　　総社員の同意書　　　　　　　　　　　　　1通
　　　　　　　　　　委任状　　　　　　　　　　　　　　　　　1通
　　　　　　｛例2：無限責任を有限責任に変更した場合｝（注4）
　　　　　　　　　　総社員の同意書　　　　　　　　　　　　　1通
　　　　　　　　　　出資の履行があったことを証する書面　　　1通
　　　　　　　　　　委任状　　　　　　　　　　　　　　　　　1通
上記のとおり登記の申請をする。
　　平成○年○月○日
　　　　　　　　　　　　　　名古屋市中区栄二丁目5番6号
　　　　　　　　　　　　　　　申　請　人　　合資会社　鈴木商会
　　　　　　　　　　　　　　名古屋市東区葵三丁目6番7号
　　　　　　　　　　　　　　　代 表 社 員　　鈴　木　一　郎
　　　　　　　　　　　　　　名古屋市北区清水五丁目2番3号
　　　　　　　　　　　　　　　上記代理人　　佐　藤　太　郎　㊞
○○法務局○○出張所　御中

（注1）　本例は、持分の譲渡を伴わないで、単に責任のみを変更する例である。
（注2）①　社員は、定款に別段の定めがある場合を除き、総社員（無限責任社員および有限責任社員の全員）の同意により定款を変更して（会社法637条）、その責任を、有限責任から無限責任に、または無限責任から有限責任に変更することができる（同法583条、注釈会社法(1)649頁〔林竧〕参照）。
　　　　②　合資会社は、社員の全部を無限責任社員とする定款の変更をすることにより、合名会社となる。また、社員の全部を有限責任社員とする定款の変更をすることにより、合同会社となる（会社法638条2項）。
（注3）　定款変更を総社員（無限責任社員および有限責任社員の全員）の同意でしたことを証するために、総社員の同意書を添付する（商登法111条・93条）。ただし、定款変更について別段の定めをしている場合には、定款を添付しなければならない（商登規90条・82条）。
　　　　無限責任社員については、出資の履行をした部分は登記すべき事項でな

い（会社法913条7号参照）。したがって、「出資の履行があったことを証する書面」（商登法112条）の添付を要しない。
(注4) 定款変更を総社員（無限責任社員および有限責任社員の全員）の同意でしたことを証するために、総社員の同意書を添付する（商登法111条・93条）。ただし、定款変更について別段の定めをしている場合には、定款を添付しなければならない（商登規90条・82条）。

　　　有限責任社員については、すでに履行した出資の価額は登記すべき事項であるから（会社法913条7号）、無限責任社員から有限責任社員に変更する登記申請書には「出資の履行があったことを証する書面」を添付しなければならない（商登法112条）。この「出資の履行があったことを証する書面」としては、無限責任社員から有限責任社員となった者が、すでに出資を履行している旨の会社代表者の証明書を添付する（書式精義（下）945頁）。

〔記載例15〕　記録例——無限責任を有限責任に変更

社員に関する事項	○県○市○町○番地 無限責任社員　B	
	○県○市○町○番地 有限責任社員　B 金300万円　全部履行	平成○年12月3日責任変更
		平成○年12月10日登記

（注）　有限責任を無限責任に変更した場合も、原因は「平成○年○月○日責任変更」である。

【書式7-30】　総社員の同意書(1)——有限責任から無限責任への変更

同　意　書

1　有限責任社員Cは，その責任を無限責任とすること。
2　定款第○条中，有限責任社員Cに関する事項中，住所以外の部分を削除し，この部分を次のとおりとすること。
　　　　　　金300万円（注1）
　　　　　　　無限責任社員　C

第 7 章　社員の変更

```
上記に同意する。
    平成○年○月○日（注 2）
            名古屋市中区栄二丁目 5 番 6 号
            合資会社　鈴木商会
                無限責任社員　鈴　木　一　郎　㊞（注 3）
                無限責任社員　佐　藤　　正　㊞
                有限責任社員　鈴　木　純　一　㊞
                変更前・有限責任社員
                変更後・無限責任社員　　C　　㊞
```

（注 1）　無限責任社員の出資の履行部分は、定款の絶対的記載事項ではなく、また登記すべき事項でもない（会社法576条 1 項・913条 7 号）。
（注 2）　総社員の同意があった日を記載する。
（注 3）　定款の変更は、総社員（無限責任社員および有限責任社員の全員）の同意をもって行う（会社法637条）。押すべき印鑑については制限がない。

【書式7-31】　総社員の同意書(2)──無限責任から有限責任への変更

```
                    同　意　書

1　無限責任社員Bは，その責任を有限責任とすること。
2　定款第○条中，無限責任社員Bに関する事項中「無限責任社員B」とある
  を削除し，この部分を次のとおりとすること。（注 1）
            有限責任社員　B

上記に同意する。
    平成○年○月○日（注 2）
            名古屋市中区栄二丁目 5 番 6 号
            合資会社　鈴木商会
                無限責任社員　鈴　木　一　郎　㊞（注 3）
                無限責任社員　佐　藤　　正　㊞
                有限責任社員　鈴　木　純　一　㊞
                変更前・無限責任社員
                変更後・有限責任社員　　B　　㊞
```

（注 1）　有限責任社員の出資の履行部分は、定款の絶対的記載事項ではない（会

社法576条1項)。
(注2) 総社員の同意があった日を記載する。
(注3) 定款の変更は、総社員（無限責任社員および有限責任社員の全員）の同意をもって行う（会社法637条）。押すべき印鑑については制限がない。

【書式7-32】 出資受領証明書（出資の履行を証する書面）

出資受領証明書（注1）

　　金　300万円也

但し，当会社に対する出資金として既に受領済であることを証明する。

　平成○年○月○日

　　　　　　　　名古屋市中区栄二丁目5番6号
　　　　　　　　　合資会社　鈴木商会
　　　　　　　　　　代表社員　鈴　木　一　郎　㊞（注2）

○県○市○町○丁目○番地
　　有限責任社員　　B　　殿

(注1) 責任を無限から有限に変更した社員が、すでに出資を履行している旨の証明書である。なお、無限責任社員の出資の履行をした部分は登記事項でないから、責任を有限から無限に変更した場合は、この書面を添付する必要はない（商登法112条）。
(注2) 会社を代表すべき者が証明する。押すべき印鑑については制限がない。

第7章　社員の変更

13　総社員の同意による退社（持分譲渡を伴わない退社）の場合（合名会社・合資会社）

【書式7-33】　登記申請書⑴——社員の変更⑭

合資会社変更登記申請書

1　会社法人等番号　　○○○○-○○-○○○○○○
1　商　　　　　号　　合資会社　鈴木商会
1　本　　　　　店　　名古屋市中区栄二丁目5番6号
1　登 記 の 事 由　　社員退社（注1）
1　登記すべき事項　　平成○年○月○日有限責任社員A　退社
　　　（注2）　　　　｛または，平成○年○月○日無限責任社員A退社｝
1　登 録 免 許 税　　金10,000円
1　添 付 書 類　　総社員の同意書　　　　　　　　　　　1通
　　　（注3）　　　　委任状　　　　　　　　　　　　　　1通
上記のとおり登記の申請をする。
　　平成○年○月○日
　　　　　　　　　　　　　　　　名古屋市中区栄二丁目5番6号
　　　　　　　　　　　　　　　　　　申　請　人　　合資会社　鈴木商会
　　　　　　　　　　　　　　　　名古屋市東区葵三丁目6番7号
　　　　　　　　　　　　　　　　　　代 表 社 員　　鈴　木　一　郎
　　　　　　　　　　　　　　　　名古屋市北区清水五丁目2番3号
　　　　　　　　　　　　　　　　　　上記代理人　　佐　藤　太　郎　㊞
○○法務局○○出張所　御中

（注1）　本例の総社員の同意による退社は、会社法607条1項2号による法定退社事由（総社員の同意）であり持分譲渡を伴わない退社である。無限責任社員または有限責任社員は、総社員（無限責任社員および有限責任社員の全員）の同意によって、いつでも退社することができる。退社により退社員の社員権は絶対的に消滅する。退社した社員は、社員たる地位（社員権）を失うが、その代わり持分の払戻請求権を有することになる（会社法611条1項）。

（注2）　現実に退社した日を記載する。

(注3) 総社員（無限責任社員および有限責任社員の全員）の同意書を添付する。詳細は、次の【書式7-34】を参照。

【書式7-34】 総社員の同意書

```
                    同  意  書

1  有限責任社員｛または，無限責任社員｝Aは，その持分の払戻しを受けて
  本日付をもって退社すること。（注1）
2  上記の結果，定款第〇条中，「有限責任社員｛または，無限責任社員｝A」
  に関する事項を全部削除すること。

上記の件につき同意する。
    平成〇年〇月〇日（注2）
                名古屋市中区栄二丁目5番6号
                    合資会社　鈴木商会
                        無限責任社員　　鈴　木　一　郎　㊞（注3）
                        無限責任社員　　佐　藤　　　正　㊞
                        有限責任社員　　鈴　木　純　一　㊞
                        退　社　員　　　　　　A　　　　　㊞
```

(注1) 本例の総社員の同意による退社は、会社法607条1項2号による法定退社事由であり持分譲渡を伴わない退社である。

　　　社員の退社による変更の登記の申請書には、退社の事実を証する書面を添付しなければならない（商登法111条・96条）。この書面には、総社員の同意があったことを証する書面が該当する（商登法逐条解説202頁）。退社員の退社届と退社員以外の全員の同意書も、この書面に該当する（商登法逐条解説202頁、登記研究349号87頁、下記［先例⑫］参照）。本例では、退社員Aも同意書に記名押印しているので、Aの退社届の添付は不要である（下記［先例⑫］参照）。

第 7 章　社員の変更

〜〜〜〜〜〜〜〜〜〜〜〜〜〜〜〜〜〜〜〜〜〜〜〜〜〜〜〜〜〜〜〜〜
［先例⑫］昭37・7・20民四第148号民事局第四課長回答（神戸地方法務局・登研決議）（登記研究180号62頁掲載）
（照会）　合資会社の有限責任社員が退社した場合、その登記申請書に退社員を除く全社員の同意書と退社員の退社届とが添付してあれば、総社員の同意があったものとして当該申請を受理すべきか。
（回答）　受理すべきである。
〜〜〜〜〜〜〜〜〜〜〜〜〜〜〜〜〜〜〜〜〜〜〜〜〜〜〜〜〜〜〜〜〜

（注2）　総社員の同意があった日を記載する。
（注3）　総社員（無限責任社員および有限責任社員の全員）が記名押印する。押すべき印鑑については制限がない。

14　予告による一方的退社の場合（合名会社・合資会社）

【書式7-35】　登記申請書⑵——社員の変更⑮

```
                合資会社変更登記申請書
1  会社法人等番号    ○○○○－○○－○○○○○○
1  商　　　　号    合資会社　鈴木商会
1  本　　　　店    名古屋市中区栄二丁目5番6号
1  登 記 の 事 由   社員退社（注1）
1  登記すべき事項   平成○年○月○日有限責任社員｛または，無限責任社
                員｝A　退社（注2）
1  登 録 免 許 税   金10,000円
1  添 付 書 類    予告ののち退社したことを証する書面    1通
       （注3）    委任状                    1通
上記のとおり登記の申請をする。
    平成○年○月○日
                        名古屋市中区栄二丁目5番6号
                          申　請　人　　合資会社　鈴木商会
                        名古屋市東区葵三丁目6番7号
                          代 表 社 員　　鈴　木　一　郎
```

>   名古屋市北区清水五丁目2番3号
>   上記代理人　佐　藤　太　郎　㊞
> ○○法務局○○出張所　御中

(注1)　定款で会社の存続時期を定めていない場合、または定款である社員の終身間会社を存続すべきことを定めている場合には、退社をしようとする社員は6カ月前に予告をすることにより、事業年度の終わりに退社することができる（会社法606条）。この退社は持分譲渡を伴わない退社である。退社により退社員の社員権は絶対的に消滅する。退社した社員は、社員たる地位（社員権）を失うが、その代わり持分の払戻請求権を有することになる（同法611条1項）。

　　　　この退社は社員の予告による一方的退社であり、総社員の同意を要しない。

(注2)　予告後に退社した日を記載する。後掲の社員退社予告書の記載から、6カ月前予告の要件が満たされている必要がある。

(注3)　予告による退社は一方的退社であり、総社員の同意を要しない。社員の退社による変更の登記の申請書には、「その事実を証する書面」を添付しなければならない（商登法111条・96条）。

【書式7-36】　社員退社予告書

> 　　　　　　　　　　社員退社予告書（注1）
>
> 　私は，貴会社の定款に，会社の存続時期が定められていないので｛または，貴会社の定款に，社員何某の終身間会社が存続する旨の定めがあるので｝，貴会社の事業年度の終わりである平成○年○月○日をもって退社したいので，会社法606条1項の規定に基づき，6か月より前である本日その予告を致します。（注2）
>
> 　　平成○年○月○日　（注3）
>
> 　　　　　　　　　　　　　　　　　○県○市○町○丁目○番地
> 　　　　　　　　　　　　　　　　　　　有限責任社員　　A　㊞（注4）
> 合資会社　鈴木商会
> 　　　代表社員　鈴　木　一　郎　殿

第 7 章　社員の変更

(注 1)　社員の退社の事実があったことを証する書面として、社員退社予告書を添付する。会社法606条 1 項の規定に基づく社員の一方的予告による退社の場合には、総社員の同意書は不要である。
(注 2)　退社をすることができる時期は、「事業年度の終わり」であり、この日よりも、少なくとも 6 カ月前に退社予告をしなければならない（会社法606条 1 項、会社法論（上）94頁）。
(注 3)　退社予告をした日である。この日は、「事業年度の終わり」の日よりも、少なくとも 6 カ月前でなければならない（会社法606条）。
(注 4)　退社をしようとする社員（退社予告者）が記名押印する。押すべき印鑑については制限がない。

15　やむことを得ざる事由による退社の場合（合名会社・合資会社）

【書式7-37】　登記申請書⑳——社員の変更⑯

合資会社変更登記申請書

1	会 社 法 人 等 番 号	○○○○－○○－○○○○○○
1	商　　　　　　号	合資会社　鈴木商会
1	本　　　　　店	名古屋市中区栄二丁目 5 番 6 号
1	登 記 の 事 由	社員退社（注 1 ）
1	登記すべき事項	平成○年○月○日無限責任社員｛または，有限責任社員｝A　退社
1	登 録 免 許 税	金10,000円
1	添 付 書 類 　　　（注 2）	やむことを得ない事由により退社したことを証する書面　　　　　　　　　　　　　 1 通 委任状　　　　　　　　　　　　　　　 1 通

上記のとおり登記の申請をする。
　　平成○年○月○日
　　　　　　　　　　　　　　　名古屋市中区栄二丁目 5 番 6 号
　　　　　　　　　　　　　　　　申　請　人　合資会社　鈴木商会

名古屋市東区葵三丁目6番7号
　　　代 表 社 員　鈴 木 一 郎
名古屋市北区清水五丁目2番3号
　　　上記代理人　佐 藤 太 郎　㊞

○○法務局○○出張所　御中

(注1)　定款で会社の存続時期を定めたと否とを問わず、やむことを得ざる事由（第1節Ⅱ2(2)参照）があるときは、各社員はいつでも一方的に退社することができる（会社法606条3項）。退社の予告は不要であり、他の社員の同意を要しない。
(注2)　社員の退社の事実を証する書面を添付する（商登法111条・96条）。この書面としては、退社員の会社に対する退社通知書または退社届等が該当する（商登法逐条解説202頁参照）。

【書式7-38】　退社通知書（退社届）

退社通知書（注1）

　私は，今般一身上の都合によりアメリカ合衆国デトロイト市へ移住することになりました。移住期間は相当長期にわたるものであり，貴社の業務執行を続行することは不可能となりましたので，やむを得ず退社しますから，私の持分の払戻しを願いたく，この旨通知旁々請求致します。(注2)
　　平成○年○月○日（注3）
　　　　　　　　　　　　　　　　　　○県○市○町○番地
　　　　　　　　　　　　　　　　　　　無限責任社員　　A　㊞（注4）

合資会社　鈴木商会
　　代表社員　鈴 木 一 郎 殿

(注1)　見出しは「退社届」でもよい。
(注2)　持分を譲渡しない退社の場合は、退社員は持分の払戻請求権を有する（会社法611条1項）。
(注3)　この書面を作成した日を記載する。
(注4)　退社員が記名押印する。押すべき印鑑については制限がない。

第7章　社員の変更

〔記載例16〕　登記すべき事項
「社員に関する事項」
「資格」無限責任社員
「住所」○県○市○町○番地
「氏名」A
「原因年月日」平成○年○月○日退社

16　業務執行社員の加入（合同会社）

【書式7-39】　登記申請書(24)——社員の変更⑰

合同会社変更登記申請書

1	会社法人等番号	○○○○－○○－○○○○○○
1	商　　　　号	合同会社　平成商会
1	本　　　　店	名古屋市中区栄二丁目5番6号
1	登記の事由	業務執行社員の加入（注1）
		資本金の額変更
1	登記すべき事項	平成○年○月○日業務執行社員A加入（注2）
		同日以下のとおり変更（注3）
		資本金の額　金○○万円
1	課税標準金額	金○○万円（注4）
1	登録免許税	金○○円（注5）
1	添付書類 （注6）	総社員の同意書　　　　　　　　　　　　　　1通
		登記事項証明書　　　　　　　　　　　　　　1通
		出資に係る払込みまたは給付があったことを
		証する書面　　　　　　　　　　　　　　　　1通
		業務執行社員の過半数の一致があったことを
		証する書面　　　　　　　　　　　　　　　　1通
		資本の額の計上を証する書面　　　　　　　　1通
		委任状　　　　　　　　　　　　　　　　　　1通

上記のとおり登記の申請をする。

平成○年○月○日
　　　　　　　　　　　　　名古屋市中区栄二丁目5番6号
　　　　　　　　　　　　　　　申　請　人　　合同会社　平成商会
　　　　　　　　　　　　　名古屋市東区葵三丁目6番7号
　　　　　　　　　　　　　　　代　表　社　員　　鈴　木　一　郎
　　　　　　　　　　　　　名古屋市北区清水五丁目2番3号
　　　　　　　　　　　　　　　上記代理人　　佐　藤　太　郎　㊞
○○法務局○○出張所　御中

(注1)　合同会社の社員の登記は業務執行社員についてなされ、業務執行社員でない社員については登記されない（会社法914条6号）。本例は、他の社員の持分を譲り受けることなく、Aが当該会社に新たに出資して業務執行社員として加入する例である。

(注2)　新たな出資による社員の加入は、定款に別段の定めがある場合を除き、総社員の同意によって当該社員に係る定款の変更をした時に、その効力を生ずる（会社法604条2項・637条）。ただし、合同会社にあっては、新たに社員となろうとする者が定款の変更をした時に出資に係る払込みまたは給付の全部または一部を履行していないときは、その者は、当該払込みまたは給付を完了した時に社員となる（同法604条3項）。

(注3)　社員が出資の履行をした場合には、持分会社の資本金の額は、原則として、当該出資により払込みまたは給付がされた財産の額の範囲内で、持分会社が計上するものと定めた額が増加する（会社計算規則30条1項1号）。

(注4)　増加した資本の額。

(注5)　増加した資本の額の1000分の7（これによって計算した額が3万円に満たないときは、3万円）に、社員変更分として資本の額が1億円以下の場合には1万円、1億円を超える場合には3万円を加算した額（登録免許税法別表第一・24㈠ニ・カ）。

(注6)　次の書面を添付する。
　　　①　総社員の同意書　　新たに加入する社員について、定款に別段の定めがある場合を除き、定款の変更に係る総社員の同意があったことを証する書面を添付する（商登法93条・118条）。
　　　②　法人である社員の加入にあっては、代表社員であるか否かの区分に応じて法人社員関係書面（Ⅱ2(1)(B)）を添付する（商登法118条・96条1項）。

第7章　社員の変更

③　出資に係る払込みまたは給付があったことを証する書面（商登法119条）　出資に係る払込みがあったことを証する書面については、第2章第2節Ⅲ3④を参照。金銭以外の財産の給付については、財産の引継書等がこれにあたる。
④　資本金の額について、業務執行社員の過半数の一致があったことを証する書面（商登法118条・93条）　資本の額が増加したときは、増加すべき資本金の額につき業務執行社員の過半数の一致があったことを証する書面を添付する
⑤　資本金の額の計上を証する書面　資本の額が会社法および会社計算規則の規定に従って計上されたことを証する書面を添付する（商登規92条・61条9項）。

【書式7-40】　総社員の同意書

同　意　書（注1）

1　当会社の有限責任社員として，次の者が加入すること。（注2）
　　有限責任社員　A
1　定款第○条末尾に，次の事項を加えること。（注3）
　　　○県○市○町○番地
　　　　金100万円　　有限責任社員　A
1　定款第○条を次のとおり変更すること。（注4）
　　第○条（業務執行社員）
　　　　当会社の業務執行社員は，鈴木一郎，乙およびAとする。
1　資本金　　金○○円（注5）

上記に同意する。
　　平成○年○月○日
　　　合同会社　平成商会
　　　　　　　　　　　　社　員　鈴　木　一　郎　㊞（注6）
　　　　　　　　　　　　社　員　　　　　乙　　　　㊞
　　　　　　　　　　　　社　員　　　　　丙　　　　㊞
　　　　　　　　　　　　加入社員　　　　A　　　　㊞

(注1)～(注3)　新たな出資による社員の加入は、定款に別段の定めがある場合を除き、総社員の同意によって当該社員に係る定款の変更をした時に、その効力を生ずる（会社法604条2項・637条）。ただし、合同会社にあっては、新たに社員となろうとする者が定款の変更をした時に出資に係る払込みまたは給付の全部または一部を履行していないときは、その者は、当該払込みまたは給付を完了した時に社員となる（同法604条3項）。
(注4)　持分会社の業務執行社員は、定款で定めることができる（会社法590条1項）。本例は、定款で業務執行社員を具体的に定める例であるが、定款で「業務執行社員は社員の互選で定める」旨を定めているときは、社員の互選で業務執行社員を定めることになる。
(注5)　本例は、「資本金の額について、業務執行社員の過半数の一致があったことを証する書面」を兼ねている例である。
(注6)　総社員の同意で決定した場合は、総社員が記名押印する。押すべき印鑑については制限がない。

【書式7-41】　資本金の額の計上に関する代表社員の証明書

```
                    証　明　書

①　払込みを受けた金額（会社計算規則第30条第1項第1号イ）　　金○○円
②　資本金及び資本準備金の額として計上すべき額から減ずるべき
　　額と定めた額（会社計算規則第30条第1項第1号ハ）　　　　　金○○円
③　資本金等限度額（①−②）　　　　　　　　　　　　　　　　金○○円
　資本金○○円は，会社法第604条及び会社計算規則第30条の規定に従って計
上されたことに相違ありません。
　　平成○年○月○日
　　　　　　　　　　　　　　　合同会社　平成商会
　　　　　　　　　　　　　　　　　代表社員　鈴　木　一　郎　㊞
```

第 7 章　社員の変更

17　持分譲受けによる業務執行社員の加入（合同会社）

【書式7-42】　登記申請書(25)——社員の変更⑱

合同会社変更登記申請書（注1）

1　会社法人等番号　　○○○○-○○-○○○○○○
1　商　　　　号　　合同会社　平成商会
1　本　　　　店　　名古屋市中区栄二丁目5番6号
1　登 記 の 事 由　　業務執行社員の変更
1　登記すべき事項　　平成○年○月○日業務執行社員A退社
　　　　　　　　　　平成○年○月○日業務執行社員B加入
1　登 録 免 許 税　　金10,000万円（注2）
1　添 付 書 類　　総社員の同意書　　　　　　　　　1通
　　　　（注3）　　登記事項証明書　　　　　　　　　1通
　　　　　　　　　　委任状　　　　　　　　　　　　　1通

上記のとおり登記の申請をする。
　　平成○年○月○日
　　　　　　　　　　　　　　　名古屋市中区栄二丁目5番6号
　　　　　　　　　　　　　　　　　申　請　人　　合同会社　平成商会
　　　　　　　　　　　　　　　名古屋市東区葵三丁目6番7号
　　　　　　　　　　　　　　　　　代 表 社 員　　鈴　木　一　郎
　　　　　　　　　　　　　　　名古屋市北区清水五丁目2番3号
　　　　　　　　　　　　　　　　　上記代理人　　佐　藤　太　郎　㊞

○○法務局○○出張所　御中

（注1）　本例は、業務執行社員Aがその持分全部をBに譲渡し、これを譲り受けたBが業務執行社員として加入する例である。
（注2）　登録免許税額は、資本金の額が1億円以下の合同会社については、申請1件につき1万円である（昭42・7・22民甲第2121号民事局長通達）。1億円を超える場合は3万円。
（注3）　「当該事実を証する書面」（商登法118条・96条1項）として、定款に別段の定めがある場合を除き、定款の変更に係る総社員の同意があったことを証する書面および持分の譲渡契約書を添付する。法人である社員の加入

にあっては法人社員関係書面（Ⅱ2(1)(B)）も添付する（商登法118条・96条1項）。

【書式7-43】 総社員の同意書

同　意　書（注1）

1　業務執行社員Aは，その持分全部（金100万円）をBに譲渡して退社し，Bは，これを譲り受けて有限責任社員として加入すること。（注2）
1　定款第○条末尾に，次の事項を加えること。
　　　○県○市○町○番地
　　　金100万円　　有限責任社員　B
1　定款第○条を次のとおり変更すること。（注3）
　　　第○条（業務執行社員）
　　　　当会社の業務執行社員は，鈴木一郎，乙およびBとする。

上記に同意する。
　　平成○年○月○日
　　　合同会社　平成商会
　　　　　　　　　　　社　　員　　鈴　木　一　郎　㊞（注4）
　　　　　　　　　　　社　　員　　乙　　　　　　　㊞
　　　　　　　　　　　社　　員　　丙　　　　　　　㊞
　　　　　　　　　　　退　社　員　A　　　　　　　㊞
　　　　　　　　　　　加入社員　　B　　　　　　　㊞

（注1）　本例は、総社員の同意によって社員の加入を承認し、定款を変更したものである。
（注2）　この同意書には、持分の譲渡人と譲受人の記名押印がされているので、持分の譲渡契約書を添付する必要はない。
（注3）　持分会社の業務執行社員は、定款で定めることができる（会社法590条1項）。本例は、定款で業務執行社員を具体的に定める例であるが、定款で「業務執行社員は社員の互選で定める」旨を定めているときは、社員の互選で業務執行社員を定めることになる。
（注4）　総社員および退社員・加入社員が記名押印する。押すべき印鑑について

第7章 社員の変更

は制限がない。

第8章

代表者の変更

第1節　手続のポイント

I　代表社員の定め

　持分会社の代表社員の定めについては、第2章第1節II 2（19頁）を参照されたい。

II　代表権の消滅

持分会社の代表者たる地位は、次の事由により消滅する。
① 　社員たる地位の喪失　　会社法606条の規定による任意退社をした場合、または同法607条の規定による社員の法定退社事由が生じたときは社員たる地位を喪失するので、当然に代表者としての地位も消滅する。
② 　業務執行社員の指定の解除　　定款で業務執行社員に指定されている場合に（会社法590条1項）、当該業務執行社員が代表社員であるときは（同法599条1項）、業務執行社員の指定が解除されると代表社員たる地位を当然に消滅する。
③ 　代表社員の指定の解除　　定款または定款の定めに基づく社員の互選によって代表社員に指定されている場合に（会社法599条3項）、代表社員の指定を解除されたときに消滅する。
④ 　業務執行権・代表権の消滅の裁判が確定したとき　　持分会社の業務を執行する社員（以下、「対象業務執行社員」という）について次に掲げる事由があるときは、持分会社は、対象業務執行社員以外の社員の過半数の決議に基づき、訴えをもって対象業務執行社員の業務を執行する権利または代表権の消滅を請求することができる（会社法860条）。
　　ⓐ　出資の義務を履行しないこと
　　ⓑ　競業禁止義務（会社法594条1項。同法598条2項において準用する場合

ⓒ 業務を執行するにあたって不正の行為をし、または業務を執行する権利がないのに業務の執行に関与したこと
ⓓ 持分会社を代表するにあたって不正の行為をし、または代表権がないのに持分会社を代表して行為をしたこと
ⓔ その他重要な義務を尽くさないこと
ⓕ 持分会社の業務を執行し、または持分会社を代表することに著しく不適任なとき

なお、業務執行権または代表権の消滅の判決が確定したときは、裁判所書記官の職権で、その旨の登記が嘱託される（会社法937条1項1号）。

第2節　登記手続

I　代表者の抹消の登記

　合資会社の無限責任社員がAとBの2名でAが代表社員として登記されている場合に、会社を代表しないBが退社したために代表社員である無限責任社員A1名となったときは、Bの退社の登記と同時に、Aの代表社員の登記の抹消も申請しなければならない（[先例⑪]（149頁））。

〔記載例17〕　記録例──無限責任社員が1名となったことにより代表社員の登記を抹消する例

社員に関する事項	○県○市○町○番地 無限責任社員　A	
	○県○市○町○番地 無限責任社員　B	
		平成○年12月3日退社
		平成○年12月10日登記

第 8 章　代表者の変更

	代表社員　A	
		平成○年12月 3 日無限責任社員が 1 名となったため抹消
		平成○年12月10日登記

〔記載例18〕　登記すべき事項——無限責任社員が 1 名となったことにより代表社員の登記を抹消する例

「社員に関する事項」
「資格」無限責任社員
「住所」○県○市○町○番地
「氏名」B
「原因年月日」平成○年○月○日退社
「社員に関する事項」
「資格」代表社員
「氏名」A
「原因年月日」平成○年○月○日無限責任社員が 1 名となったため抹消

II　添付書類

　代表者の変更登記申請書に添付すべき書面については、【書式8-1】【書式8-4】【書式8-6】の登記申請書の記載例を参照されたい。

III 登記申請書

1 代表社員たる地位のみの変更──社員の入退社を伴わない場合（持分会社共通）

【書式8-1】 登記申請書(26)──代表者の変更①

合資会社変更登記申請書

1	会社法人等番号	○○○○-○○-○○○○○○
1	商　　　　号	合資会社　鈴木商会
1	本　　　　店	名古屋市中区栄二丁目5番6号
1	登 記 の 事 由	代表社員変更（注1）
1	登記すべき事項	平成○年○月○日代表社員A辞任
		同日　　　　　代表社員B就任（注2）
1	登 記 免 許 税	金10,000円
1	添 付 書 類（注3）	総社員の同意書　　　　　　1通
		定款　　　　　　　　　　　1通
		委任状　　　　　　　　　　1通

上記のとおり登記の申請をする。
　　平成○年○月○日
　　　　　　　　　　名古屋市中区栄二丁目5番6号
　　　　　　　　　　　申　請　人　　合資会社　鈴木商会
　　　　　　　　　　名古屋市東区葵三丁目6番7号
　　　　　　　　　　　代 表 社 員　　　B　　　　（注4）

　　　　　　　　　　名古屋市北区清水五丁目2番3号
　　　　　　　　　　　上記代理人　　佐　藤　太　郎　㊞
○○法務局○○出張所　御中

（注1）（注2）　本例は、代表社員Aが代表社員たる地位のみを辞任して無限責任社員または有限責任社員として残り、他の社員Bが代表社員に就任する事例である。
　　　　合資会社の業務執行権を有する有限責任社員も代表社員となることがで

第8章 代表者の変更

きる（会社法599条１項）。

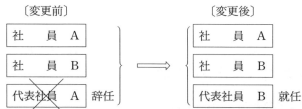

(注３)① 決定書等　持分会社は、定款または定款の定めに基づく社員の互選によって、業務を執行する社員の中から持分会社を代表する社員を定めることができる（会社法599条３項）。定款の定めに基づく社員の互選によって代表社員を定めたときは、その互選を証する書面、定款および代表社員の就任承諾書を添付する（商登法93条・111条・118条、商登規82条・90条・92条、平18・３・31民商第782号民事局長通達）。

② 法人社員関係書面　代表社員が法人であるときは、ⓐ当該法人の登記事項証明書（または会社法人等番号）、ⓑ当該法人の職務執行者の選任に関する書面（議事録）、ⓒ当該法人の職務執行者が就任を承諾したことを証する書面を添付する（商登法96条・111条・118条。詳細は第７章第２節Ⅱ２(1)(B)を参照）。

[備考]　代表者の交替があったときは、新代表者（自然人）の印鑑を提出しなければならない（商登法20条１項、商登規９条１項４号）。印鑑届書には、市区町村長の作成にかかる持分会社の代表者の印鑑証明書を添付しなければならない（作成後３カ月以内。商登規９条５項１号）。

　なお、代表社員が法人である場合には、当該社員の職務執行者が登記所に印鑑を提出することになる（商登法17条２項・20条。詳細は第２章第２節Ⅰ３⑦（36頁）を参照）。

【書式8-2】　総社員の同意書

同　意　書

1　平成○年○月○日代表社員Ａは，代表社員の地位を辞任し退任すること。
1　上記Ａの退任に伴い，その後任として業務執行社員である無限責任社員（または有限責任社員）Ｂを代表社員と定めること。(注１)

```
　　上記同意する。
　　　　平成〇年〇月〇日（注2）
　　　　　　　　　　　　名古屋市中区栄二丁目5番6号
　　　　　　　　　　　　　　合資会社　鈴木商会
　　　　　　　　　　　　　　　　無限責任社員　　　　　A　　　　㊞（注3）
　　　　　　　　　　　　　　　　無限責任社員　　　　　B　　　　㊞
　　　　　　　　　　　　　　　　有限責任社員　　　　　C　　　　㊞
```

(注1)　社員は定款に別段の定めがない限り、業務執行権を有する（業務執行社員となる。会社法590条1項）。業務執行権を有する社員は、原則として各自会社を代表するが、定款または定款の定めに基づく社員の互選によって業務執行社員中から代表社員を選任することができる（同法599条1項）。

(注2)　総社員による同意があった日を記載する。

(注3)　総社員（無限責任社員および有限責任社員の全員）が記名押印する。押すべき印鑑については制限がない。したがって、この同意書には代表社員の印鑑証明書を添付する必要はない（印鑑届書に新代表社員個人の印鑑証明書を添付する）。

【書式8-3】　代表社員の就任承諾書

```
　　　　　　　　　　　　就任承諾書（注1）

　　私は，平成〇年〇月〇日，貴社の代表社員に定められたので，その就任を承
　諾します。
　　　　平成〇年〇月〇日
　　　　　　　　　　　　〇県〇市〇町〇番地
　　　　　　　　　　　　　　　　　　　　　　　　B　　　　㊞（注2）
　　　　　　　　　　　　｛法人の場合｝
　　　　　　　　　　　　〇県〇市〇町〇番地
　　　　　　　　　　　　　　株式会社　平成商事
　　　　　　　　　　　　　　　　代表取締役　平　成　花　子　㊞
　合資会社　鈴木商会　御中
```

(注1)　定款の定めに基づく社員の互選によって代表社員を定めたときは、代表社員の就任承諾書を添付する（平18・3・31民商第782号民事局長通達）。

第8章　代表者の変更

(注2)　押すべき印鑑について制限はない。

2　社員の入退社に伴う代表社員の変更（合名会社・合資会社）

【書式8-4】　登記申請書(27)――代表者の変更②

　　　　　　　　　　合資会社変更登記申請書

1　会社法人等番号　　〇〇〇〇－〇〇－〇〇〇〇〇〇
1　商　　　　　号　　合資会社　鈴木商会
1　本　　　　　店　　名古屋市中区栄二丁目5番6号
1　登 記 の 事 由　　1．無限責任社員の退社及び加入
　　　　　　　　　　2．代表社員の変更
1　登記すべき事項　　1．平成〇年〇月〇日代表社員たる無限責任社員A退
　　　　　　　　　　　社（注1）
　　　　　　　　　　　　同日　次のとおり加入（注2）
　　　　　　　　　　　　　〇県〇市〇町〇丁目〇番地
　　　　　　　　　　　　　無限責任社員　C
　　　　　　　　　　2．同日　代表社員C就任
1　登 録 免 許 税　　金10,000円
1　添 付 書 類　　総社員の同意書　　　　　　　　　　1通
　　　　（注3）　　社員の加入・退社の事実を証する書面　1通
　　　　　　　　　　委任状　　　　　　　　　　　　　　1通
上記のとおり登記の申請をする。
　　平成〇年〇月〇日
　　　　　　　　　　　　　名古屋市中区栄二丁目5番6号
　　　　　　　　　　　　　　申　請　人　　合資会社　鈴木商会
　　　　　　　　　　　　　名古屋市東区葵三丁目6番7号
　　　　　　　　　　　　　　代 表 社 員　　　C
　　　　　　　　　　　　　名古屋市北区清水五丁目2番3号
　　　　　　　　　　　　　　上記代理人　　佐　藤　太　郎　㊞

〇〇法務局〇〇出張所　御中

(注1)　合名会社の場合は、「無限責任社員」とあるのを「社員」とする。
(注2)① 　無限責任社員は、会社債権者に対して連帯・無限の責任を負うから（会社法580条1項）、無限責任社員の出資の目的、その価額、履行部分は登記簿で公示しても意味がない。したがって、出資の目的、その価額、履行部分は登記すべき事項とされていないので、これらの事項を登記申請書に記載する必要はない。合名会社の場合は「社員」と記載する。
　　　② 　合資会社の有限責任社員でも業務執行社員であれば、代表社員となることができる（会社法599条1項）。
(注3)　次の書面を添付する
　　　① 　総社員の同意書　　無限責任社員または業務を執行する有限責任社員は、他の社員の全員の承諾がなければ、その持分を他人に譲渡することができない。業務を執行しない有限責任社員は、業務を執行する社員の全員の承諾があるときは、その持分を他人に譲渡することができる（会社法585条1項・2項）。この区分に応じて、総社員の同意書またはある社員の一致があったことを証する書面を添付する（商登法93条・111条）。
　　　② 　社員の加入・退社の事実を証する書面　　持分の譲渡および引受けを証する書面が該当するが、上記①の同意書に、加入・退社の事実が記載され、かつ、加入および退社する社員の記名押印があれば、「社員の加入・退社の事実を証する書面」の添付を省略することができる。
　　　③ 　定款または定款の定めに基づく社員の互選によって、業務を執行する社員の中から持分会社を代表する社員を定めることができる（会社法599条3項）。定款の定めに基づく社員の互選によって代表社員を定めたときは、その互選を証する書面、定款および代表社員の就任承諾書を添付する（商登法93条・111条・118条、商登規82条・90条・92条、平18・3・31民商第782号民事局長通達）。
　　　④ 　法人社員関係書面　　代表社員が法人であるときは、ⓐ当該法人の登記事項証明書（または会社法人等番号）、ⓑ当該法人の職務執行者の選任に関する書面（議事録）、ⓒ当該法人の職務執行者が就任を承諾したことを証する書面を添付する（商登法96条・111条・118条。詳細は第7章第2節Ⅱ2(1)(B)参照）。
[備考]　代表者の印鑑の提出については、【書式8-1】の［備考］を参照。

第 8 章　代表者の変更

【書式 8-5】　総社員の同意書

同 意 書

1　無限責任社員 A が当会社に対して有する持分全部を，○県○市○町○丁目○番地 C に譲渡して退社し，これを譲り受けた C が当会社の無限責任社員として加入すること。（注 1）（注 2）
2　定款第○条中，無限責任社員 A に関する事項を全部削除し，同条末尾に下記事項を加える。（注 3）
　　　　○県○市○町○丁目○番地
　　　　　金 50 万円　無限責任社員　C
3　上記 C を代表社員に選任すること。

以上の件につき同意する。
　　平成○年○月○日（注 4）
　　　　　　　　　名古屋市中区栄二丁目 5 番 6 号
　　　　　　　　　合資会社　鈴木商会
　　　　　　　　　　無限責任社員　　　　B　　㊞（注 5）
　　　　　　　　　　有限責任社員　　　　D　　㊞
　　　　　　　　　　退　社　員　　　　　A　　㊞
　　　　　　　　　　入　社　員
　　　　　　　　　　無限責任社員　　　　C　　㊞

（注 1）　合名会社の場合は，「無限責任社員」とあるのを「社員」とする。
（注 2）　無限責任社員または業務を執行する有限責任社員は，他の社員の全員の承諾がなければ，その持分を他人に譲渡することができない。業務を執行しない有限責任社員は，業務を執行する社員の全員の承諾があるときは，その持分を他人に譲渡することができる（会社法 585 条 1 項・2 項）。この区分に応じて，総社員の同意書またはある社員の一致があったことを証する書面を添付する（商登法 111 条・93 条）。

　　　社員の加入または退社による変更の登記の申請書には，その事実を証する書面を添付しなければならない（商登法 111 条・96 条）。この書面には，持分譲渡契約書または持分譲受証等が該当する。

　　　ただし，総社員の同意書の記載から加入・退社の事実が明白で，加入・

退社する社員の記名押印もある場合には、「社員の加入または退社の事実を証する書面」の添付を省略することができる（書式精義（下）956頁）。
(注3) 社員の加入・退社については、定款の変更を要する。定款の変更は、定款に別段の定めがある場合を除き、総社員の同意によって行う（会社法637条）。ただし、業務を執行しない有限責任社員の持分の譲渡に伴い定款の変更を生ずるときは、その持分の譲渡による定款の変更は、業務を執行する社員の全員の同意によってすることができる（同法585条3項）。
社員の出資の履行部分は、定款の記載事項でない。
(注4) 総社員の同意があった日を記載する。
(注5) 総社員（無限責任社員および有限責任社員の全員）が記名押印する。本例では、退社員および加入社員も同意書に記名押印しているから、「社員の加入・退社の事実を証する書面」を添付する必要がない。押すべき印鑑については制限がない。

3　代表社員の加入（合同会社）

【書式8-6】　登記申請書(28)――代表者の変更③

```
              合同会社変更登記申請書

 1  会社法人等番号    ○○○○－○○－○○○○○○
 1  商        号    合同会社　平成商会
 1  本        店    名古屋市中区栄二丁目5番6号
 1  登 記 の 事 由    業務執行社員の加入（注1）
                   代表社員の変更
 1  登記すべき事項    平成○年○月○日業務執行社員A加入（注2）
                   同日次のとおり就任
                       ○県○市○町○番地
                         代表社員　A
                   同日以下のとおり変更（注3）
                       資本金の額　金○○万円
 1  課税標準金額    金○○万円（注4）
 1  登 録 免 許 税    金○○円（注5）
```

217

第8章　代表者の変更

1　添付書類 （注6）	総社員の同意書	1通
	登記事項証明書	1通
	出資に係る払込みまたは給付があったことを証する書面	1通
	業務執行社員の過半数の一致があったことを証する書面	1通
	資本の額の計上を証する書面	1通
	委任状	1通

上記のとおり登記の申請をする。
　　平成〇年〇月〇日
　　　　　　　　　　　　　　　　名古屋市中区栄二丁目5番6号
　　　　　　　　　　　　　　　　　申　請　人　　合同会社　平成商会
　　　　　　　　　　　　　　　　名古屋市東区葵三丁目6番7号
　　　　　　　　　　　　　　　　　代表社員　　鈴　木　一　郎
　　　　　　　　　　　　　　　　名古屋市北区清水五丁目2番3号
　　　　　　　　　　　　　　　　　上記代理人　　佐　藤　太　郎　㊞
〇〇法務局〇〇出張所　御中

（注1）　合同会社の社員の登記は業務執行社員についてなされ、業務執行社員でない社員については登記されない（会社法914条6号）。本例は、他の社員の持分を譲り受けることなく、Aが当該会社に新たに出資して業務執行社員として加入し、また、従前の代表社員は退任しないで新たに加入した者（A）が代表社員となる例である。

（注2）　新たな出資による社員の加入は、定款に別段の定めがある場合を除き、総社員の同意によって当該社員に係る定款の変更をした時に、その効力を生ずる（会社法604条2項・637条）。ただし、合同会社にあっては、新たに社員となろうとする者が定款の変更をした時に出資に係る払込みまたは給付の全部または一部を履行していないときは、その者は、当該払込みまたは給付を完了した時に社員となる（同法604条3項）。

（注3）　社員が出資の履行をした場合には、持分会社の資本金の額は、原則として、当該出資により払込みまたは給付がされた財産の額の範囲内で、持分会社が計上するものと定めた額が増加する（会社計算規則30条1項1号）。

（注4）　増加した資本の額。

（注5）　増加した資本の額の1000分の7（これによって計算した額が3万円に満

たないときは、3万円）に、社員変更分として資本の額が1億円以下の場合には1万円、1億円を超える場合には3万円を加算した額（登録免許税法別表第一・24㈠ニ・カ）。
(注6)　以下の書面を添付する。
　① 　総社員の同意書　　新たに加入する社員について、定款に別段の定めがある場合を除き、定款の変更に係る総社員の同意があったことを証する書面を添付する（商登法93条・118条）。
　② 　法人である社員の加入にあっては、代表社員であるか否かの区分に応じて法人社員関係書面（第7章第2節Ⅱ2⑴(B)）を添付する（商登法118条・96条1項）。
　③ 　出資に係る払込みまたは給付があったことを証する書面（商登法119条）　　出資に係る払込みがあったことを証する書面については、第2章第2節Ⅲ3④を参照。金銭以外の財産の給付については、財産の引継書等がこれにあたる。
　④ 　資本金の額について、業務執行社員の過半数の一致があったことを証する書面（商登法118条・93条）　　資本の額が増加したときは、増加すべき資本金の額につき業務執行社員の過半数の一致があったことを証する書面を添付する
　⑤ 　資本金の額の計上を証する書面　　資本の額が会社法および会社計算規則の規定に従って計上されたことを証する書面を添付する（商登規92条・61条9項）。

【書式8-7】　総社員の同意書

同　意　書（注1）

1　当会社の有限責任社員として，次の者が加入すること。（注2）
　　　有限責任社員　　A
1　定款第○条末尾に，次の事項を加えること。（注3）
　　　○県○市○町○番地
　　　金100万円　　有限責任社員　　A
1　定款第○条を次のとおり変更すること。（注4）
　　　第○条（業務執行社員）

第8章　代表者の変更

　　　　　　当会社の業務執行社員は，鈴木一郎，乙およびAとする。
1　業務執行社員Aを代表社員に選任すること。
1　資本金　金〇〇円（注5）

上記に同意する。
　　平成〇年〇月〇日
　　　合同会社　平成商会
　　　　　　　　　　　　　社　　員　　　鈴　木　一　郎　㊞（注6）
　　　　　　　　　　　　　社　　員　　　　　　　　乙　　㊞
　　　　　　　　　　　　　社　　員　　　　　　　　丙　　㊞
　　　　　　　　　　　　　加入社員　　　　　　　　A　　㊞

（注1）～（注3）　新たな出資による社員の加入は、定款に別段の定めがある場合を除き、総社員の同意によって当該社員に係る定款の変更をした時に、その効力を生ずる（会社法604条2項・637条）。ただし、合同会社にあっては、新たに社員となろうとする者が定款の変更をした時に出資に係る払込みまたは給付の全部または一部を履行していないときは、その者は、当該払込みまたは給付を完了した時に社員となる（同法604条3項）。

（注4）　持分会社の業務執行社員は、定款で定めることができる（会社法590条1項）。本例は、定款で業務執行社員を具体的に定める例であるが、定款で「業務執行社員は社員の互選で定める」旨を定めているときは、社員の互選で業務執行社員を定めることになる。

（注5）　本例は、「資本金の額について、業務執行社員の過半数の一致があったことを証する書面」を兼ねている例である。

（注6）　総社員の同意で決定した場合は、総社員が記名押印する。押すべき印鑑については制限がない。

【書式8-8】　資本金の額の計上に関する代表社員の証明書

資本金の額の計上に関する証明書（注1）

①　払込みを受けた金額
　　　　　　　　　　　　　　　　　　　　　　　　　　　　金〇〇円
②　給付を受けた金銭以外の財産の出資時における価額（会社計算規則第44条

第1項第1号）（注2）
　　　　　　　　　　　　　　　　　　　　　　　　　　　金〇〇円
③　①＋②
　　　　　　　　　　　　　　　　　　　　　　　　　　　金〇〇円
　資本金〇〇円は，会社計算規則第44条の規定に従って計上されたことに相違ないことを証明する。
　　平成〇年〇月〇日
　　　　　　　　　　合同会社　平成商会
　　　　　　　　　　　　代表社員　鈴　木　一　郎　㊞（注3）

（注1）　設立に際して出資される財産が金銭のみである場合は、資本金の額の計上に関する証明書を添付する必要はない（平19・1・17民商第91号民事局長通達）。
（注2）　出資をした者における帳簿価額を計上すべき場合（会社計算規則44条1項1号イ、ロ）には、帳簿価額を記載する。
（注3）　代表者が設立の登記の際に登記所に提出する印鑑を押す。

第 9 章

解散事由の
定めの廃止

第1節　手続のポイント

I　存続期間・解散事由の定めの廃止

　持分会社の存続期間または解散の事由は、定款の相対的記載（記録）事項であり、これを定めた場合には登記をしなければならない（会社法912条4号・913条4号・914条4号）。存続期間の満了または解散事由の発生は会社の解散事由となるから（同法641条1号・2号）、持分会社の継続を望む場合には、定款を変更して、存続期間の延長もしくは廃止または解散事由の定めを廃止しなければならない。この定款の変更は、定款に別段の定めがある場合を除き、総社員の同意によって行う（同法637条）。

II　存続期間満了・解散に関する先例等

　存続期間満了後、解散登記が未了の持分会社が、満了後の日付をもって存続期間廃止の変更登記の申請があった場合は、会社継続の決議がなされている限り当該申請は受理される（［登記研究153号53頁］。株式会社の事案として［先例⑬］）。

> ［登記研究153号53頁］
> 　（問）　存立時期満了後、解散登記未了の合資会社が、満了後の日付をもってする存立時期廃止の変更登記の申請は、受理することができるでしょうか。
> 　（答）　積極に解します。なお、継続の決議は必要であるから念のため。

18　旧商法では会社が存続する期間のことを「存立時期」といっていたが（旧商法64条3号参照）、会社法では「存続期間」という（会社法641条1号参照）。

> [先例⑬] 昭39・1・29民甲第206号民事局長通達
> （照会）　存立時期の満了により解散事由の発生している株式会社を継続するには、まず解散の登記及び清算人就任の登記をなし、会社継続の決議とともに存立時期の変更決議、役員の選任決議を要するものと考えるが、必ずしも解散登記を要するものではなく、会社継続の決議とともに存立時期の変更決議をなし、役員が任期中であれば役員の選任手続は要しないとの反対意見もあり、いずれによるべきか決しかねておりますので、何分のご垂示を賜りたくお伺いいたします。
> （回答）　（略）解散の登記及び清算人就任の登記をした後、継続の登記並びに存立時期、取締役及び代表取締役の変更の登記をするのが相当と考える。
> 　　　　おって、昭和9年11月1日民事甲第1417号民事局長回答は、右によって変更されたものと了知されたい。

第2節　登記手続

I　添付書類

存続期間の定めの廃止の登記申請書に添付すべき書面については、【書式9-1】の登記申請書の記載例を参照されたい。

II　登記申請書

以下の書式例は持分会社共通である。

第9章 解散事由の定めの廃止

【書式9-1】 登記申請書(29)───存続期間の廃止

合資会社変更登記申請書

1　会社法人等番号　　○○○○-○○-○○○○○○
1　商　　　　号　　合資会社　鈴木商会
1　本　　　　店　　名古屋市中区栄二丁目5番6号
1　登 記 の 事 由　　存続期間の廃止
1　登記すべき事項　　平成○年○月○日廃止（注1）
1　登 録 免 許 税　　金30,000円
1　添 付 書 類　　総社員の同意書　　　　　　　　　　1通
　　　（注2）　　　委任状　　　　　　　　　　　　　　1通

上記のとおり登記の申請をする。
　　平成○年○月○日
　　　　　　　　　　　　　　　名古屋市中区栄二丁目5番6号
　　　　　　　　　　　　　　　　申　請　人　　合資会社　鈴木商会
　　　　　　　　　　　　　　　名古屋市東区葵三丁目6番7号
　　　　　　　　　　　　　　　　代 表 社 員　　鈴　木　一　郎
　　　　　　　　　　　　　　　名古屋市北区清水五丁目2番3号
　　　　　　　　　　　　　　　　上記代理人　　佐　藤　太　郎　㊞

○○法務局○○出張所　御中

（注1）　総社員の同意があった日（後記の「総社員の同意書」の同意日）を記載する。

（注2）　存続期間の定めは定款の相対的記載事項であるから、存続期間の定めを変更するためには、総社員（無限責任社員および有限責任社員の全員）の同意により定款を変更しなければならない（会社法637条）。

　　　　なお、定款変更要件について定款で別段の定めをしている場合は、その定めに従う。この場合には、定款も添付しなければならない（商登規82条・90条・92条）。

第2節　登記手続

【書式9-2】　総社員の同意書

```
            同　意　書

1  会社の存続期間を定めた定款第〇条を削除すること。

上記の件につき同意する。
   平成〇年〇月〇日（注1）
                名古屋市中区栄二丁目5番6号
                合資会社　鈴木商会
                    社　員　　鈴　木　一　郎　㊞（注2）
                    社　員　　佐　藤　　　正　㊞
                    社　員　　鈴　木　純　一　㊞
```

（注1）　総社員の同意があった日を記載する。
（注2）　総社員（無限責任社員および有限責任社員の全員）が記名押印する。押すべき印鑑については制限がない。

第10章

合同会社の 資本金の額の変更

第10章　合同会社の資本金の額の変更

第1節　手続のポイント

I　合同会社の設立時の資本金の額

合同会社の設立（新設合併および新設分割による設立を除く）時の資本金の額については、72頁 参考 を参照されたい。

II　合同会社の資本金の額の増加

合同会社の資本金の額は、〔表13〕の①から③までの区分に応じて、「資本金の額に計上できる額の範囲」欄に定める額の範囲内で、持分会社が資本金の額に計上するものと定めた額が増加する（会社計算規則30条1項）[19]。

〔表13〕　合同会社の資本金の額が増加する場合

	資本金の額が増加する場合	資本金の額に計上できる額の範囲
①	社員が、出資の履行をした場合（履行をした出資に係る②の債権が資産として計上されていた場合を除く） 「社員が、出資の履行をした場合」とは、ⓐ新たな出資に	下記イおよびロに掲げる額の合計額から、ハに掲げる額の合計額を減じて得た額（零未満である場合にあっては、零）
		イ　当該社員が履行した出資により持分会社に対し払込みまたは給付がされた財産（当該財産がロに規定する財産に該当する場合における当該財産を除く）の価額

---

[19] 持分会社の資本金の額は、会社計算規則30条で定めるほかに、同規則35条以下で吸収合併・吸収分割等における場合の取扱いを定めている。

	より社員として加入した場合と、ⓑ社員の出資の価額を増加させる場合とがある。	ロ　当該社員が履行した出資により持分会社に対し払込みまたは給付がされた財産（当該財産の持分会社における帳簿価額として、当該財産の払込みまたは給付をした者における当該払込みまたは給付の直前の帳簿価額を付すべき場合における当該財産に限る）の払込みまたは給付をした者における当該払込みまたは給付の直前の帳簿価額の合計額 ハ　当該出資の履行の受領に係る費用の額のうち、持分会社が資本金または資本剰余金から減ずるべき額と定めた額
②	会社が、社員に対して出資の履行をすべきことを請求する権利に係る債権を資産として計上することと定めた場合	当該債権の価額
③	会社が、資本剰余金の額の全部または一部を資本金の額とするものと定めた場合	当該資本剰余金の額

III　合同会社の資本金の額の減少

　合同会社の資本金の額は、〔表14〕①から③までの区分に応じて、「資本金の額が減少する額」欄に定める額が減少する（会社計算規則30条2項）。

〔表14〕 合同会社の資本金の額が減少する場合

	資本金の額が減少する場合	資本金の減少する額
①	会社が、退社する社員に対して持分の払戻しをする場合（会社法627条の債権者保護手続をとった場合に限る）	当該退社する社員の出資につき資本金の額に計上されていた額（会社計算規則30条2項1号）
②	会社が、社員に対して出資の払戻しをする場合（会社法627条の債権者保護手続をとった場合に限る）	当該出資の払戻しにより払戻しをする出資の価額の範囲内で、資本金の額から減ずるべき額と定めた額（当該社員の出資につき資本金の額に計上されていた額以下の額に限る。会社計算規則30条2項2号）
③	損失の塡補にあてる場合（会社法627条の債権者保護手続をとった場合に限る）	持分会社が資本金の額の範囲内で損失の塡補にあてるものとして定めた額（会社計算規則30条2項5号）

（注）「持分の払戻し」と「出資の払戻し」とは異なる。社員の退社に際しては、その持分の全部が払い戻されることになる（会社法611条1項）。「出資の払戻し」については、会社法624条・626条を参照。

第2節　登記手続

I　申請期間

　資本金の額の増減は登記事項に変更が生じるので、2週間以内にその本店の所在地において、変更の登記を申請しなければならない（会社法915条1項）。

II　添付書類・登録免許税額

1　資本金の額の増加による変更登記

⑴　新たな出資による社員の加入に伴う資本金の額の増加

(A)　業務執行社員として新たな出資をして加入する場合

業務執行社員として新たな出資をして加入することに伴い資本金の額が増加する場合の添付書類および登録免許税額は、次のとおりである。

① 　添付書面
　ⓐ　加入の事実を証する書面（商登法118条・96条 1 項）　定款に別段の定めがある場合を除き、総社員の同意により社員の加入に係る定款変更があったことを証する書面を添付する。
　ⓑ　出資に係る払込みまたは給付があったことを証する書面（商登法119条）
　ⓒ　増加すべき資本金の額につき、業務執行社員の過半数の一致があったことを証する書面（商登法118条・93条）
　ⓓ　資本金の額が会社法および会社計算規則の規定に従って計上されたことを証する書面（商登規92条・61条 9 項）
② 　登録免許税額　申請 1 件につき増加した資本金の額の1000分の 7 （これによって計算した額が 3 万円未満のときは、 3 万円）である（登録免許税法別表第一・24㈠ニ）。

(B)　業務執行社員以外の社員として新たに出資をして加入する場合

業務執行社員以外の社員として新たな出資による加入に伴う資本金の額の増加の登記手続は、次のとおりである（合同会社においては、業務執行社員以外の社員の氏名・名称は登記されない）。

① 　添付書面
　ⓐ　加入の事実を証する書面（商登法118条・96条 1 項）　定款に別段の定めがある場合を除き、総社員の同意により社員の加入に係る定款

第10章　合同会社の資本金の額の変更

変更があったことを証する書面を添付する。
　ⓑ　出資に係る払込みまたは給付があったことを証する書面（商登法119条）
　ⓒ　増加すべき資本金の額につき、業務執行社員の過半数の一致があったことを証する書面（商登法118条・93条）
　ⓓ　資本金の額が会社法および会社計算規則の規定に従って計上されたことを証する書面（商登規92条・61条9項）
② 登録免許税額　申請1件につき増加した資本金の額の1000分の7（これによって計算した額が3万円未満のときは、3万円）である（登録免許税法別表第一・24㈠ニ）。

(2) 社員の出資の価額の増加

(A)　添付書類

次の書面を添付する。
① 出資の価額を増加した定款の変更に係る総社員の同意があったことを証する書面
② 出資に係る払込みまたは給付があったことを証する書面（商登法119条）
③ 増加すべき資本金の額につき、業務執行社員の過半数の一致があったことを証する書面（商登法118条・93条）
④ 資本金の額が会社法および会社計算規則の規定に従って計上されたことを証する書面（商登規92条・61条9項）

(B)　登録免許税額

申請1件につき増加した資本金の額の1000分の7（これによって計算した額が3万円未満のときは、3万円）である（登録免許税法別表第一・24㈠ニ）。

(3) 会社が社員に対して出資の履行をすべきことを請求する権利に係る債権を資産として計上することと定めた場合、または、会社が資本剰余金の額の全部または一部を資本金の額とするものと定めた場合

(A) 添付書類

〔表13〕の②または③の決定をした場合である。この場合には、次の書面を添付する。

① 業務執行社員の過半数の一致があったことを証する書面（商登法118条・93条）
② 資本金の額が会社法および会社計算規則の規定に従って計上されたことを証する書面（商登規92条・61条9項）

(B) 登録免許税額

申請1件につき増加した資本金の額の1000分の7（これによって計算した額が3万円未満のときは、3万円）である（登録免許税法別表第一・24㈠ニ）。

2 資本金の額の減少による変更登記

(1) 退社する社員に対して持分の払戻しをする場合

(A) 退社する業務執行社員に対して持分の払戻しをする場合

(a) 添付書面

以下の書面を添付する。

① 退社の事実を証する書面（商登法118条・96条1項）　総社員の同意書を添付する。
② 資本金の額の減少につき、業務執行社員の過半数の一致があったことを証する書面（商登法118条・93条）
③ 債権者保護手続関係書面　資本金の額の減少による変更登記の申請書には、会社法627条2項の規定による債権者に対する公告および催告（同条3項の規定により公告を官報のほか時事に関する事項を掲載する日刊新聞紙または電子公告によってした場合にあっては、これらの方法による公告

をしたこと、並びに異議を述べた債権者があるときは、当該債権者に対し弁済しもしくは相当の担保を提供しもしくは当該債権者に弁済を受けさせることを目的として相当の財産を信託したこと、または当該資本金の額の減少をしても当該債権者を害するおそれがないことを証する書面を添付しなければならない（商登法120条）。

④　資本金の額が会社法および会社計算規則の規定に従って計上されたことを証する書面（商登規92条・61条9項）

(b)　**登録免許税額**

登録免許税額は、申請1件につき3万円（資本金の額が1億円以下の合同会社については1万円（昭42・7・22民甲第2121号民事局長通達第二・三））。合同会社の資本金の額が減少した場合にあっては、さらに、これに3万円を加算した額である（登録免許税法別表第一・24㈠カ・ネ、平18・3・31民商第782号民事局長通達）。

(B)　退社する業務執行社員以外の社員に対して持分の払戻しをする場合

上記(A)と同様である。

(2)　**社員に対して出資の払戻しをする場合、または、損失の塡補にあてる場合**

(A)　添付書類

定款を変更して社員の出資の価額を減ずることによる出資の払戻しによる変更登記の申請書には、以下の書面を添付する。

①　総社員の同意書（商登法118条・93条）

②　資本金の額の減少につき、業務執行社員の過半数の一致があったことを証する書面（商登法118条・93条）

③　債権者保護手続関係書面　　資本金の額の減少による変更登記の申請書には、会社法627条2項の規定による債権者に対する公告および催告（同条3項の規定により公告を官報のほか時事に関する事項を掲載する日刊新聞紙または電子公告によってした場合にあっては、これらの方法による公告）をしたこと、並びに異議を述べた債権者があるときは、当該債権者に対

第2節　登記手続

し弁済しもしくは相当の担保を提供しもしくは当該債権者に弁済を受けさせることを目的として相当の財産を信託したこと、または当該資本金の額の減少をしても当該債権者を害するおそれがないことを証する書面を添付しなければならない（商登法120条）。

③　資本金の額が会社法および会社計算規則の規定に従って計上されたことを証する書面（商登規92条・61条9項）

(B)　登録免許税額

登録免許税額は、申請1件につき3万円である（登録免許税法別表第一・24㈠ネ）。

III　登記申請書

1　業務執行社員の加入による資本金の額の増加（合同会社）

【書式7-39】（200頁）を参照されたい。

2　業務執行社員の退社による資本金の額の減少（合同会社）

【書式10-1】　登記申請書(30)——資本金の額の減少

```
                合同会社変更登記申請書

1  会社法人等番号    ○○○○－○○－○○○○○○
1  商　　　　　号    合同会社　平成商会
1  本　　　　　店    名古屋市中区栄二丁目5番6号
1  登 記 の 事 由    業務執行社員の退社（注1）
                    資本金の額変更
1  登記すべき事項    平成○年○月○日業務執行社員Ａ退社（注2）
                    同日以下のとおり変更
                        資本金の額　金○○万円
1  登 録 免 許 税    金○○円（注3）
```

第10章　合同会社の資本金の額の変更

```
 1　添　付　書　類　　　総社員の同意書　　　　　　　　　　　　1通
　　　　　（注4）　　　　業務執行社員の過半数の一致があったことを
　　　　　　　　　　　　証する書面　　　　　　　　　　　　　　1通
　　　　　　　　　　　　資本金の額の計上を証する書面　　　　　1通
　　　　　　　　　　　　債権者保護手続を行ったことを証する書面　○通
　　　　　　　　　　　　委任状　　　　　　　　　　　　　　　　1通
上記のとおり登記の申請をする。
　　平成○年○月○日
　　　　　　　　　　　　　　　　　名古屋市中区栄二丁目5番6号
　　　　　　　　　　　　　　　　　　　申　請　人　　合同会社　平成商会
　　　　　　　　　　　　　　　　　名古屋市東区葵三丁目6番7号
　　　　　　　　　　　　　　　　　　　代 表 社 員　　鈴　木　一　郎
　　　　　　　　　　　　　　　　　名古屋市北区清水五丁目2番3号
　　　　　　　　　　　　　　　　　　　上記代理人　　佐　藤　太　郎　㊞
○○法務局○○出張所　御中
```

（注1）　本例は、業務執行社員が退社し、持分の払戻しに伴って資本金の額が減少した場合の例である。退社した社員が代表社員であった場合には、代表社員の退社事項も記載する。

（注2）　退社の日および減少後の資本金の額を記載する。

（注3）　社員変更分として資本の額が1億円以下の場合には1万円、1億円を超える場合には3万円に、資本金の額変更分として3万円を加算した額（登録免許税法別表第一・24㈠カ・ツ）。

（注4）① 業務執行社員の退社に関し定款に別段の定めがある場合を除き、定款の変更に係る総社員の同意があったことを証する書面を添付する（商登法118条・93条）。

　　　　② 資本金の額について業務執行社員の過半数の一致があったことを証する書面等、申請書記載の書面を添付する。

　　　　③ 資本金の額の計上を証する書面　資本金の額が会社法および会社計算規則の規定に従って計上されたことを証する書面（商登規92条・61条9項）　資本金の額は、当該退社した社員の出資につき資本金の額に計上されていた額が減少する（会社計算規則30条2項1号）。

第11章

解　散

第11章 解散

第1節　手続のポイント

I　解散の事由

持分会社は、次に掲げる事由によって解散する（会社法641条）。

1　定款で定めた存続期間の満了

会社の存続期間は定款の相対的記載（記録）事項であり、これを定めた場合には登記しなければならない（会社法912条4号・913条4号・914条4号）。持分会社は、存続期間の満了によって解散した場合には、清算が結了するまで、社員の全部または一部の同意によって、持分会社を継続することができる。

持分会社を継続することについて同意しなかった社員は、持分会社が継続することとなった日に、退社する（同法642条）。

2　定款で定めた解散の事由の発生

定款で解散事由を定めている場合に、その事由が発生したときは持分会社は解散する。たとえば、代表社員の死亡、または特定の目的（石油の試掘・その採掘権の売却）のために持分会社（合弁会社）が設立され、目的が完全遂行された場合には解散すると定めていれば、これらの事由が発生したときに持分会社は解散する。

解散事由が定款の相対的記載（記録）事項であること、登記事項であること、会社の継続等については、1の記述と同じである。

3　総社員の同意

持分会社は、定款で解散事由を定めていなくても、総社員の同意によって、いつでも解散することができる。株式会社は株主総会の特別決議で解散することができる（会社法309条2項11号）が、持分会社にあっては総社員の同意

が必要となる。[20]

4 社員が欠けたこと

「社員が欠けたこと」という解散事由は、株式会社にはなく、持分会社特有のものである。[21] 持分会社には社員の退社という制度があるので、このような解散事由が定められている。旧商法では、合名会社の場合に社員が1人となることは解散事由とされ（旧商法94条4号）、また合資会社の場合には、無限責任社員または有限責任社員の全員が退社したことは解散事由とされていた（旧商法162条1項）。しかし会社法では、これらの事由はいずれも解散事由とされていない。

〔表15〕 社員の数を解散事由とする旧商法と会社法の比較

旧 商 法	会社法の解散事由
合名会社の場合——社員が1人となったことは解散事由（旧商法94条4号）。	社員が1人となったことは、解散事由とされていない。
合資会社の場合——無限責任社員または有限責任社員の全員が退社したことは解散事由（旧商法162条1項）。	① 合資会社の社員が無限責任社員のみとなった場合には、当該合資会社は、合名会社となる定款の変更をしたものとみなされる（会社法639条1項）。 ② 合資会社の社員が有限責任社員のみとなった場合には、当該合資会社は、合同会社となる定款の変更をしたものとみなされる（会社法639条2項）。

20 社員の過半数によって持分会社を解散する旨を、定款で定めることができる（注釈会社法(1)367頁〔平井慶道〕）。
21 会社法は、株式会社の場合には会社の解散事由を定めている（会社法471条・472条）が、株主の退社事由は定めていない。退社に類似するものとして株式の譲渡がある。これに対し持分会社の場合は、会社の解散事由のほかに社員の退社事由も定めている（同法606条・607条）。

5 合併（合併により当該持分会社が消滅する場合に限る）

持分会社が、吸収合併または新設合併により消滅する場合は解散事由となる。

6 破産手続開始の決定

債務者が法人である場合においては、支払不能または債務超過（債務者が、その債務につき、その財産をもって完済することができない状態をいう）で破産手続開始の決定があったときは解散事由となるが、存立中の合名会社および合資会社については、債務超過は破産手続開始原因とならない（破産法16条2項）。破産手続開始の決定によって解散した法人または解散した法人で破産手続開始の決定を受けたものは、破産手続による清算の目的の範囲内において、破産手続が終了するまで存続するものとみなされる（同法35条）。

7 解散を命ずる裁判

解散を命ずる裁判には、解散命令と解散判決とがある。

(1) 解散命令

裁判所は、会社法824条1項1号から3号までに掲げる事由がある場合において、公益を確保するため会社の存立を許すことができないと認めるときは、法務大臣または株主、社員、債権者その他の利害関係人の申立てにより、会社の解散を命ずることができる（会社法824条1項）。

(2) 解散判決

やむを得ない事由がある場合には、持分会社の社員は、訴えをもって持分会社の解散を請求することができる（会社法833条2項）。「やむを得ない事

---

22 存立中とは、合名会社または合資会社がその事業を継続中であることを意味する。解散後は、清算目的の範囲内で会社が存続中とみなされても（会社法645条）、債務超過は破産手続開始原因となる（伊藤・破産法106頁参照）。

由」とは、会社法上では具体的基準が示されていないが、判例上現れたものには会社内部における不和対立の事例が多い。判例には、諸般の事情を考慮のうえ社員間の利害対立を打開する手段のない限り、解散事由があるとしたものがある（[判例②]）。

> [判例②] 最判昭61・3・13民集40巻2号229頁
> 　商法112条1項が合名会社の社員に会社の解散請求権を認める事由として定めた「已ムコトヲ得ザル事由」（以下「解散事由」という。）のある場合がいかなる場合かについて考えるに、（略）会社の業務が一応困難なく行われているとしても、社員間に多数派と少数派の対立があり、右の業務の執行が多数派社員によって不公正かつ利己的に行われ、その結果少数派社員がいわれのない恒常的な不利益を被つているような場合にも、また、これを打開する手段のない限り、解散事由があるものというべきである。

　なお、株式会社の場合には休眠会社のみなし解散制度があり、当該株式会社に関する登記が最後にあった日から12年を経過したときは、公告等の一定の手続を経たうえで登記官による職権解散登記がなされる（会社法472条、会社規139条、商登法72条）。しかし、持分会社には休眠会社の制度がないので、登記官によるみなし解散はない。

II　解散の効果

1　清算手続の開始

　持分会社が解散した場合（合併（合併により当該持分会社が消滅する場合に限る）によって解散した場合および破産手続開始の決定により解散した場合であって当該破産手続が終了していない場合を除く）には、清算の手続が開始される（会社法644条1号）。会社法644条の規定により清算をする持分会社（以下、「清算持分会社」という）は、清算の目的の範囲内において、清算が結了するまではなお存続するものとみなされる（会社法645条）。

破産手続開始の決定があった場合についてはⅠ6を参照されたい。

2 合併・吸収分割の制限

持分会社が解散した場合には、当該持分会社は、次に掲げる行為をすることができない（会社法643条）。

① 合併（合併により当該持分会社が存続する場合に限る）
② 吸収分割による他の会社がその事業に関して有する権利義務の全部または一部の承継

第2節　登記手続

Ⅰ　申請期間

持分会社が会社法641条1号から4号まで（定款で定めた存続期間の満了、定款で定めた解散事由の発生、総社員の同意、社員が欠けたこと）の規定により解散したときは、2週間以内に、その本店の所在地において、解散の登記を申請しなければならない（会社法926条）。

また、法定清算の場合には、業務執行社員が清算人となったとき（会社法647条1項1号）は解散の日から2週間以内に、清算人が選任されたときは2週間以内に、その本店の所在地で清算人、清算持分会社を代表する清算人（代表清算人）の登記をしなければならない（同法928条2項・3項）。

持分会社の解散登記の申請と法定清算の場合における清算人・代表清算人の就任の登記とは同時に申請する必要はないが、解散登記の申請は清算持分会社を代表する清算人が申請しなければならない（商登法95条・98条3項・111条・118条）。

II　代表社員等の登記の職権抹消

1　合名会社・合資会社

　解散した合名会社・合資会社について法定清算により清算手続を行う場合において、業務を執行する社員を清算人（会社法928条2項の規定による清算人）とする登記、または選任（定款、社員による選任、裁判所の選任）による清算人（会社法928条3項の規定による清算人）の登記をしたときは、登記官の職権で、代表社員に関する登記が抹消される（商登規86条1項）。

2　合同会社

　合同会社が、会社法641条1号から4号までおよび7号の規定（定款で定めた存続期間の満了、定款で定めた解散事由の発生、総社員の同意、社員が欠けたこと、解散を命ずる裁判）による解散の登記をしたときは、登記官の職権で、業務執行社員および代表社員に関する登記が抹消される（商登規91条1項）。

III　添付書類

　持分会社の解散の登記申請書には、解散事由および清算人の有無に応じて次の書面を添付する。

1　総社員の同意により解散した場合

　総社員の同意書を添付する（商登法93条・111条・118条）。
　代理人が申請する場合には、委任状を添付する（商登法18条）。

2　定款で定めた事由の発生により解散した場合

　解散事由が発生したことを証する書面を添付する（商登法98条2項・111条・118条）。たとえば、定款である社員の死亡が解散事由とされている場合

には、その社員の死亡を証するために（除）戸籍謄（抄）本または死亡診断書を添付する。なお、存続期間の満了は登記簿の記載から判明するので（会社法912条・913条・914条）、解散事由の発生を証する書面の添付を要しない。

代理人が申請する場合には、委任状を添付する（商登法18条）。

3 会社を代表すべき清算人の資格を証する書面

解散の登記は、会社を代表すべき者が申請する。合名会社および合資会社の清算方法には、任意清算と法定清算とがある（会社法644条・668条。第12章第1節Ⅲ（260頁）参照）。合同会社は法定清算の方法に限られる（同法668条1項）。

(1) 任意清算の場合

任意清算の場合は清算人の選任が不要であり、解散前の会社を代表すべき社員（無限責任社員または代表社員）が解散登記の申請をする。この者は登記簿に記載されているから、特に資格を証する書面を添付する必要はない（下記［名法・登記情報20号180頁］を参照）。

(2) 法定清算による場合

解散前の業務執行社員が清算人となり（会社法647条1項1号）、解散前に会社を代表していた者が代表清算人となる（同法655条4項）。したがって、その者はすでに代表社員として登記簿に記載されているので、特に資格を証する書面の添付を要しない（商登法98条3項ただし書・111条・118条）。

なお、法定清算の場合であっても、無限責任社員の過半数をもって別に清算人を選任したときは、無限責任社員の過半数の一致があったことを証する書面および被選任者の就任承諾書を添付しなければならない（会社法647条1項3号、商登法93条・98条3項・111条・118条）。ただし、社員が清算人として選任された場合は、就任の承諾を要しないとされる（味村（下）189頁）。

(3) その他

解散を命ずる裁判があった場合には、当該決定書の謄本または裁判の謄本が清算人の資格を証する書面を兼ねることになる。

第2節　登記手続

[名法・登記情報20号180頁]
（第2問）　合資会社において無限責任社員から総社員の同意により解散登記の申請がなされた場合、清算人からの申請ではないため、任意清算による解散とみなして受理してよいか。

なお、総社員の同意書には、会社財産の処理する清算方法について特に定めてはいない。
（決議）　多数意見　受理してよい。
　　　　　少数意見　受理できない。
（名古屋法務局民事行政部長指示）　多数意見のとおり。

IV　登記申請書

【書式11-1】　登記申請書(31)――解散

合資会社解散登記申請書

1	会社法人等番号	○○○○-○○-○○○○○○
1	商　　　号	合資会社　鈴木商会
1	本　　　店	名古屋市中区栄二丁目5番6号
1	登記の事由	解散
1	登記すべき事項	{総社員の同意による解散の場合} 　　平成○年○月○日総社員の同意により解散 {存続期間満了による解散の場合} 　　平成○年○月○日存続期間の満了により解散 {定款所定の解散事由発生による解散の場合} 　　平成○年○月○日定款所定の解散事由の発生により解散
1	登録免許税	金30,000円
1	添付書類（注1）	総社員の同意書　　　　　　　　　　　1通 {または，定款に定めた事由の発生を証する書面} 清算人の資格を証する書面　　　　　　1通 委任状　　　　　　　　　　　　　　　1通

第11章 解　散

```
　　上記のとおり登記の申請をする。
　　　　平成○年○月○日
　　　　　　　　　　　　　　　名古屋市中区栄二丁目5番6号
　　　　　　　　　　　　　　　　申　請　人　　合資会社　鈴木商会
　　　　　　　　　　　　　　　名古屋市東区葵三丁目6番7号
　　　　　　　　　　　　　　　　代表清算人　　鈴　木　一　郎（注2）
　　　　　　　　　　　　　　　　（代表社員）
　　　　　　　　　　　　　　　名古屋市北区清水五丁目2番3号
　　　　　　　　　　　　　　　　上記代理人　　佐　藤　太　郎　㊞
　　○○法務局○○出張所　御中
```

（注1）　任意清算の場合は清算人が選任されないので、代表清算人の資格を証する書面を要しない。添付書類の詳細については、Ⅲ参照。
（注2）　任意清算の場合は清算人が選任されないので、会社を代表する社員が申請人となる。
［参考］　会社を代表する清算人の印鑑届書を提出する（商登法20条1項、商登規9条1項4号）。この印鑑届書には代表者が自然人である場合には、市区町村長の作成にかかる印鑑証明書を添付する（商登規9条5項1号）。代表者が法人の場合は、商登規9条5項4号・5号を参照。

【書式11-2】　総社員の同意書(1)――任意清算の場合（総社員の同意による解散）

```
　　　　　　　　　　　　同　意　書（注1）

1　当会社は，平成○年○月○日総社員の同意により解散すること。
　　清算の方法は，会社法668条の規定による任意清算とし，会社財産の処分
　方法の詳細については速やかに総社員の協議で定めること。（注2）


　　上記に同意する。
　　　　平成○年○月○日（注3）
　　　　　　　　　　　　名古屋市中区栄二丁目5番6号
　　　　　　　　　　　　　合資会社　鈴木商会
　　　　　　　　　　　　　　　無限責任社員　　鈴　木　一　郎　㊞（注4）
　　　　　　　　　　　　　　　無限責任社員　　佐　藤　　　正　㊞
```

有限責任社員　　鈴　木　純　一　㊞ 　　　　有限責任社員　　田　中　良　幸　㊞

(注１)　本例は、総社員の同意により任意清算の方法で会社を解散した例である。任意清算の場合は清算人を選任しない。
(注２)　総社員の同意により、いつでも解散することができる。なお、定款である社員の一致により解散できる旨を定めている場合は、この総社員の同意書に代えて、ある社員の一致があったことを証する書面と定款を添付する（商登法93条・111条・118条）。
　　　　清算の方法には任意清算と法定清算とがあるが、合名会社、合資会社は、社員の同意によりいずれかを自由に選ぶことができる。合同会社にあっては法定清算に限られる（第12章第１節Ⅲ参照）。
(注３)　総社員の同意があった日を記載する。
(注４)　総社員（無限責任社員および有限責任社員の全員）の記名押印をする。押すべき印鑑については制限がない。

【書式11-3】　総社員の同意書(2)──法定清算の場合（総社員の同意により解散し清算人を選任した例）

同　意　書（注１） １　当会社は，平成〇年〇月〇日総社員の同意により解散すること。（注２） ２　当会社の清算人として，次の者を選任すること。（注３） 　　　〇県〇市〇町〇番地 　　　　鈴　木　一　郎 上記に同意する。 　　平成〇年〇月〇日（注４） 　　　　　　　　　　　名古屋市中区栄二丁目５番６号 　　　　　　　　　　　　合資会社　鈴木商会 　　　　　　　　　　　　　　社　員　鈴　木　一　郎　㊞　（注５） 　　　　　　　　　　　　　　社　員　佐　藤　　　正　㊞ 　　　　　　　　　　　　　　社　員　鈴　木　純　一　㊞ 　　　　　　　　　　　　　　社　員　田　中　良　幸　㊞

第11章　解　散

(注1)　本例は、総社員の同意により法定清算の方法（清算人を選任する方法）で会社を解散した例である。
(注2)　総社員の同意により、いつでも解散することができる。なお、定款である社員の一致により解散できる旨を定めている場合は、この総社員の同意書に代えて、ある社員の一致があったことを証する書面と定款を添付する（商登法93条・111条・118条）。
　　　　清算の方法には任意清算と法定清算とがあるが、合名会社、合資会社は、社員の同意によりいずれかを自由に選ぶことができる。合同会社にあっては法定清算に限られる（第12章第1節Ⅲ参照）。
(注3)　解散時の業務執行社員が清算人となった場合には、清算人の選任は不要である。ただし、法定清算の場合であっても清算人を選任することができる。この選任決議は、社員（業務を執行する社員を定款で定めた場合にあっては、その社員）の過半数によって行う（会社法647条1項）。
(注4)　総社員の同意があった日を記載する。
(注5)　総社員の記名押印をする。押すべき印鑑については制限がない。

【書式11-4】　清算人の就任承諾書——清算人を選任した場合

就任承諾書（注1）

　私は，平成〇年〇月〇日合資会社鈴木商会の総社員の同意によって清算人に選任されましたので，その就任を承諾します。(注2)
　　平成〇年〇月〇日（注3）
　　　　　　　　　　　　　　　名古屋市東区葵三丁目6番7号
　　　　　　　　　　　　　　　　　清算人　鈴　木　一　郎　㊞（注4）

名古屋市中区栄二丁目5番6号
　合資会社　鈴木商会　御中

(注1)　法定清算の場合において、解散時の業務執行社員が清算人とならずに別途清算人を選任したときは（会社法647条1項3号）、選任された清算人（被選任者）の就任承諾が必要である（委任の規定に従う（同法654条1項）、商登法99条1項3号・111条・118条参照）。
　　　　任意清算の場合は清算人が選任されないから、この就任承諾書を作成することはない。

(注2)　清算人の選任は社員（業務を執行する社員を定款で定めた場合にあっては、その社員）の過半数をもって行う（会社法647条1項3号）。
(注3)　就任を承諾した日を記載する。
(注4)　就任の承諾をした清算人が記名押印する。押すべき印鑑については制限がない。

第12章

清　算

第12章 清算

第1節　手続のポイント

I　清算の開始

1　清算の開始原因

　会社の清算とは、会社の解散の場合においてその現務を結了し、債権を取立ておよびその債務を弁済し、もし残余財産があるときはこれを引き渡す等のごとき解散の場合における会社財産の処分を指称する（大判明39・6・21民録12輯1013頁）。

　持分会社は、次に掲げる場合には、清算をしなければならない（会社法644条）。

① 解散した場合（合併（合併により当該持分会社が消滅する場合に限る）によって解散した場合および破産手続開始の決定により解散した場合であって当該破産手続が終了していない場合を除く）

② 設立の無効の訴え（会社法828条1項1号）に係る請求を認容する判決が確定した場合

③ 設立の取消しの訴え（会社法832条）に係る請求を認容する判決が確定した場合

2　清算会社の権利能力

　清算をする持分会社（以下、「清算持分会社」という）は、清算の目的の範囲内において、清算が結了するまではなお存続するものとみなされる（会社法645条）。清算持分会社は、清算の範囲外の新たな目的の営業をなすことはできず（最判昭42・12・15判時505号61頁参照）、清算持分会社の法人格は清算手続を結了することによって消滅する（大判大5・3・17民録22輯364頁参照）。

　清算持分会社は清算の目的の範囲内で存続するため、次の行為をすること

ができない（会社法674条・643条）。

① 社員の加入（詳細は後掲Ⅱを参照）
② 会社法606条（任意退社）、607条１項（法定退社事由――死亡および合併を除く）または609条（持分の差押債権者による退社）の規定による社員の退社
③ 損失塡補のための資本金の額の減少
④ 利益の配当
⑤ 出資の払戻し
⑥ 出資の払戻しのための資本金の額の減少（合同会社に限る）
⑦ 合名会社から合同会社への種類の変更、および合資会社から合同会社への種類の変更（後記Ⅱ１(2)参照）
⑧ 吸収合併存続会社および吸収分割承継会社になること

Ⅱ 清算中の社員の加入・退社

1 加入・退社の禁止

(1) 加 入

清算持分会社においては、後記２の相続または合併による承継加入の場合を除き、社員の加入が禁止されている（会社法674条１号。［登記研究361号84頁］［名法・登記情報18号53頁］）。これは、解散前の持分会社の社員には、資金提供者でしかない株式会社の株主とは異なり、業務執行権限が与えられている（同法590条１項）が、清算持分会社となって社員の業務執行権限がなくなっている清算段階において新たに社員を加入させることは、その性質に反するものと考えられるためである（新会社法の解説25頁）。

［登記研究361号84頁］
（問） 清算中の合資会社は、清算の目的の範囲内においてのみ存続し、清算手続が社員関係の終結を目的としているので社員の退社は認められず、

出資の持分全部譲渡による社員の入・退社の登記申請は受理すべきでないと考えますが、いかがでしょうか。
（答）　御意見のとおりと考えます。

［名法・登記情報18号53頁］
　（問）　清算中の合資会社の社員持分全部譲渡による社員の入・退社、ならびに会社継続の登記申請は受理できると考えるがどうか。
　（決議）　多数意見　意見のとおり。
　　　　　少数意見　受理できない。
　（本省意見）　多数意見のとおり（継続を目的とするものであればよい）。

(2)　退　社

　清算持分会社においては、社員の死亡または合併による消滅の場合を除き、社員の退社は認められていない（会社法674条2号）。これは、清算段階において、残余財産の分配以外の方法で会社財産を社員に対して払い戻す結果となり、清算の目的と相容れないからである。

　清算持分会社で禁止される退社には、任意退社（会社法606条）、法定退社事由の発生による退社（同法607条1項。死亡、合併による消滅を除く）、および持分の差押債権者による退社（同法609条）が該当する（同法674条2号）。清算持分会社では社員の退社が認められない結果、合名会社から合同会社への種類の変更（合名会社の無限責任社員を退社させる必要がある）、および合資会社から合同会社への種類の変更（合資会社の無限責任社員を退社させる必要がある）をすることができない（同法638条1項3号・2項2号・674条4号）。

2　相続・合併による承継加入

(1)　社員の死亡・合併による消滅

　存立中（解散前）の持分会社の社員が死亡した場合または合併により消滅した場合において、相続等（社員の死亡・合併による消滅）による持分承継の定款の定めがないときは、社員の法定退社事由に該当し、死亡した社員の相続人または合併により消滅した社員の一般承継人は、当該社員の持分を承継

することができない（会社法607条1項3号・4号・608条1項）。

これに対し、清算持分会社の社員が死亡した場合または合併により消滅した場合には、相続等による持分承継の定款の定めがないときであっても、当該社員の相続人その他の一般承継人は、当該社員の持分を承継する（会社法675条前段）。この場合においては、一般承継人（相続により持分を承継したものであって、出資に係る払込みまたは給付の全部または一部を履行していないものに限る）が2人以上ある場合には、各一般承継人は、連帯して当該出資に係る払込みまたは給付の履行をする責任を負う。また、一般承継人（相続により持分を承継したものに限る）が2人以上ある場合には、各一般承継人は、承継した持分についての権利を行使する者1人を定めなければ、当該持分についての権利を行使することができない。ただし、持分会社が当該権利を行使することに同意した場合は、当該持分についての権利を行使することができる（同条後段）。

〈図15〉　相続・合併による持分の承継

〈解散前〉	持分会社の解散	〈解散後・清算持分会社〉
定款に相続等による承継規定なし 相続・合併による承継加入できない		定款に相続等による承継規定なし 相続・合併による承継加入できる
定款に相続等による承継規定あり 相続・合併による承継加入できる		

(2) 死亡した社員が清算人である場合

清算中の合名会社・合資会社にあっては、相続による持分承継の定款の定めがなくても、その相続人は当然に無限責任社員として加入する（会社法675条）。この場合、死亡した無限責任社員Aが清算人であるときは、Aの死亡によりAの相続人が当然に清算人となるか疑問が生じる。この点について

第12章 清 算

登記先例はこれを否定し、相続人が当然に清算人となることはない、としている。主な関係先例として、下記［先例⑭］［先例⑮］がある。

［先例⑭］昭29・4・12民甲第770号民事局長通達
（要旨） 清算人たる無限責任社員の相続人は、当然に清算人となるものではない。なお、この場合には、社員の死亡による退社または相続による入社の登記を要しない。
（照会）一、合資会社解散し、唯一の無限責任社員が清算人となったが、その者が死亡し相続人がある場合、後任清算人選任は左記いずれによるべきや
　　　　　相続人には商法第164条の適用がないから同法第147条同第122条の規定に準じ利害関係人から裁判所に対し請求すべきである。
　　　　　無限責任社員であった清算人の相続人は商法第147条同第144条により清算に関しては社員の権利を行使し得べきも当然清算人とはなり得ないから、相続人は社員権行使の資格において同法第164条により清算人を選任すべきである。
　　　二、社員の登記事項欄中無限責任社員の登記事項は死亡の登記のみにて足るかまたは相続人において権利行使をなす必要上承継による登記を必要とするや。
（回答）一、商法第122条に準じ、利害関係人より裁判所に対して清算人の選任を申請すべきものと考える。
　　　二、社員の死亡による退社の登記または相続による入社の登記を要しない。

［先例⑮］昭37・2・22民甲第367号民事局長回答
（要旨） 定款に、清算人の選任は、総社員の過半数で決する旨の定めがある場合は、有限責任社員と死亡した無限責任社員の相続人（権利行使者）との過半数で選任する。
（照会） （略）別紙昭和29年4月12日民甲第770号民事局長通達（昭和29年3月29日大阪法務局長照会）第1項の趣旨は合資会社の定款に次の如き定めがある場合も同一であると解してよいか。
　　　（定款27条）
　　　　　本社解散ノ場合ニ於ケル会社財産ノ処分方法ハ総社員ノ同意ヲ以テ

之ヲ定ム、但シ合併及破産ノ場合ヲ除ク外商法ノ規定ニ準リ清算ヲ為スコトヲ妨ケス、前項但書ノ場合ニ於テハ清算人ノ選任及解任ハ社員ノ過半数ヲ以テ之ヲ決ス。

（別紙）　昭和29年4月12日民事甲第770号民事局長通達（昭和29年3月29日大阪法務局長照会）

　　　合資会社の清算人が死亡した場合における後任者の選任について

（商通第18号）

　　　標記の件に関し、別紙甲号のとおり大阪法務局長から照会があったので、別紙乙号のとおり回答したからこの旨貴管下登記官吏に周知方取り計らわれたい。

　（別紙甲号）

　　　標記の件に関し左記のとおり疑義があり、目下さしかかった事件でありますので至急電信をもって御回答願います。

記

1　合資会社解散し、唯一の無限責任社員が清算人となったが、その者が死亡し相続人がある場合、後任清算人選任は左記のいずれによるべきや。

　(1)　相続人には商法第164条の適用がないから同法第147条同第122条の規定に準じ利害関係人から裁判所に対し請求すべきである。

　(2)　無限責任社員であった清算人の相続人は商法第147条同第144条により清算に関しては社員の権利を行使し得べきも当然清算人とはなり得ないから、相続人は社員権行使の資格において同法第164条により清算人を選任すべきである。

2　社員の登記事項欄中無限責任社員の登記事項は死亡の登記のみにて足るかまたは相続人において権利行使をなす必要上承継による登記を必要とするや。

（別紙乙号）

　　　客月19日付日記相第1,552号で照会のあった標記については、次のとおり回答する。

1　商法第122条に準じ、利害関係人より裁判所に対して清算人の選任を申請すべきものと考える。

2　社員の死亡による退社の登記または相続による入社の登記は要しない。

（回答）　お尋ねの場合においては、他に有限責任社員が存するときは、当該無限責任社員の地位を承継した相続人（ただし、このような相続人が

第12章 清　算

> 数人いる場合については、商法第144条参照。）とその有限責任社員との過半数により、有限責任社員が存しないときは、引用の本職通達第1項の趣旨により、それぞれ後継清算人を選任すべきであると考える。

III　清算方法の種類

　清算持分会社の清算の方法には、①清算人が就任して清算を行う法定清算と（会社法646条～667条）、②清算人が就任しないで解散時の社員が清算を行う任意清算（同法668条～671条）とがある。

　法定清算または任意清算のいずれを選択できるかは、持分会社の種類によって異なる。合同会社は法定清算のみに限られ、任意清算をすることができない（会社法668条1項参照）。合名会社・合資会社は法定清算をすることができるが、定款で定めた存続期間の満了、定款で定めた解散事由の発生または総社員の同意によって解散した場合には、任意清算をすることもできる（同条項）。

〔表16〕　持分会社の清算方法の種類

会社の種類	法 定 清 算	任 意 清 算
合名会社 合資会社	法定清算をすることができる（会社法668条1項参照）。	定款で定めた存続期間の満了・解散事由の発生または総社員の同意によって解散した場合は、任意清算をすることができる（会社法668条1項）。
合同会社	法定清算に限られる（会社法668条1項参照）。	任意清算はできない。

IV 任意清算

1 任意清算の手続の概要

任意清算の手続を図にすると〈図16〉のようになる。

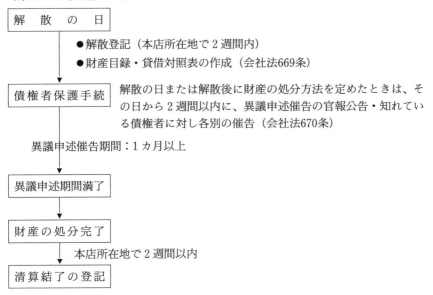

〈図16〉 任意清算の手続

2 任意清算とは

「任意清算」とは、法定清算に対するものであり、合名会社または合資会社が、定款で定めた存続期間の満了・解散事由の発生または総社員の同意により解散した場合において、定款または総社員の同意によって、当該持分会

---

23 定款に定めがあるといいうるためには、特に清算についての規定を必要とし、業務執行に関する規定のみでは不十分である。清算は業務の執行ではないからである（注釈会社法(1)473頁〔米沢明〕）。

第12章 清　算

社の財産の処分の方法を定めた場合において、この定めに従ってする清算手続のことをいう（会社法668条1項）。任意清算の場合は、会社法646条から667条の法定清算に関する規定は適用されないため、清算人に関する規定は存在しない（同条2項）。合同会社は、任意清算の方法によって清算することはできない。

　なお、合名会社または合資会社が任意清算の方法を定めた場合において、社員の持分を差し押さえた債権者があるときは、その解散後の清算持分会社がその財産の処分をするには、その債権者の同意を得なければならない（会社法671条1項）。任意清算の方法を定めた前記の清算持分会社が、社員の持分を差し押さえた債権者の同意を得ないで、その財産の処分をしたときは、社員の持分を差し押さえた債権者は、当該清算持分会社に対し、その持分に相当する金額の支払いを請求することができる（同条2項）。

　清算持分会社の清算方法を図にすると〈図17〉のようになる。

3　会社財産の処分

　合名会社・合資会社が任意清算を行おうとするときは、会社財産の処分方法を、定款または総社員の同意によって定めなければならない（会社法668条1項）。会社財産の処分方法には制限がなく、自由に定めることができる（大判大4・2・27民録21輯191頁、会社法詳論（下）1253頁）。

　たとえば、会社の財産を個々に処分して、この代金を社員に分配したり、現物のまま社員に分配することもできる。営業全部の譲渡をしてこの代金を社員に分配することもできる。また、総社員の同意をもって、売掛代金債権を他のいっさいの会社財産とともに特定人に承継させることができる（大判大4・2・27民録21輯191頁）。

　なお、会社財産の処分方法を定款または総社員の同意によって定めないときは、法定清算となる（会社法668条1項）。

〈図17〉 持分会社の清算方法

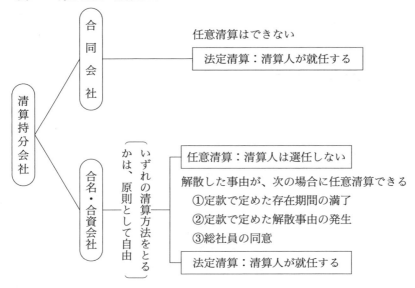

4　財産目録・貸借対照表の作成

(1) 解散前に任意清算の方法を定めている場合

　任意清算の方法を定めている合名会社・合資会社が、定款で定めた存続期間の満了・解散事由の発生または総社員の同意によって解散した場合には、清算持分会社（合名会社および合資会社に限る）は、解散の日から2週間以内に、法務省令（会社規160条・161条）で定めるところにより、解散の日における財産目録および貸借対照表を作成しなければならない（会社法669条1項）。

(2) 解散後に任意清算の方法を定めた場合

　任意清算の方法を定めていない合名会社・合資会社が、定款で定めた存続期間の満了・解散事由の発生または総社員の同意によって解散した場合において、解散後に任意清算の方法を定めたときは、清算持分会社（合名会社および合資会社に限る）は、当該財産の処分の方法を定めた日から2週間以内

に、法務省令（会社規160条・161条）で定めるところにより、解散の日における財産目録および貸借対照表を作成しなければならない（会社法669条2項）。

5　債権者保護手続

　合名会社・合資会社が任意清算の方法を定めた場合には、その解散後の清算持分会社の債権者は、当該清算持分会社に対し、当該財産の処分の方法について異議を述べることができる（会社法670条1項）。

　合名会社・合資会社は、解散の日（解散後に任意清算の方法を定めた場合にあっては、当該財産の処分の方法を定めた日）から2週間以内に、①定款または総社員の同意によって定めた方法に従い清算をする旨、および②債権者が一定の期間内（この期間は1カ月を下ることができない）に異議を述べることができる旨を、官報に公告し[24]、かつ、知れている債権者には、各別にこれを催告しなければならない（会社法670条2項）。ただし、合名会社・合資会社が、前記の①および②の公告を、官報のほかに、定款で定めた公告方法（時事に関する事項を掲載する日刊新聞紙または電子公告）[25]によりするときは、知れている債権者に対する各別の催告は、することを要しない（同条3項）。

　債権者が異議申述催告で定められた期間内に異議を述べなかったときは、当該債権者は、当該財産の処分の方法について承認をしたものとみなす。債権者が異議申述催告の期間内に異議を述べたときは、清算持分会社は、当該債権者に対し、弁済し、もしくは相当の担保を提供し、または当該債権者に弁済を受けさせることを目的として信託会社等に相当の財産を信託しなければならない（会社法670条4項・5項）。

24　官報公告は1回だけすればよい。
25　持分会社が行う公告方法の定めは、必ずしも定款で定める必要はない（定款の任意的記載事項）。

〈図18〉 任意清算の場合の債権者異議申述催告の方法

債権者に対する催告は、⑦または⑦のいずれかの方法によって行う。

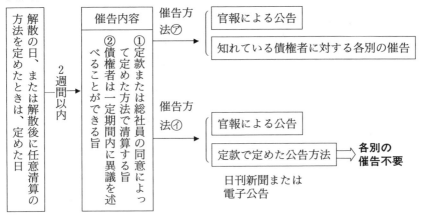

Ⅴ 法定清算

1 法定清算の手続の概要

法定清算の手続を図にすると〈図19〉のようになる。

2 法定清算とは

持分会社（清算持分会社）における法定清算とは、定款または総社員の同意によっては清算持分会社の財産の処分の方法を決めることができない清算であって、会社法の規定に従い、清算人によって行われる清算の方法をいう。

合名会社・合資会社は、法定清算または任意清算のいずれかを選択することができる（会社法668条1項。任意清算ができるためには解散事由が限定されている。Ⅳ2参照）が、合同会社の場合は、清算人による法定清算の手続によらなければならない。

任意清算の制度が合同会社に適用されないのは、合同会社においては、解散後も、社員の間接有限責任制を確保することが社員の合理的な意思に合致

第12章 清算

〈図19〉 法定清算の手続

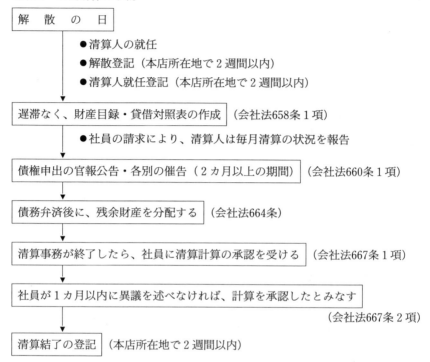

するであろうし、債権者にとっても各社員に対して追及しなければならないこととされるのは酷であると考えられるからである（新会社法の解説25頁）。

3 清算人の就任

(1) 清算人の種類

清算持分会社には1人または2人以上の清算人をおかなければならない。法人も清算人となることができる（(2)参照）。清算持分会社と清算人との関係は、委任に関する規定に従う（会社法651条1項）。清算人については、任期の定めはない。

法定清算における清算人の種類は次のようになる（会社法646条・647条1

項)。

〈図20〉 法定清算人の種類

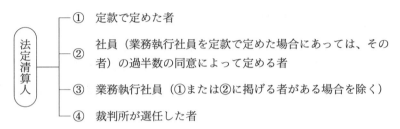

(A) 定款で定める者

　定款で清算人となる者を定めている場合には、その者が清算人となる（会社法647条1項2号）。

(B) 社員（業務執行社員）の過半数の同意で定めた者

　社員（業務執行社員を定款で定めた場合にあっては、その社員）の過半数の同意によって清算人となる者を定めたときは、その選任された者が清算人となる（会社法647条1項3号）。ただし、定款で清算人の選任方法を定めている場合は、その定めに従う（同法577条）。社員の同意によって清算人を選任する場合には、清算人となる者は社員中から選任してもよく、また社員以外の者から選任してもよい（注釈会社法(1)663頁〔米沢明〕）。業務執行社員全員を清算人に選任することもできる（登記研究171号68頁）。清算人の員数については制限がない。

(C) 業務執行社員

　定款で清算人となる者を定めている場合（前記(A)）、または社員（業務執行社員）の過半数の同意で清算人を選任した場合（前記(B)）を除き、清算開始時における業務執行社員の全員は清算人となる（会社法647条1項1号）。この場合においては、清算人の選任行為は不要であり、清算開始時における業務執行社員の全員が当然に清算人となる。清算開始時の持分会社を代表する社員は、清算持分会社を代表する清算人となる（同法655条4項）。

なお、清算開始時の業務執行社員の全員が清算人となった場合でも、清算人の就任の登記をしなければならない（会社法928条2項）。

〈図21〉　業務執行社員の清算人就任

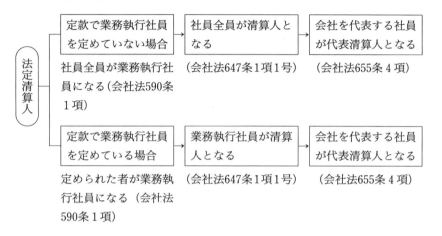

(D)　裁判所が選任した者

次の場合には、裁判所が清算人を選任する。

① 清算人となる者がいない場合　　定款で定めた清算人、社員の選任による清算人または清算開始時に清算人となるべき業務執行社員がいない場合には、裁判所は、利害関係人の申立てにより、清算人を選任する（会社法647条2項）。

② 社員が欠けたこと・解散命令・やむを得ない事由で解散した場合
　社員が欠けたこと（会社法641条4号）、解散を命ずる裁判（同法641条7号・824条1項）またはやむを得ない事由があることを理由とする解散判決（同法641条7号・833条2項）によって解散した清算持分会社については、裁判所は、利害関係人もしくは法務大臣の申立てによりまたは職権で、清算人を選任する（同法647条3項）。

③ 設立の無効・取消しの判決が確定した場合　　設立の無効の訴えに係

る請求を認容する判決が確定した清算持分会社、または設立の取消しの訴えに係る請求を認容する判決が確定した清算持分会社については、裁判所は、利害関係人の申立てにより、清算人を選任する（会社法647条4項）。

(2) 法人が清算人である場合

法人は清算人になることができる。法人が清算人である場合には、当該法人は、当該清算人の職務を行うべき者を選任し、その者の氏名および住所を社員に通知しなければならない。清算持分会社と清算人の職務を行うべき者との関係は、委任に関する規定に従う（会社法654条）。

4 清算人の職務

(1) 職務の内容

会社法649条は、清算人の職務を列挙している。この列挙されている職務の内容は、旧商法で定めていた清算人の職務の内容（旧商法124条1項）と同一である。判例は、商法（会社法施行前の商法）で定めている清算人の職務は、清算人が当然の職務としてなしうる範囲を定めたにすぎず、これをもって会社清算の範囲を限定したものとなすことはできないとする（大判大2・7・9民録19輯619頁）。清算人の職務権限はこの列挙の事項に限定されない（通説）。清算中の会社の権利能力の範囲内の行為はすべて清算人の職務権限に属するのであって、清算人は清算事務遂行のために必要ないっさいの行為をなしうる（注釈会社法(1)498頁〔米沢明〕）。

会社法が列挙する清算人の職務は、次のものである（会社法649条）。

① 現務の結了　現務の結了とは、会社解散後における現在の事務を結了すること、あるいは会社解散前より継続追行せる諸般の事務を完了することをいう（大判明35・5・21民集8巻5号102頁、大判大2・6・28民録19輯557頁）。

② 債権の取立ておよび債務の弁済　債権の取立てとは、清算持分会社が有する債権について債務者から履行を受けることであり、債務の弁済とは、清算持分会社が負担する債務を弁済することである。

③　残余財産の分配　　残余財産とは、清算持分会社が債務を全部弁済した後になお残存する積極財産のことをいう。残余財産の分配についての詳細は 8 を参照されたい。

(2) 業務の執行

清算人は、清算持分会社の業務を執行する。清算人が 2 人以上ある場合には、清算持分会社の業務は、定款に別段の定めがある場合を除き、清算人の過半数をもって決定する。ただし、社員が 2 人以上ある場合には、清算持分会社の事業の全部または一部の譲渡は、社員の過半数をもって決定する（会社法650条）。

5　清算持分会社の代表

(1) 清算持分会社を代表する清算人

清算人は、清算持分会社を代表する。清算人が 2 人以上ある場合には、清算人は、各自、清算持分会社を代表する。ただし、他に清算持分会社を代表する清算人その他清算持分会社を代表する者を定めた場合は、その者が清算持分会社を代表する（会社法655条 1 項・2 項）。「他に清算持分会社を代表する清算人その他清算持分会社を代表する者を定めた場合」とは、清算人が自主的に清算持分会社を代表する者を定めた場合のみならず、裁判所等がこれを定めた場合を含む。

清算持分会社を代表する清算人は、清算持分会社の業務に関するいっさいの裁判上または裁判外の行為をする権限を有し、その権限に加えた制限は、善意の第三者に対抗することができない（会社法655条 6 項・599条 4 項・5 項）。

民事保全法56条に規定する仮処分命令により選任された清算人または清算持分会社を代表する清算人の職務を代行する者は、仮処分命令に別段の定めがある場合を除き、清算持分会社の常務に属しない行為をするには、裁判所の許可を得なければならない。これに違反して行った清算人または清算持分会社を代表する清算人の職務を代行する者の行為は無効とされるが、清算持分会社は、これをもって善意の第三者に対抗することができない（会社法

655条6項・603条)。

(2) 代表清算人の選任

清算人は、清算持分会社を代表する。清算人が2人以上ある場合には、清算人は、各自、清算持分会社を代表する。ただし、清算持分会社は、定款または定款の定めに基づく清算人(会社法647条2項から4項までの規定により裁判所が選任したもの(3(1)(D)参照)を除く)の互選によって、清算人の中から清算持分会社を代表する清算人を定めることができる(同法655条3項)。

業務執行社員が清算人となる場合(会社法647条1項1号)において、持分会社を代表する社員(代表社員)を定めていたときは、持分会社を代表する社員が清算持分会社を代表する清算人(代表清算人)となる(同法655条4項)。

裁判所は、会社法647条2項から4項までの規定により清算人を選任する場合(①清算人となる者がないため清算人を選任する場合、②社員が欠けたことまたは解散を命ずる裁判によって解散したために清算人を選任する場合、③設立無効または設立取消しを認容する裁判の確定により清算人を選任する場合)には、その清算人の中から清算持分会社を代表する清算人を定めることができる(会社法655条5項)。

〈図22〉 清算持分会社を代表する清算人

清算持分会社の代表者		
	①	原則として、清算人は、各自、清算持分会社を代表する(会社法655条1項・2項)。
	②	定款で、代表清算人を定めることができる(会社法655条3項)。
	③	定款の定めに基づく清算人の互選により、代表清算人を定めることができる(会社法655条3項)。
	④	上記②③の場合を除き、清算開始時の業務執行社員が清算人となる場合において代表社員を定めていたときは、その代表社員が代表清算人となる(会社法655条4項)。
	⑤	裁判所が清算人を選任する場合には、代表清算人を定めることができる(会社法655条5項)。

6　破産手続の申立て

　清算持分会社の財産がその債務を完済するのに足りないことが明らかになったときは、清算人は、直ちに破産手続開始の申立てをしなければならない（会社法656条1項）。清算人は、清算持分会社が破産手続開始の決定を受けた場合において、破産管財人にその事務を引き継いだときは、その任務を終了したものとされる。この場合において、清算持分会社がすでに債権者に支払い、または社員に分配したものがあるときは、破産管財人は、これを取り戻すことができる（同法656条2項・3項）。

7　財産目録等の作成

　清算人は、その就任後遅滞なく、清算持分会社の財産の現況を調査し、法務省令（会社規160条・161条）で定めるところにより、持分会社の清算開始原因に該当することとなった日における財産目録および貸借対照表を作成し、各社員にその内容を通知しなければならない。清算持分会社は、財産目録および貸借対照表を作成した時からその本店の所在地における清算結了の登記の時までの間、当該財産目録および貸借対照表を保存しなければならない。

　また、清算持分会社は、社員の請求により、毎月清算の状況を報告しなければならない（会社法658条3項）。

---

[26] 持分会社の清算開始原因として、①解散した場合（会社法641条5号に掲げる事由（合併）によって解散した場合および破産手続開始の決定により解散した場合であって当該破産手続が終了していない場合を除く）、②設立の無効の訴えに係る請求を認容する判決が確定した場合、③設立の取消しの訴えに係る請求を認容する判決が確定した場合が定められている（同法644条）。

8 債務の弁済・残余財産の分配

(1) 債権者に対する債権申出の公告

(A) 合同会社の場合

合同会社は、清算の開始原因が生じた後、遅滞なく、合同会社の債権者に対し、一定の期間内(この期間は、2カ月を下ることができない)にその債権を申し出るべき旨を官報に公告し、かつ、知れている債権者には、各別にこれを催告しなければならない。この公告には、当該債権者が当該期間内に申出をしないときは清算から除斥される旨を付記しなければならない(会社法660条)。この場合になされる債権者に対する官報公告および各別の催告は、「債権を申し出るべき旨」のものであり、合名会社・合資会社の場合と異なり、解散・清算方法等に対する異議の申述を催告するものではない(同法670条1項参照)。

また、合同会社については、合名会社・合資会社の任意清算の場合と異なり(会社法670条3項参照)、知れている債権者に対する各別の催告に代わる公告方法(官報公告のほかに、定款で定めた時事に関する事項を掲載する日刊新聞紙または電子公告による公告)は認められていない。

〈図23〉 清算における債権者に対する公告

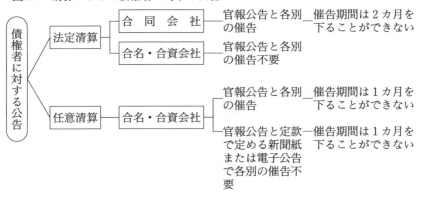

(B) 合名会社・合資会社の場合

合名会社または合資会社が法定清算の方法によって清算をする場合には、債権者に対する債権申出の公告・催告は不要とされている（会社法660条1項参照）。ただし、任意清算の方法によって清算をする場合には、財産処分の方法につき、債権者に対する異議申述の公告を要する（Ⅳ5参照）。

(2) 弁済・出資履行の請求

(A) 合同会社の弁済の制限

合同会社は、債権申出の公告の期間内（会社法660条1項で定める2カ月を下らない期間内）は、債務の弁済をすることができない。この場合において、合同会社は、その債務の不履行によって生じた責任を免れることができない。ただし、合同会社は、債権申出の公告の期間内であっても、裁判所の許可を得て、少額の債権、合同会社の財産につき存する担保権によって担保される債権その他これを弁済しても他の債権者を害するおそれがない債権に係る債務について、その弁済をすることができる。この場合において、当該許可の申立ては、清算人が2人以上あるときは、その全員の同意によってしなければならない（同法661条）。

(B) 条件付債権等に係る債務の弁済

清算持分会社は、条件付債権、存続期間が不確定な債権その他その額が不確定な債権に係る債務を弁済することができる。この場合においては、これらの債権を評価させるため、裁判所に対し、鑑定人の選任の申立てをしなければならない。この場合には、清算持分会社は、鑑定人の評価に従い当該債権に係る債務を弁済しなければならない（会社法662条1項・2項）。

(C) 出資の履行の請求

清算持分会社に現存する財産がその債務を完済するのに足りない場合において、その出資の全部または一部を履行していない社員があるときは、当該出資に係る定款の定めにかかわらず、清算持分会社は、当該社員に出資させることができる（会社法663条）。合同会社の場合は出資全額の払込主義をとるので（設立の場合・同法578条、新たに加入しようとする場合・同法604条3項）、

この663条の規定は合名会社・合資会社について適用がある。

(D) 清算からの除斥

合同会社の債権者（知れている債権者を除く）であって債権申出の公告の期間内（会社法660条1項）にその債権の申出をしなかったものは、清算から除斥される。清算から除斥された債権者は、分配がされていない残余財産に対してのみ、弁済を請求することができる（同法665条1項・2項）。清算手続において、債権申出の期間内に申出をしない債権者を除斥する制度は合同会社のみに限られている（同法660条2項参照）。合名会社・合資会社の清算手続においては、債権者を除斥する制度はない。

合同会社の残余財産を社員の一部に分配した場合には、当該社員の受けた分配と同一の割合の分配を当該社員以外の社員に対してするために必要な財産は、清算から除斥された債権者に弁済されるべき残余財産（会社法665条2項）からは控除される（同条3項）。

(3) 残余財産の分配

清算持分会社は、当該清算持分会社の債務を弁済した後でなければ、その財産を社員に分配することができない。ただし、その存否または額について争いのある債権に係る債務について、その弁済をするために必要と認められる財産を留保した場合は、その留保分を控除した後の財産を社員に分配することができる（会社法664条）。残余財産の分配の割合について、定款に別段の定めがないときは、その割合は、各社員の出資の価額に応じて定める（同法666条）。

第2節　登記手続

I　清算人の登記

1　任意清算の場合

　合名会社および合資会社では、清算を、法定清算の方法によることができるが、任意清算の方法によることもできる。合同会社の清算は、法定清算の方法に限られる（会社法668条1項）。任意清算の場合は清算人が就任しないから、清算人の登記をすることはない。

〈図24〉　清算人の登記の要否

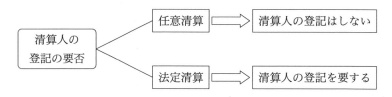

2　法定清算の場合

(1)　清算人の登記

　持分会社が清算の方法を法定清算とした場合には（合同会社は法定清算に限られる）、1人または2人以上の清算人をおかなければならない（会社法646条）。清算人は登記すべき事項であり、解散の登記と清算人就任の登記とは通常同時に申請されるが、必ずしも同時に申請することを要しない（登記研究259号73頁、大決昭13・9・15民集17巻1845頁）。

(2)　代表社員等の登記の職権抹消

　合名会社・合資会社の場合には、清算人の登記をしたときは、登記官の職

権で、代表社員に関する登記が抹消される（商登規86条1項・90条）。

　合同会社の場合には、会社法641条1号から4号までおよび7号の規定（定款で定めた存続期間の満了、定款で定めた解散事由の発生、総社員の同意、社員が欠けたこと、解散を命ずる裁判）による解散の登記をしたときは、登記官の職権で、業務執行社員および代表社員に関する登記が抹消される（商登規91条1項）。

〈図25〉　職権抹消登記

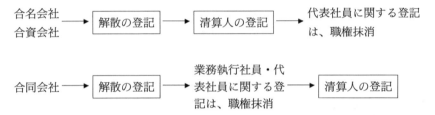

〔記載例19〕　記録例──合名会社・合資会社における職権抹消・最初の清算人の選任

社員に関する事項	代表社員　A	
	○県○市○町○番地 清算人　　B	平成○年12月10日登記
	○県○市甲町1番地 清算人　　C	平成○12月10日登記
	代表清算人　　C ○県○市乙町5番地 職務執行者　　D	平成○年12月10日登記

(3) 登記すべき事項

　清算開始時の業務執行社員が清算持分会社の清算人となったとき（会社法647条1項1号）は解散の日から2週間以内に、清算人が選任されたとき（同条1項2号・3号・2項・3項・4項）は就任の日から2週間以内に、その本店の所在地において、次に掲げる事項を登記しなければならない（同法928条2項・3項）。

① 　清算人の氏名または名称および住所
② 　清算持分会社を代表する清算人の氏名または名称（清算持分会社を代表しない清算人がある場合に限る）
③ 　清算持分会社を代表する清算人が法人であるときは、清算人の職務を行うべき者の氏名および住所

II　添付書類

　清算持分会社の清算人となった場合の清算人の登記申請書には、次の書面を添付しなければならない（商登法99条1項・111条・118条）。

1　清算人に応じて添付すべき書面

① 　業務執行社員が清算人となった場合　　　定款
② 　定款で定める者が清算人となった場合　　　定款および就任承諾書
③ 　社員（業務執行社員を定款で定めた場合にあっては、その社員）の過半数の同意によって定めた者が清算人となった場合　　　ある社員の一致があったことを証する書面および就任承諾書
④ 　裁判所が清算人を選任した場合　　　その選任および会社法928条2項2号に掲げる事項（清算持分会社を代表する清算人の氏名または名称（清算持分会社を代表しない清算人がある場合に限る））を証する書面

2 清算人が法人の場合に添付すべき書面

清算人が法人である場合には、前述1の書面のほかに、次に掲げる区分に応じ、以下の書面も添付しなければならない。

(1) 清算開始時の業務執行社員である法人が清算人となった場合

清算開始時の業務執行社員である法人が清算人となった場合には、清算会社を代表する法人についての次に掲げる書面を添付する（商登法99条2項・111条・118条）。

① 当該法人の登記事項証明書
② 当該法人の職務執行者の選任に関する書面（第7章第2節Ⅱ2(1)B①ⓑ（138頁）参照）
③ 当該法人の職務執行者が就任を承諾したことを証する書面

(2) 定款で定める法人が清算人となった場合

定款で定める法人が清算人となった場合には、次に掲げる書面を添付する（商登法99条3項・111条・118条）。

① 清算会社を代表する法人については、(1)の書面
② 清算会社を代表しない法人については、登記事項証明書

(3) 社員の過半数の同意によって定めた法人が清算人となった場合

社員の過半数の同意によって定めた法人が清算人となった場合には、(2)の書面を添付する（商登法99条3項・111条・118条）。

(4) 裁判所が選任した法人が清算人となった場合

裁判所が選任した法人が清算人となった場合には、清算会社を代表する法人についての(1)の書面を添付する（商登法99条2項・111条・118条）。

3 委任状

登記の申請を代理人によって行う場合に添付する（商登法18条）。

第12章 清算

III 登記申請書

1 法定清算人の就任——業務執行社員の清算人就任（持分会社共通）

【書式12-1】　登記申請書(32)——清算人就任

　　　　　　　　　　合資会社清算人就任登記申請書

1　会社法人等番号　　〇〇〇〇－〇〇－〇〇〇〇〇〇
1　商　　　　　号　　合資会社　鈴木商会
1　本　　　　　店　　名古屋市中区栄二丁目5番6号
1　登 記 の 事 由　　平成〇年〇月〇日業務執行社員の清算人就任（注1）
1　登記すべき事項　　〇県〇市〇町〇番地（注2）
　　　　　　　　　　　　清　算　人　　鈴　木　一　郎
　　　　　　　　　　〇県〇市〇町〇番地
　　　　　　　　　　　　清　算　人　　佐　藤　　　正
　　　　　　　　　　　　代表清算人　　鈴　木　一　郎
1　登 録 免 許 税　　金9,000円
1　添 付 書 類　　　定款　　　　　　　　　　　　　　　　1通
　　　　　　　　　　委任状　　　　　　　　　　　　　　　1通
上記のとおり登記の申請をする。
　　平成〇年〇月〇日
　　　　　　　　　　　　　名古屋市中区栄二丁目5番6号
　　　　　　　　　　　　　　申　請　人　　合資会社　鈴木商会
　　　　　　　　　　　〇県〇市〇町〇番地
　　　　　　　　　　　　　　代表清算人　　鈴　木　一　郎（注3）
　　　　　　　　　　　　　名古屋市北区清水五丁目2番3号
　　　　　　　　　　　　　　上記代理人　　佐　藤　太　郎　㊞
〇〇法務局〇〇出張所　御中

（注1）　持分会社が清算の方法を法定清算とした場合に、定款または社員（業務執行社員を定款で定めた場合にあっては、その社員）の過半数の同意によって清算人を定めなかったときは、解散時における業務執行社員が清算人

（法定清算人）となる（会社法647条1項）。清算人の就任の日は、通常は解散の日である。
（注2） 解散時の業務執行社員の全員が清算人となる。解散時に代表社員が登記されている場合は、その者が代表清算人となる（会社法655条4項）。
（注3） 代表清算人があるときは、「代表清算人」と記載する。
［参考］ 会社を代表する清算人の印鑑届書を提出する（商登法20条1項、商登規9条1項4号・5項（印鑑証明書付））。

2 社員による清算人の選任──法定清算の場合（持分会社共通）

【書式12-2】 登記申請書(33)──清算人選任

```
            合資会社清算人選任登記申請書
1  会社法人等番号   ○○○○-○○-○○○○○○
1  商        号   合資会社　鈴木商会
1  本        店   名古屋市中区栄二丁目5番6号
1  登 記 の 事 由   平成○年○月○日清算人の選任（注1）
1  登記すべき事項   ○県○市○町○番地（注2）
                    清　算　人　　鈴　木　一　郎
                 {清算人が2人以上のときに，代表清算人を選任した
                 場合}（注3）
                    代表清算人　　鈴　木　一　郎
1  登 録 免 許 税   金9,000円
1  添 付 書 類   清算人選任決議書　　　　　　　　　　1通
                 就任承諾書　　　　　　　　　　　　　1通
                 委任状　　　　　　　　　　　　　　　1通
上記のとおり登記の申請をする。
    平成○年○月○日
                        名古屋市中区栄二丁目5番6号
                            申　請　人　　合資会社　鈴木商会
                        ○県○市○町○番地
```

第12章 清 算

　　　　　　　　　　　　　　　　清　算　人　鈴　木　一　郎
　　　　　　　　　　　　　　　｛または代表清算人｝
　　　　　　　　　　　　　　　名古屋市北区清水五丁目2番3号
　　　　　　　　　　　　　　　　　上記代理人　佐　藤　太　郎　㊞

○○法務局○○出張所　御中

(注1)　法定清算の場合であっても、社員（業務執行社員を定款で定めた場合にあっては、その社員）の過半数をもって清算人を選任することができる（会社法647条1項3号）。

(注2)　選任された清算人の住所・氏名を記載する。代表清算人が定款または定款の定めに基づく清算人の互選によって選任された場合は、その者の氏名を記載する。

(注3)　清算持分会社は、定款または定款の定めに基づく清算人（会社法647条2項から4項までの規定により裁判所が選任したものを除く）の互選によって、清算人の中から清算持分会社を代表する清算人を定めることができる（会社法655条3項）。

［参考］　会社を代表する清算人の印鑑届書を提出する（商登法20条1項、商登規9条1項4号・5項（印鑑証明書付））。

【書式12-3】　清算人決議書

　　　　　　　　　　　決　議　書（注1）

1　当会社の清算人として次の者を選任する。
　　○県○市○町○番地
　　　鈴　木　一　郎

以上のとおり，無限責任社員の過半数をもって決定した。（注2）
　　平成○年○月○日
　　　　　　　　　　　　名古屋市中区栄二丁目5番6号
　　　　　　　　　　　　合資会社　鈴木商会
　　　　　　　　　　　　　　社　員　鈴　木　一　郎　㊞（注3）
　　　　　　　　　　　　　　社　員　佐　藤　　正　　㊞
　　　　　　　　　　　　　　社　員　鈴　木　純　一　㊞

第2節　登記手続

(注1)　本例は、法定清算をする場合に、社員によって清算人を選任する例である。清算人の員数は1人でもよい。
(注2)　清算人の選任は、社員（ただし、業務執行社員を定款で定めている場合にあっては、その社員）の過半数をもって行う（会社法647条1項3号）。なお、定款の別段の定めにより、総社員の同意をもって清算人を選任したときは、書式例中「無限責任社員の過半数」とあるのを「総社員の同意」とする。この場合には、総社員が記名押印する。
(注3)　無限責任社員の過半数以上が記名押印する。ただし、総社員の同意によって選任した場合は、無限責任社員および有限責任社員の全員が記名押印する。押すべき印鑑については制限がない。

【書式12-4】　代表清算人の選任決議書

```
                    決　議　書

1　次のとおり決定した。

　定款の定めに基づく清算人の互選によって、次の者を代表清算人とする。
（注1）
　　　代表清算人　　鈴　木　一　郎

　　平成○年○月○日
                         名古屋市中区栄二丁目5番6号
                         合資会社　鈴木商会
                            清算人　鈴　木　一　郎　㊞（注2）
                            清算人　佐　藤　　　正　㊞
```

(注1)　清算持分会社は、定款または定款の定めに基づく清算人（会社法647条2項から4項までの規定により裁判所が選任したものを除く）の互選によって、清算人の中から清算持分会社を代表する清算人を定めることができる（会社法655条3項）。
(注2)　清算人全員が記名押印する。押すべき印鑑について制限はない。

第12章 清算

【書式12-5】 清算人の就任承諾書

就任承諾書

　私は，名古屋市中区栄二丁目5番6号　合資会社　鈴木商会　の清算人に選任されたので，その就任を承諾します。(注1)

　　平成○年○月○日（注2）
　　　　　　　　　　　　　　　　○県○市○町○番地
　　　　　　　　　　　　　　　　　清算人　鈴　木　一　郎　㊞（注3）
合資会社　鈴木商会　御中

(注1)　清算人と会社との関係は委任の規定に従うので（会社法651条1項)、清算人となった者の就任承諾書を添付しなければならない（商登法99条1項3号・111条・118条)。なお、社員が清算人に選任された場合は、清算人となる義務があるから就任承諾書は要しないとする説がある（味村（下）183頁・189頁)。
(注2)　就任を承諾した日を記載する。
(注3)　就任承諾者が押すべき印鑑については、制限がない。

【書式12-6】 代表清算人の就任承諾書

就任承諾書

　私は，名古屋市中区栄二丁目5番6号　合資会社　鈴木商会　の清算人の互選によって代表清算人に選定されたので，その就任を承諾します。

　　平成○年○月○日
　　　　　　　　　　　　　　　　○県○市○町○番地
　　　　　　　　　　　　　　　　　代表清算人　鈴　木　一　郎　㊞（注）
合資会社　鈴木商会　御中

(注)　押すべき印鑑について制限はない。

3 清算人の変更（辞任・死亡による後任者の選任）

【書式12-7】　登記申請書(34)——清算人変更

合資会社清算人変更登記申請書

1　会社法人等番号　　〇〇〇〇－〇〇－〇〇〇〇〇〇
1　商　　　　　号　　合資会社　鈴木商会
1　本　　　　　店　　名古屋市中区栄二丁目5番6号
1　登 記 の 事 由　　清算人変更（注1）
1　登記すべき事項　　平成〇年〇月〇日清算人鈴木一郎　辞任｛または死亡｝
　　　　　　　　　　平成〇年〇月〇日次のとおり就任（注2）
　　　　　　　　　　　　〇県〇市〇町〇番地
　　　　　　　　　　　　　清算人　　佐　藤　　正
1　登 録 免 許 税　　金6,000円
1　添 付 書 類　　辞任届　　　　　　　　　　　　　　1通
　　　　　　　　　｛または，死亡診断書，（除）戸籍謄抄本等｝
　　　　　　　　　清算人選任決議書　　　　　　　　　1通
　　　　　　　　　就任承諾書　　　　　　　　　　　　1通
　　　　　　　　　委任状　　　　　　　　　　　　　　1通
上記のとおり登記の申請をする。
　　平成〇年〇月〇日
　　　　　　　　　　　　　　　名古屋市中区栄二丁目5番6号
　　　　　　　　　　　　　　　　　申 請 人　　合資会社　鈴木商会
　　　　　　　　　　　　　　〇県〇市〇町〇番地
　　　　　　　　　　　　　　　　　清 算 人　　佐　藤　　正（注3）
　　　　　　　　　　　　　　　名古屋市北区清水五丁目2番3号
　　　　　　　　　　　　　　　　　上記代理人　佐　藤　太　郎　㊞
〇〇法務局〇〇出張所　御中

(注1)　清算人の選任は、社員（ただし、業務執行社員を定款で定めている場合にあっては、その社員）の過半数をもって行う（会社法647条1項3号）。
(注2)　新任の清算人が就任承諾をした日、その住所・氏名を記載する。

第12章 清　算

(注3)　会社を代表する清算人が申請する。

【書式12-8】　辞任届

辞　任　届

　私は，名古屋市中区栄二丁目5番6号　合資会社　鈴木商会　の清算人に就任していましたところ，今般一身上の都合により，辞任しますのでお届します。

　　平成○年○月○日

　　　　　　　　　　　　　　　名古屋市中区栄二丁目5番6号
　　　　　　　　　　　　　　　合資会社　鈴木商会
　　　　　　　　　　　　　　　　　清算人　鈴　木　一　郎　㊞（注）

合資会社　鈴木商会　御中

(注)　押すべき印鑑については制限がない。

【書式12-9】　清算人選任書

清算人選任決議書

1　当会社の清算人　鈴木一郎は平成○年○月○日辞任したので，その後任清算人として次の者を選任する。
　　　○県○市○町○番地
　　　　佐　藤　　　正

上記のとおり，無限責任社員の過半数をもって決定しました。（注1）
　　平成○年○月○日

　　　　　　　　　　　　　　　名古屋市中区栄二丁目5番6号
　　　　　　　　　　　　　　　合資会社　鈴木商会
　　　　　　　　　　　　　　　　　社　員　佐　藤　　　正　㊞（注2）
　　　　　　　　　　　　　　　　　同　　　鈴　木　純　一　㊞

(注1)　清算人の選任は，社員（業務執行社員を定款で定めている場合にあっては，その社員）の過半数をもって行う（会社法647条1項3号）。

(注2) 押すべき印鑑については制限がない。

【書式12-10】 就任承諾書

就任承諾書

　私は，名古屋市中区栄二丁目5番6号　合資会社　鈴木商会　の清算人に選任されたので，その就任を承諾します。(注1)

　　平成○年○月○日（注2）
　　　　　　　　　　　　　　　　○県○市○町○番地
　　　　　　　　　　　　　　　　　　清算人　佐　藤　　正　㊞（注3）

合資会社　鈴木商会　御中

(注1)　清算人と会社との関係は委任の規定に従うので（会社法651条1項）、清算人となった者の就任承諾書を添付しなければならない（商登法99条1項3号・111条・118条）。
(注2)　就任を承諾した日を記載する。
(注3)　就任承諾者が押すべき印鑑については、制限がない。

第13章

清算結了

第1節　手続のポイント

I　清算事務の終了

1　任意清算の場合

　清算の方法として任意清算をすることができるのは、合名会社および合資会社に限られる。合同会社の清算の方法は、法定清算に限られている（会社法668条1項）。

　任意清算の場合においては、会社法670条の規定に基づき、債権者保護手続を終了し、定款または総社員の同意によって定めた清算持分会社の財産の処分方法に従い財産の処分を完了したときは、清算の事務が結了する。すなわち、定められた財産の処分方法に従って債務の弁済をすべて完了し、債務の引受けを社員等がする場合にはその手続が完了し、残余財産がある場合にはその分配を完了したときに清算が結了する。

　なお、合名会社・合資会社が任意清算の方法によって清算をする場合には、清算持分会社の債権者は、清算持分会社に対し、財産の処分方法について異議を述べることができるから（会社法670条1項）、清算持分会社は、解散前に任意清算の方法を定めているときは解散の日から2週間以内に、また任意清算の方法を定めていないために解散後に任意清算の方法を定めたときは、その定めの日から2週間以内に、債権者に対し異議申述の公告・催告をしなければならない。その異議申述の期間は、1カ月を下ることができないとされている（同条2項）。したがって、解散の日または任意清算による財産処分の方法を定めた日から清算結了の日までの間は、1カ月未満であってはならない。

2　法定清算の場合

　清算持分会社は、清算事務が終了したときは、遅滞なく、清算に係る計算をして、社員の承認を受けなければならない（会社法667条1項）。清算人が計算をして社員の承認を求める場合には、清算結了の財産目録および貸借対照表を作成しなければならない（同法658条、注釈会社法(1)528頁〔米沢明〕参照）。社員が1カ月以内に当該清算に係る計算について異議を述べなかったときは、清算人の職務の執行に不正の行為がない限り、社員は、当該計算の承認をしたものとみなされる（同法667条2項）。

　合同会社が解散したときは、遅滞なく、債権者に対し債権申出の公告・催告をしなければならず、その申出期間は2カ月を下ることができないとされている（会社法660条1項）。したがって、解散の日から清算結了の日までの間は2カ月未満であってはならない。これに対し合名会社または合資会社については、債権者に対する債権申出の公告・催告の制度はない。

II　清算結了登記と清算事務の未了

　清算が結了したことによって会社の法人格は消滅する。しかし、清算結了の登記には会社設立の登記と異なり創設的効力がない（会社は、本店所在地において設立の登記をすることにより成立する（会社法49条・579条））。したがって、清算結了の登記をしても清算事務がまだ未了で会社財産が残っていたり、債務の弁済が完了していないような場合は法人格は消滅しない（通説。長野地裁飯田支判昭33・8・30下民集9巻8号1717頁、株式会社の事案につき下記［判例③］［判例④］）。

［判例③］大判大5・3・17民録22輯364頁
　株式会社の清算結了したる旨の登記存する場合と雖も実際清算結了したるに非さるときは其登記は実体上効力を生することなし故に若し其登記ありたるに拘らす実際会社の財産に属する債権残存するに於ては清算結了の実なきを以て

会社は未だ絶対に消滅したるものと謂ふことを得ず。

[判例④] 大阪高判平元・2・22判時1327号27頁
　清算の結了により株式会社の法人格が消滅したというためには、商法430条1項、124条所定の清算事務が終了しただけでは足りず、清算人が決算報告書を作成してこれを株主総会に提出し、その承認を得ることを要するものであり（略）、清算事務が終了しただけでは清算が結了しないのであるから、仮に残余財産を株主に分配し、全株主にこれを引渡し終った時に清算事務が終了すると仮定しても、それだけでは、清算が終了し、株式会社の法人格が消滅するものではない。

第2節　登記手続

I　申請期間

　合名会社および合資会社の清算が結了したときは、任意清算の場合には財産の処分を完了した日、法定清算の場合には清算に係る計算について社員の承認を受けた日から、2週間以内に、その本店の所在地において、清算結了の登記をしなければならない（会社法929条2号）。

　合同会社の清算が結了したときは、清算に係る計算について社員の承認を受けた日から、2週間以内に、その本店の所在地において、清算結了の登記をしなければならない（会社法929条3号）。

II　添付書類

1　任意清算の場合

　任意清算の結了の登記申請書には、次の書面を添付する。
　① 会社財産の処分が完了したことを証する書面　　この書面は、定款ま

たは総社員の同意によって定めた会社財産の処分方法に従い会社財産の処分が完了したことを記載した書面であって、総社員によって作成されたものであることを要する（商登法102条、会社法668条1項）。
② 委任状　登記の申請を代理人によって行う場合に添付する（商登法18条）。

2　法定清算の場合

法定清算の結了の登記申請書には、次の書面を添付する。
① 清算に係る計算の承認があったことを証する書面　清算持分会社は、清算事務が終了したときは、遅滞なく、清算に係る計算をして、社員の承認を受けることを要する（会社法667条1項）。この承認を受けた書面（清算に係る計算の承認があったことを証する書面）を登記申請書に添付しなければならない（商登法102条）。

　なお、清算に係る計算についての承認を求めるためには、清算結了の貸借対照表を作成しなければならない（基本法コンメンタール98頁〔青竹正一〕、注釈会社法(1)528頁〔米沢明〕）。会社法は、この点につき特に規定していないが、清算人が就任したときは、財産目録および貸借対照表を作成し各社員にその内容を通知する義務があるから（会社法658条1項）、清算結了の計算書には貸借対照表も添付すべきである。
② 委任状　登記の申請を代理人によって行う場合に添付する（商登法18条）。

第13章 清算結了

III 登記申請書

1 任意清算による清算結了（合名会社・合資会社）

【書式13-1】 登記申請書(35)——任意清算による清算結了

```
               合資会社清算結了登記申請書（注1）
1  会社法人等番号    ○○○○－○○－○○○○○○
1  商        号    合資会社　鈴木商会
1  本        店    名古屋市中区栄二丁目5番6号
1  登 記 の 事 由    清算結了
1  登記すべき事項    平成○年○月○日清算結了（注2）
1  登 録 免 許 税    金2,000円
1  添 付 書 類     会社財産の処分が完了したことを証する書面    1通
       （注3）    委任状                                1通
上記のとおり登記の申請をする。
　　平成○年○月○日
                      名古屋市中区栄二丁目5番6号
                          申　請　人　　合資会社　鈴木商会
                      名古屋市東区葵三丁目6番7号
                          代 表 社 員　　鈴　木　一　郎（注4）
                          ｛または，無限責任社員｝
                      名古屋市北区清水五丁目2番3号
                          上記代理人　　佐　藤　太　郎　㊞
○○法務局○○出張所　御中
```

(注1) 本書式例は、任意清算による清算結了の場合である。
(注2) 会社財産の処分がすべて完了した日を記載する。
　　　なお、合名会社・合資会社は、解散決議の日から2週間以内に、会社債権者に対して1カ月を下らない一定の期間を定めて異議申述催告の官報公告をなし、かつ、知れたる債権者には各別に催告をしなければならない（会社法670条2項）。したがって、清算結了の日は解散の日から1カ月未満であってはならない。

(注3)　詳細はⅡ1参照。
(注4)　任意清算の場合は清算人が選任されない。清算結了の登記申請時に会社を代表する社員が申請人となる。

【書式13-2】　清算結了書

清算結了書

1　当会社は，平成○年○月○日総社員の同意により解散し，任意清算を実行し，会社法670条2項の規定により公告及び催告をしたが，その異議申述催告期間内に債権者からの申出はなく，別紙のとおり清算が結了した。(注1)

　　平成○年○月○日（注2）

　　　　　　　　　　名古屋市中区栄二丁目5番6号
　　　　　　　　　　　合資会社　鈴木商会
　　　　　　　　　　　　　社　員　　鈴　木　一　郎　㊞（注3）
　　　　　　　　　　　　　社　員　　佐　藤　　　正　㊞
　　　　　　　　　　　　　社　員　　鈴　木　純　一　㊞

(注1)　合名会社・合資会社は、解散決議の日から2週間以内に、会社債権者に対して1カ月を下らない一定の期間を定めて異議申述催告の官報公告をなし、かつ、知れたる債権者には各別に催告をしなければならない（会社法670条2項）。
(注2)　会社財産の処分をすべて完了した日を記載する。この日付は（注1）の異議申述催告期間の満了日より後となる。
(注3)　この書面は、総社員（無限責任社員および有限責任社員の全員）によって作成される必要がある（商登法102条）。したがって、総社員が記名押印する。押すべき印鑑については制限がない。

第13章　清算結了

（別紙）

```
                    財産処分計算書

    残余財産
        現金　金100万円

    上記財産を次のとおり処分した。
      各社員の出資額に応じて、これを分配した。
```

（注）　清算結了書とこの計算書とを、総社員の印鑑で契印する。

2　法定清算による清算結了（持分会社共通）

【書式13-3】　登記申請書(36)――法定清算による清算結了

```
              合資会社清算結了登記申請書

  1  会社法人等番号    ○○○○－○○－○○○○○○
  1  商　　　　号     合資会社　鈴木商会
  1  本　　　　店     名古屋市中区栄二丁目5番6号
  1  登 記 の 事 由   清算結了
  1  登記すべき事項    平成○年○月○日清算結了（注1）
  1  登 記 免 許 税   金2,000円
  1  添 付 書 類     清算人が計算の承認を得たことを証する書面　1通
        （注2）      委任状                            1通
  上記のとおり登記の申請をする。
        平成○年○月○日
                         名古屋市中区栄二丁目5番6号
                             申　請　人　　合資会社　鈴木商会
                         名古屋市東区葵三丁目6番7号
                             清　算　人　　鈴　木　一　郎（注3）
                         {または，代表清算人}
                         名古屋市北区清水五丁目2番3号
                             上記代理人　　佐　藤　太　郎　㊞
```

○○法務省○○出張所　御中

(注1)　法定清算の場合、清算人の任務が終了したときは、遅滞なく、清算に係る計算をして、社員の承認を求めなければならない（会社法667条1項）。日付は、この承認を得た日を記載する。
(注2)　詳細はⅡ2参照。
(注3)　会社を代表すべき清算人が申請人となる。

【書式13-4】　清算結了承認書（清算人が計算の承認を得たことを証する書面）

清算結了承認書

当会社の清算は，別紙計算書のとおり結了したことを承認する。
　平成○年○月○日（注1）
　　　　　　　　　　名古屋市中区栄二丁目5番6号
　　　　　　　　　　合資会社　鈴木商会
　　　　　　　　　　　社　員　鈴　木　一　郎　㊞（注2）
　　　　　　　　　　　社　員　佐　藤　　　正　㊞
　　　　　　　　　　　社　員　鈴　木　純　一　㊞

(注1)　日付は、清算事務がすべて結了し、社員の承認があった日を記載する。
(注2)　清算人が作成した清算結了の計算書は、社員の承認を得なければならない（会社法667条1項、商登法102条）。したがって、全社員の記名押印を要する。押すべき印鑑については制限がない。

（別紙）

計　算　書

最終の貸借対照表
（貸方）	（借方）
○○円	○○円
○○円	○○円
合計○○円	合計○○円

第13章　清算結了

財産目録

（資産の部）	（負債の部）
○○円	○○円
○○円	○○円
合計○○円	合計○○円

1　借入金　金○○円　平成○年○月○日返済
1　買掛金　金○○円　平成○年○月○日返済
1　売掛金　金○○円　平成○年○月○日取立済
1　什器一切を金○○円也と評価し，何某に売却
　　差引　金○○円　残余財産

上記の残余財産は，次のとおり処分する。
　　清算費用　金○○円也
　以上を控除した残余金は，各社員の出資額に応じて分配する。
　平成○年○月○日
　　　　　　　　　　　　　合資会社　鈴木商会
　　　　　　　　　　　　　清算人　鈴　木　一　郎　㊞（注）

（注）　押すべき印鑑についての制限はないが、清算人が法務局に提出している印鑑を押すべきであろう。

第14章

会社継続

第1節　手続のポイント

I　会社の継続とは

　会社の継続とは、解散した会社が解散前の状態に復帰することをいう。継続した会社は、解散前の会社と同一の法人格を有し、完全な権利能力を回復する。継続した会社は、解散前・継続後を通じてその同一性を維持しているから、権利義務の承継という問題は生じない。

　旧商法における会社継続の規定は、存立時期の満了・その他定款で定めた事由が発生した場合に継続できるという一般的な規定（旧商法95条）と、解散の登記後でも継続できるという規定（旧商法97条）とがなされていた（合資会社の場合は旧商法147条で準用していた）が、いつまで継続できるかという時期的な明文がおかれていなかった。会社法では、会社継続の規定は642条の1つにまとめられ、継続できる時期も「清算が結了するまで」と明文化された。

II　会社の継続ができる場合

　持分会社は、以下の①から③までに掲げる事由によって解散した場合には、清算が結了（会社法667条）するまで、社員の全部または一部の同意によって、持分会社を継続することができる（同法642条1項）。

　① 　定款で定めた存続期間の満了
　② 　定款で定めた解散の事由の発生
　③ 　総社員の同意

　なお、持分会社を継続することについて同意しなかった社員は、持分会社が継続することとなった日に、退社する。この場合においては、持分会社は、当該社員が退社した時に、当該社員に係る定款の定めを廃止する定款の変更

をしたものとみなされる。退社した社員は、その出資の種類を問わず、その持分の払戻しを受けることができる（会社法642条2項・610条・611条1項）。

第2節　登記手続

I　申請期間

社員の全部または一部の同意によって持分会社を継続したときは、2週間以内に、その本店の所在地において、継続の登記をしなければならない（会社法927条。下記［先例⑯］参照）。

> ［先例⑯］昭15・4・17民甲第476号民事局長通達
> 　（照会）（略）商法97条ノ会社継続登記期間ハ同法第95条中ノ第1項ノ同意同第2項ノ加入ノ時ヨリ起算スヘキヤ。
> 　（決議）　継続決議ノ時ヨリ起算スヘキモノトス。

II　会社継続の登記の方法

　会社継続の登記の申請は、次の手順によって行う。会社の解散後に会社を継続した場合に、解散の登記をしていないときは、①解散の登記をし、②法定清算の手続によって清算手続を行っていたときは清算人就任の登記をし、③その後に、継続の登記をする（［先例⑬］（225頁）、昭42・9・29民甲第2411号民事局長回答参照）。
　なお、合名会社・合資会社の場合には、清算人（法定清算）の登記をしているときは、登記官の職権で代表社員の登記が抹消されているので（商登規86条1項・90条）、代表社員を選任したときは、この登記も申請する必要がある（［先例⑰］（302頁）参照）。
　また、合同会社の場合には、会社法641条（5号および6号を除く）の規定による解散の登記をしたときは、登記官の職権で業務執行社員および代表社

員に関する登記が抹消されているので（商登規91条1項）、業務執行社員の登記と、代表社員を定めたときはその登記を申請しなければならない。

> ［先例⑰］昭39・11・9民四第364号民事局第四課長回答
> 　（要旨）　継続に際しての代表社員の登記は、定款に代表社員の定めがある場合でも申請による。
> 　（照会）　定款に代表社員の定めがなされている合資会社の継続の登記申請があったときは代表社員の記載は職権によるべきでしょうか。（略）
> 　（回答）　申請によるのが相当である。

III　添付書類

会社の継続登記の申請書には、次の書面を添付する。

1　総社員の同意によって会社を継続した場合

以下の書面を添付する。

① 　総社員の同意書（商登法93条・111条・181条）
② 　委任状　　代理人が申請する場合に添付する（商登法18条）。

2　社員の一部の同意をもって会社を継続した場合

以下の書面を添付する。

① 　ある社員の同意（一致）があったことを証する書面（商登法93条・111条・118条）　　会社継続について同意しなかった社員は、退社したものとみなされるから（会社法642条2項）、この者については退社の登記をすることになる。この場合、社員の退社を証する書面は、会社継続を決議した「ある社員の同意（一致）があったことを証する書面」で足りる（味村（下）195頁）。
② 　委任状　　代理人が申請する場合に添付する（商登法18条）。

3 継続会社における代表社員または共同代表者を定めた場合

以下の書面を添付する。
① 定款　　定款の定めに基づく業務執行社員の互選で代表社員を定めたときは、その書面（商登法93条・111条・118条、商登規82条・90条・92条）。
② 委任状　　代理人が申請する場合に添付する（商登法18条）。

4 会社設立の無効または取消しの判決が確定した場合において会社を継続した場合

以下の書面を添付する。
① 判決の謄本（商登法103条・111条・118条）　　持分会社について設立の無効または取消しの判決が確定した場合において、その無効または取消しの原因が、ある社員のみについて存するときは、他の社員の一致をもって会社を継続できる。継続登記の申請書には判決の謄本を添付する。無効または取消しの原因が存する社員は、退社したものとみなされる（会社法845条）。
② 委任状　　代理人が申請する場合に添付する（商登法18条）。

Ⅳ　登記申請書

以下の書式例は、持分会社共通のものである。

【書式14-1】　登記申請書(37)――会社継続

合資会社継続登記申請書

1　会社法人等番号　　〇〇〇〇－〇〇－〇〇〇〇〇〇
1　商　　　　号　　　合資会社　鈴木商会

第14章　会社継続

```
1  本        店    名古屋市中区栄二丁目5番6号
1  登 記 の 事 由    会社継続（注1）
1  登記すべき事項    平成○年○月○日会社継続（注2）
1  登 録 免 許 税    金30,000円
1  添 付 書 類     継続決議書（同意書）              1通
      （注3）      委任状                       1通
上記のとおり登記の申請をする。
     平成○年○月○日
                   名古屋市中区栄二丁目5番6号
                       申 請 人   合資会社　鈴木商会
                   名古屋市東区葵三丁目6番7号
                       代 表 社 員   鈴 木 一 郎（注4）
                   名古屋市北区清水五丁目2番3号
                       上記代理人   佐 藤 太 郎　㊞
○○法務局○○出張所　御中
```

(注1)　解散の事由が、①総社員の同意、②存続期間の満了、③その他定款に定めた事由の発生による場合は、総社員の同意または一部の同意をもって会社を継続することができる（会社法642条1項）。

(注2)　会社継続の決議をした日を記載する。

(注3)　会社を継続することにつき、総社員の同意書またはある社員の一致を証する書面を添付する。詳細についてはⅢ1・2参照。

(注4)　継続後の会社を代表する者から申請する。

［備考］

① 解散後に会社継続の決議をしたが、まだ解散の登記をしていない場合は、まず解散登記をし、法定清算手続のときは法定清算人の就任もしくは清算人選任の登記をしたうえで、継続の登記をする（［先例⑬］（225頁）参照）。

② 継続について同意しない社員は、退社したものとみなされる（会社法642条2項）。したがって、別に退社の登記をしなければならない。

③ 存立時期満了により解散した後に会社を継続するときは、存続期間（廃止または延長）の登記を別にしなければならない。

④ 代表社員に関する登記等が職権で抹消されている場合の取扱いについては第2節Ⅱを参照。

【書式14-2】 継続決議書（同意書）

継続決議書（注1）

　会社を継続するため，総社員｛または，社員の一部｝の同意をもって次のとおり決議する。（注2）
1　当会社は，平成○年○月○日総社員の同意｛または，存立時期満了，定款に定めた事由の発生｝により解散したが，総社員｛または，社員の一部何某・何某｝の同意により会社を継続する。
1　上記に定めた事項のほかは，従前の定款のとおりとする。

上記のとおり決議し，各社員は次に記名押印する。
　　平成○年○月○日（注3）
　　　　　　　　　　　　名古屋市中区栄二丁目5番6号
　　　　　　　　　　　　合資会社　鈴木商会
　　　　　　　　　　　　　　社　員　　鈴　木　一　郎　㊞（注4）
　　　　　　　　　　　　　　社　員　　佐　藤　　　正　㊞
　　　　　　　　　　　　　　社　員　　鈴　木　純　一　㊞

（注1）　この書面の表題は「同意書」でもよい。
（注2）　解散事由が、総社員の同意、存続期間の満了その他定款に定めた事由の発生による場合は、総社員の同意または一部の同意をもって会社を継続することができる（会社法642条2項）。
（注3）　継続の決議をした日を記載する。
（注4）　本例は、総社員（無限責任社員および有限責任社員の全員）の同意により継続の決議をした例である。押すべき印鑑については制限がない。

第15章

組織変更

第15章　組織変更

第1節　手続のポイント

I　組織変更と持分会社の種類の変更

　旧商法および旧有限会社法では、物的会社（株式会社・有限会社）間または人的会社（合名会社・合資会社）間においてのみ組織変更が認められ、物的会社と人的会社との間では、組織変更をすることが認められていなかった（旧有限会社法64条・67条）。また、合名会社と合資会社との間の会社の種類の変更は、組織の変更として位置づけられていた（旧商法113条・163条）。

　これに対して会社法では、物的会社（株式会社）が組織を変更して人的会社（持分会社）になること、および人的会社（持分会社）が組織を変更して物的会社（株式会社）になることを認めた。すなわち組織変更とは、①株式会社がその組織を変更することにより、合名会社、合資会社もしくは合同会社になること、または、②合名会社、合資会社もしくは合同会社がその組織を変更することにより、株式会社になることをいう（会社法2条26号）。

〈図26〉　組織変更・持分会社の種類の変更

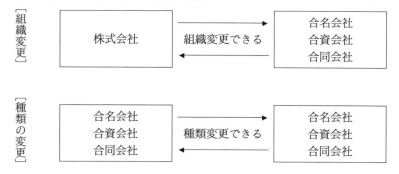

また、会社法は、持分会社間における会社の種類の変更という概念を新たに導入し、持分会社は定款を変更して他の種類の持分会社となることができる制度を設けた（会社法638条）。定款を変更することにより、他の種類の持分会社になることができるという種類の変更の制度は、社員の有限責任・無限責任という責任状況に会社の種類をあわせるという制度にすぎないとされる（新会社法の解説24頁）[27]。会社の種類の変更は持分会社の間でのみ認められるものであり、持分会社を株式会社または株式会社を持分会社とすることは組織変更となる。

II　組織変更計画の作成

1　組織変更計画とは

持分会社は、その組織を変更して株式会社となることができる。この場合においては、組織変更計画を作成しなければならない（会社法743条）。組織変更計画とは、組織変更後の会社の商号、目的、機関、組織変更前の社員に割り当てる組織変更後の株式に関する事項等、組織変更に伴う金銭の交付・算定方法等の主要事項および組織変更後の会社の概要を示すものである。なお、「組織変更計画書」といわないのは、組織変更計画は書面をもって作成される場合のほか、電磁的方法（CD・DVD等）により記録される場合もあるからである。

2　組織変更計画で定める事項

持分会社が株式会社に組織変更をする場合には、持分会社は、組織変更計

---

[27] たとえば、合名会社は有限責任社員を1名加入させる定款変更をして合資会社になることができる。また合名会社および合資会社は、その社員の全部を有限責任社員とする定款変更をして合同会社となることができる。

画において、次に掲げる事項を定めなければならない（会社法746条）。

① 組織変更後の株式会社（「組織変更後株式会社」という）の目的、商号、本店の所在地および発行可能株式総数
② ①のほか、組織変更後株式会社の定款で定める事項
③ 組織変更後株式会社の取締役の氏名
④ 次の区分に応じて定める事項
　ⓐ 組織変更後株式会社が会計参与設置会社である場合　組織変更後株式会社の会計参与の氏名または名称
　ⓑ 組織変更後株式会社が監査役設置会社（監査役の監査の範囲を会計に関するものに限定する旨の定款の定めがある株式会社を含む）である場合　組織変更後株式会社の監査役の氏名
　ⓒ 組織変更後株式会社が会計監査人設置会社である場合　組織変更後株式会社の会計監査人の氏名または名称
⑤ 組織変更をする持分会社の社員が、組織変更に際して取得する組織変更後株式会社の株式の数（種類株式発行会社にあっては、株式の種類および種類ごとの数）、またはその数の算定方法
⑥ 組織変更をする持分会社の社員に対する⑤の株式の割当てに関する事項
⑦ 組織変更後株式会社が組織変更に際して組織変更をする持分会社の社員に対してその持分に代わる金銭等（組織変更後株式会社の株式を除く）を交付するときは、当該金銭等についての次に掲げる事項[28]
　ⓐ 当該金銭等が組織変更後株式会社の社債（新株予約権付社債についてのものを除く）であるときは、当該社債の種類および種類ごとの各社債の金額の合計額またはその算定方法

---

[28] 金銭等とは、金銭その他の財産をいう（会社法151条）。「その他の財産」の例としては、社債、新株予約権、新株予約権付社債等がある（同法746条7号参照）。

ⓑ 当該金銭等が組織変更後株式会社の新株予約権（新株予約権付社債に付されたものを除く）であるときは、当該新株予約権の内容および数またはその算定方法

ⓒ 当該金銭等が組織変更後株式会社の新株予約権付社債であるときは、当該新株予約権付社債についてのⓐに規定する事項および当該新株予約権付社債に付された新株予約権についてのⓑに規定する事項

ⓓ 当該金銭等が組織変更後株式会社の社債等（社債および新株予約権をいう）以外の財産であるときは、当該財産の内容および数もしくは額またはこれらの算定方法

⑧ ⑦の場合には、組織変更をする持分会社の社員に対する金銭等の割当てに関する事項

⑨ 組織変更がその効力を生ずる日（以下、「効力発生日」という）

III 債権者保護手続・組織変更の効力発生等

1 総社員の同意

　組織変更をする持分会社は、組織変更計画で定めた組織変更の効力発生日の前日までに、定款に別段の定めがある場合を除き、組織変更計画について持分会社の総社員の同意を得なければならない（会社法781条1項）。

2 債権者保護手続

(1) 官報公告・個別催告

　組織変更をする持分会社の債権者は、当該持分会社に対し、組織変更について異議を述べることができるので、組織変更をする持分会社は、①組織変更をする旨および②債権者が一定の期間（1カ月を下らない期間）内に異議を述べることができる旨を、官報に公告し、かつ、知れている債権者には各別に催告をしなければならない。ただし、組織変更をする持分会社（合同会

社に限る）が、公告を、官報のほか、定款で定める公告方法（時事に関する事項を掲載する日刊新聞紙または電子公告。会社法939条1項2号・3号）に従い公告するときは、知れている債権者に対する各別の催告は不要である（同法781条2項・779条）。合名会社・合資会社は、知れている債権者に対する各別の催告を省略することができない。

(2) 債権者の異議

　債権者が上記の異議申述期間内に異議を述べなかったときは、当該債権者は組織変更について承認をしたものとみなされる。債権者が異議申述期間内に異議を述べたときは、組織変更をする持分会社は、当該債権者に対し、弁済し、もしくは相当の担保を提供し、または当該債権者に弁済を受けさせることを目的として信託会社等に相当の財産を信託しなければならない。ただし、当該組織変更をしても当該債権者を害するおそれがないときは、弁済、担保の提供または信託をすることを要しない。

　「債権者を害するおそれがないとき」とは、持分会社が組織変更につき異議を述べた債権者の債権につきすでに十分な被担保債権額を有する抵当権を設定している場合が該当する。また、組織変更に異議を述べた債権者が有する債権について、その債権額、弁済期、担保の有無、持分会社の資産状況、営業実績等を具体的に摘示して、その債権者を害するおそれがないことを持分会社の代表者が証明した場合もこれに該当する（平9・9・19民四第1709号民事局長通達）。

3　組織変更の効力発生等

(1) 効力発生日

　組織変更をする持分会社は、組織変更計画で定めた効力発生日に、株式会社となる（会社法747条1項）。なお、組織変更をする持分会社は、効力発生日を変更することができる。この場合には、組織変更をする持分会社は、変更前の効力発生日（変更後の効力発生日が変更前の効力発生日前の日である場合にあっては、当該変更後の効力発生日）の前日までに、変更後の効力発生日を

公告しなければならない（同法781条2項・780条1項・2項）。この公告は、定款で定める公告方法による。定款で公告方法を定めていない場合は、官報に掲載する方法によって行う（同法939条1項・4項参照）。

組織変更の効力発生日を変更したときは、変更後の効力発生日を効力発生日とみなして、会社法第5章第1節（組織変更の手続）第1款（株式会社の手続）および745条の規定が適用される（会社法781条2項・780条3項）。

なお、債権者保護手続（前記2）が終了していない場合または組織変更を中止した場合には、組織変更の効力は生じないので、次の(2)の効果は発生しない（会社法747条5項）。

(2) 効力発生の効果

持分会社が株式会社に組織変更した場合には、組織変更の効力発生日に次の効果が生じる（会社法747条2項・3項・4項）。

① 組織変更をする持分会社は、効力発生日に、組織変更計画において定めた組織変更後株式会社の目的・商号・本店の所在地、発行可能株式総数（会社法746条1号）および、これ以外に組織変更後株式会社の定款で定める事項（同条2号）についての定めに従い、当該事項に係る定款の変更をしたものとみなされる（同法747条2項）。

② 組織変更をする持分会社の社員は、効力発生日に、組織変更計画において定めた株式の割当てに関する事項についての定めに従い、組織変更後株式会社の株式の株主となる（会社法747条3項）。

③ 組織変更をする持分会社の社員は、組織変更計画において社債等を割り当てるものと定められているときは、効力発生日に、組織変更計画において定められている割当てに関する事項についての定め（会社法746条8号）に従い、次に定める者となる（同法747条4項）。

　ⓐ 持分会社の社員に対してその持分に代わって交付する金銭等が、組織変更後株式会社の社債（新株予約権付社債についてのものを除く）である場合　　組織変更後株式会社の社債の社債権者

　ⓑ 持分会社の社員に対してその持分に代わって交付する金銭等が、組

織変更後株式会社の新株予約権（新株予約権付社債に付されたものを除く）である場合　組織変更後株式会社の新株予約権の新株予約権者
ⓒ　持分会社の社員に対してその持分に代わって交付する金銭等が、組織変更後株式会社の新株予約権付社債である場合　組織変更後株式会社の新株予約権付社債についての社債の社債権者および新株予約権付社債に付された新株予約権の新株予約権者

第2節　登記手続

I　申請期間等

1　申請期間

　持分会社が株式会社に組織変更したときは、本店の所在地においては2週間以内に、支店の所在地においては3週間以内に、組織変更前の会社については解散の登記をし、組織変更後の会社については設立の登記をしなければならない（会社法920条・932条）。
　持分会社が組織変更をした場合の持分会社の解散の登記と、組織変更後の株式会社についての設立登記の申請とは同時にしなければならず、いずれかにつき商業登記法24条各号のいずれかに該当する却下事由があるときは、共に却下される（商登法78条・107条2項・114条・123条）。

2　登記すべき事項

　組織変更後の株式会社の設立登記の登記すべき事項は、一般の設立の登記と同一の事項のほか、会社成立の年月日、組織変更前の会社の商号並びに組織変更をした旨およびその年月日である（商登法76条・107条2項・114条・123条）。組織変更前の持分会社の解散登記の登記すべき事項は、解散の旨並びにその事由および年月日である（同法71条1項・107条2項・114条・123条）。

II　添付書類

1　株式会社についてする設立の登記

　持分会社が株式会社に組織変更をした場合における本店の所在地における株式会社の設立登記の申請書には、次の書面を添付しなければならない（商登法107条1項・114条・123条）。

① 　組織変更計画書　　効力発生日の変更があった場合には、社員の過半数の一致があったことを証する書面も添付しなければならない（商登法93条・111条・118条）。
② 　定款　　公証人の認証を要しない。
③ 　総社員の同意があったことを証する書面（商登法93条・111条・118条）
④ 　代表取締役の選定に関する書面　　取締役会設置会社の場合は取締役会議事録、定款の定めに基づく取締役の互選を証する書面等が該当する（これらによる選定は、組織変更の効力発生後にする必要がある）。
⑤ 　組織変更後株式会社の取締役（監査役設置会社にあっては、取締役および監査役）、代表取締役が就任を承諾したことを証する書面
⑥ 　組織変更後株式会社の会計参与または会計監査人を定めたときは、次に掲げる書面
　　ⓐ　就任を承諾したことを証する書面
　　ⓑ　これらの者が法人であるときは、当該法人の登記事項証明書
　　ⓒ　これらの者が法人でないときは、会社法333条1項または337条1項に規定する資格者であることを証する書面
⑦ 　株主名簿管理人をおいたときは、その者との契約を証する書面
⑧ 　債権者保護手続関係書面　　会社法781条2項において準用する同法779条2項（債権者の異議。2号を除く）の規定による公告および催告をしたこと並びに異議を述べた債権者があるときは、当該債権者に対し弁済しもしくは相当の担保を提供しもしくは当該債権者に弁済を受けさせ

ることを目的として相当の財産を信託したこと、または当該組織変更をしても当該債権者を害するおそれがないことを証する書面が該当する。なお、合名会社または合資会社の組織変更にあっては、各別の催告をしたことを証する書面を省略することはできない。

⑨　合名会社または合資会社の組織変更にあっては、資本金の額が会社法および会社計算規則の規定に従って計上されたことを証する書面（商登規61条9項）　合同会社の組織変更の場合には、登記簿から組織変更の直前の合同会社の資本金の額を確認することができるため、添付を要しない（平18・3・31民商第782号民事局長通達）。

⑩　委任状　代理人によって登記の申請をする場合に添付する（商登法18条）。

2　持分会社についてする解散の登記

添付書面は、要しない。代理人によって登記の申請をする場合でも、委任状の添付を要しない（商登法78条2項・107条2項・114条・123条）。

III　登録免許税

1　株式会社についてする設立の登記

本店の所在地における株式会社の設立登記の登録免許税額は、申請1件につき資本金の額の1000分の1.5（組織変更の直前における資本金の額として財務省令で定めるものを超える資本金の額に対応する部分については、1000分の7。ただし、これによって計算した税額が3万円に満たないときは、3万円）である（登録免許税法別表第一・24㈠ホ）。

支店の所在地における登記の登録免許税額は、申請1件につき9000円である（登録免許税法別表第一・24㈡イ）。

2 持分会社についてする解散の登記

持分会社の解散登記の登録免許税額は、申請1件につき、本店の所在地においては3万円、支店の所在地においては9000円である（登録免許税法別表第一・24(一)レ、(二)イ）。

IV 登記申請書

1 組織変更による株式会社の設立（持分会社共通）

【書式15-1】 登記申請書(38)——組織変更による株式会社設立

合資会社の組織変更による株式会社の設立登記申請書（注1）

1 会社法人等番号	○○○○-○○-○○○○○○	
1 商　　　　号	株式会社　平成商会	
1 本　　　　店	名古屋市中区栄二丁目5番6号	
1 登 記 の 事 由	組織変更による設立	
1 登記すべき事項	別添FDのとおり	
1 課税標準金額	金○○万円（注2）	
1 登 録 免 許 税	金○○円（注3）	
1 添 付 書 類（注4）	組織変更計画書	1通
	総社員の同意書	1通
	定款	1通
	取締役の就任承諾書	○通
	代表取締役の選定を証する書面	1通
	代表取締役の就任承諾書	1通
	監査役の就任承諾書	1通
	債権者保護手続を行ったことを証する書面	○通
	資本金の額が会社法及び会社計算規則の規定により計上されたことを証する書面	1通

上記のとおり登記の申請をする。

第15章　組織変更

```
　　　平成○年○月○日
　　　　　　　　　　　　　　　名古屋市中区栄二丁目5番6号（注5）
　　　　　　　　　　　　　　　　申　請　人　　株式会社　平成商会
　　　　　　　　　　　　　　　名古屋市東区葵三丁目6番7号
　　　　　　　　　　　　　　　　　代表取締役　　鈴　木　一　郎
　　　　　　　　　　　　　　　名古屋市北区清水五丁目2番3号
　　　　　　　　　　　　　　　　　上記代理人　　佐　藤　太　郎　㊞
○○法務局○○出張所　御中
```

（注1）　この設立の登記申請書は、組織変更による合資会社の解散の登記申請書と同時に申請しなければならない（会社法78条1項・107条2項・114条・123条）。
（注2）（注3）　Ⅲ1を参照。
（注4）　添付書面については、Ⅱ1を参照。
（注5）　組織変更による設立後の株式会社が申請人となる。
[参考]　代表取締役の印鑑届書を提出する（商登法20条）。

【書式15-2】　登記すべき事項の入力例（注）

```
「商号」株式会社平成商会
「本店」名古屋市中区栄二丁目5番6号
「公告をする方法」官報に掲載してする
「会社成立の年月日」昭和○年○月○日
「目的」
1　○○の製造
1　○○の販売
1　上記各号に附帯する一切の事業
「発行可能株式総数」○○株
「発行済株式の総数」○○株
「資本金の額」金○○万円
「株式の譲渡制限に関する規定」
当会社の株式は，当会社の承認がなければ譲渡することができない。
「株券を発行する旨の定め」
当会社は株券を発行する。
```

「役員に関する事項」
「資格」取締役
「氏名」鈴木一郎
「役員に関する事項」
「資格」取締役
「氏名」○○○○
「役員に関する事項」
「資格」代表取締役
「住所」名古屋市東区葵三丁目6番7号
「氏名」鈴木一郎
「役員に関する事項」
「資格」監査役
「氏名」○○○○
「監査役設置会社に関する事項」
監査役設置会社
「登記記録に関する事項」
平成○年○月○日合資会社平成商会を組織変更し設立

(注) 設立した株式会社の機関設置の状態に応じて入力する。

【書式15-3】 総社員の同意書

同　意　書

1　株式会社へ組織変更するに際して，会社法第746条の規定に基づいて作成した別紙組織変更計画書について同意する。

　　平成○年○月○日

　　　　　　　　　　　合資会社　平成商会
　　　　　　　　　　　　社　員　鈴　木　一　郎　㊞ (注)
　　　　　　　　　　　　社　員　○　○　○　○　㊞

(注) 組織変更をする持分会社は、効力発生日の前日までに、定款に別段の定めがあるときを除き、組織変更計画について当該持分会社の総社員の同意を得なければならない（会社法781条1項）。定款に別段の定めがないときは、総

第15章 組織変更

社員が記名押印する。押すべき印鑑については制限がない。

【書式15-4】 資本金の額の計上に関する証明書

資本金の額の計上に関する証明書

　組織変更によって設立する株式会社の資本金の額を次のとおり計上する。
　　資本金の額　金〇〇万円

　上記のとおり資本金〇〇万円は，会社法第615条及び会社計算規則第34条第1号の規定に従って計上されたことに相違ありません。
　　平成〇年〇月〇日
　　　　　　　　　　　株式会社　平成商会
　　　　　　　　　　　　　代表取締役　鈴　木　一　郎　㊞（注）

（注）　印鑑は法務局への届出印を押す。

2　組織変更による持分会社の解散の登記申請書

【書式15-5】　登記申請書(39)──組織変更による持分会社解散

組織変更による合資会社解散登記申請書（注1）

1　会社法人等番号　　〇〇〇〇-〇〇-〇〇〇〇〇〇
1　商　　　　号　　　合資会社　平成商会
1　本　　　　店　　　名古屋市中区栄二丁目5番6号
1　登記の事由　　　　組織変更による解散
1　登記すべき事項　　平成〇年〇月〇日名古屋市中区栄二丁目5番6号
　　　　　　　　　　株式会社平成商会に組織変更したことにより解散
1　登録免許税　　　　金〇〇円（注2）
上記のとおり登記の申請をする。
　　平成〇年〇月〇日
　　　　　　　　　　　　　　　名古屋市中区栄二丁目5番6号（注3）
　　　　　　　　　　　　　　　申　請　人　株式会社　平成商会

　　　　　　　　　　　名古屋市東区葵三丁目6番7号
　　　　　　　　　　　　　代表取締役　鈴　木　一　郎
　　　　　　　　　　　名古屋市北区清水五丁目2番3号
　　　　　　　　　　　　　上記代理人　佐　藤　太　郎　㊞
○○法務局○○出張所　御中

（注1）　この解散の登記申請書は、組織変更による株式会社の設立登記申請書と同時に提出する。委任状を含めて添付書面はない。
（注2）　Ⅲ1を参照。
（注3）　組織変更による設立後の株式会社が申請人となる。

第16章

種類の変更

第1節　手続のポイント

I　種類の変更とは

　持分会社の種類の変更とは、会社法で新たに創設された制度であり、持分会社が、その種類を変更することにより、他の種類の持分会社となることをいう。たとえば、合名会社が他の種類の持分会社に、合資会社が他の種類の持分会社に、合同会社が他の種類の持分会社になることをいう。持分会社間であれば、いずれの種類の持分会社とすることもできる。会社法では、株式会社がその組織を変更して持分会社となる場合、または持分会社がその組織を変更して株式会社となる場合を組織変更と位置づけ、持分会社間における会社の種類の変更は、組織変更ではなく「種類の変更」と位置づけている（第15章第1節 I 参照）。

　なお、持分会社の種類の変更には、総社員の同意による定款の変更によってなす場合（会社法638条）と、合資会社の有限責任社員の退社または無限責任社員の退社により、合名会社または合同会社となる旨の定款の変更をしたものとみなされる場合（同法639条）とがある。

II　会社の種類の変更

1　社員の同意による種類の変更

　持分会社は、定款に別段の定めがある場合を除き、総社員の同意により、社員の責任に係る部分の定款を変更し、他の種類の持分会社となることができる（会社法637条・638条）。種類の変更の形態を表にすると〔表17〕のようになる。

〔表17〕 種類変更の形態

種類変更前	定款の変更の内容	種類変更後
合名会社	有限責任社員を加入させる定款の変更	合資会社
合名会社	社員の一部を有限責任社員とする定款の変更	合資会社
合名会社	社員の全部を有限責任社員とする定款の変更	合同会社
合資会社	社員の全部を無限責任社員とする定款の変更	合名会社
合資会社	社員の全部を有限責任社員とする定款の変更	合同会社
合同会社	社員の全部を無限責任社員とする定款の変更	合名会社
合同会社	無限責任社員を加入させる定款の変更	合資会社
合同会社	社員の一部を無限責任社員とする定款の変更	合資会社

2 定款のみなし変更による種類の変更

　旧商法では、合資会社の無限責任社員または有限責任社員のいずれか全部の退社は、解散の事由に該当していた（旧商法162条1項本文）。しかし、会社法ではこのような場合でも解散事由としないで、①合資会社の有限責任社員が退社したことにより無限責任社員のみとなった場合には、合資会社は、合名会社となる定款の変更をしたものとみなすこととし、また、②合資会社の無限責任社員が退社したことにより有限責任社員のみとなった場合には、合資会社は、合同会社となる定款の変更をしたものとみなすこととした（会社法639条）。

　この場合のみなし定款変更の効果は、定款変更の手続は不要であるが、会社法638条2項（合資会社の種類変更）の特則であるという意味にとどまり、商号変更等の効果が当然に生ずるわけではない（相澤・会社法190頁、新会社法の解説23頁）。

第16章　種類の変更

〈図27〉　合資会社が種類の変更をしたものとみなされる場合

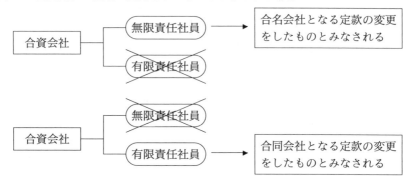

III　定款変更時の出資の履行

1　社員の同意による種類の変更の場合

　合名会社または合資会社が、その社員の全部を有限責任社員とする定款の変更をする場合において、当該定款の変更をする持分会社の社員が、当該定款の変更後の合同会社に対する出資に係る払込みまたは給付の全部または一部を履行していないときは、当該定款の変更は、当該払込みおよび給付が完了した日に、その効力を生ずる（会社法640条1項）。合同会社の社員になろうとする者は、合名会社および合資会社の社員と異なり、その履行すべき出資につき全部履行義務を負うから（同法578条・604条3項）、このような制限が課されている。

2　定款のみなし変更による種類の変更の場合

　合資会社の無限責任社員が退社したことにより、合同会社となる定款の変更をしたものとみなされた場合において、社員がその出資に係る払込みまたは給付の全部または一部を履行していないときは、当該定款の変更をしたものとみなされた日から1カ月以内に、当該払込みまたは給付を完了しなけれ

ばならない。ただし、当該期間内に、合名会社または合資会社となる定款の変更をした場合には、1カ月以内に出資の履行をしなければならないという義務は課せられない（会社法640条2項）。合名会社および合資会社にあっては、定款または総社員の同意により出資履行時期を定めていなときは、会社の請求によって履行期が到来すると解されているからである（[判例①] 参照）。

第2節　登記手続

I　申請期間等

1　申請期間

　持分会社が他の種類の持分会社となったときは、定款の変更の効力が生じた日から、本店の所在地においては2週間以内に、支店の所在地においては3週間以内に、種類の変更前の持分会社については解散の登記をし、種類の変更後の持分会社については設立の登記をしなければならない（会社法919条・932条）。

　持分会社が種類変更をした場合には、種類変更前の持分会社の解散登記と、種類変更後の持分会社についての設立登記の申請とは同時にしなければならず、いずれかにつき商業登記法24条各号のいずれかに該当する却下事由があるときは、共に却下される（商登法106条・113条・122条）。

2　登記すべき事項

　種類変更により設立登記の登記をする持分会社の登記すべき事項は、一般の設立の登記と同一の事項のほか、会社成立の年月日、種類変更前の持分会社の商号並びに種類変更をした旨およびその年月日である（商登法104条・113条・122条）。種類変更により解散する持分会社の登記すべき事項は、解散

の旨並びにその事由および年月日である（同法71条1項、商登規89条・80条1項3号）。

II　添付書類

1　種類変更後の持分会社についてする設立の登記

本店の所在地における設立の登記の申請書には、次の書面を添付する。
① 　総社員の同意があったことを証する書面（商登法93条・111条・118条）
② 　次に掲げる区分に応じ、次の書面を添付しなければならない。
　ⓐ　合名会社になる種類の変更の場合　　定款（種類の変更後のもの。商登法113条1項・122条1項）。公証人の認証を要しない。
　ⓑ　合資会社になる種類の変更の場合
　　㋑　定款（種類の変更後のもの。商登法105条1項1号・122条2項1号）公証人の認証を要しない。
　　㋺　有限責任社員がすでに履行した出資の価額を証する書面（商登法105条1項2号・122条2項2号）
　　㋩　合名会社が有限責任社員を加入させ、または合同会社が無限責任社員を加入させたときは、その加入を証する書面（法人である社員の加入の場合にあっては、法人社員関係書面（第7章第2節II 2(1)(B)(138頁)）を含む。商登法105条1項3号・122条2項3号）
　　㋥　代表社員の選定に関する書面　　代表社員を新たに選定した場合に必要となる。この書面としては、定款に最初の代表社員が記載されている場合は当該定款、定款の定めに基づく社員の互選による場合には当該互選書を添付する（①の社員の同意以後に代表社員を定める）。
　　㋭　代表社員の就任承諾書　　代表社員の選定に関する書面に、被選任者（当該代表社員）が社員として記名押印しているときは、当該

書面を援用することができる。
　　ⓒ　合同会社になる種類の変更
　　　㋑　定款（種類の変更後のもの。商登法105条2項1号・113条2項1号）
　　　　公証人の認証を要しない。
　　　㋺　会社法640条1項の規定による出資に係る払込みおよび給付が完
　　　　了したことを証する書面（商登法105条2項2号・113条2項2号）
　　　　　合資会社の無限責任社員の全員の退社によって会社法639条2
　　　　項の規定により合資会社が合同会社となった場合には、この書面の
　　　　添付は要しない（商登法113条2項2号）。
　　　㋩　資本金の額が会社法および会社計算規則の規定に従って計上され
　　　　たことを証する書面（商登規92条・61条9項）
　　ⓓ　ⓑ㋥・㋭参照

2　種類変更前の持分会社についてする解散の登記

　添付書面は、要しない。代理人によって登記の申請をする場合でも、委任状の添付を要しない（商登法78条2項・106条2項・113条3項・122条3項）。

III　登録免許税額

1　種類変更後の持分会社についてする設立の登記

　本店の所在地における持分会社の設立登記の登録免許税額は、次に掲げる区分に応じ、申請1件につき、次のとおりである。
　①　合名会社または合資会社　　6万円（登録免許税法別表第一・24㈠ロ）
　②　合同会社　　資本金の額の1000分の1.5（種類変更の直前における資本金の額として財務省令で定めるものを超える資本金の額に対応する部分については、1000分の7。ただし、これによって計算した税額が3万円に満たないときは、3万円）である（登録免許税法別表第一・24㈠ホ）。

第16章　種類の変更

支店の所在地における設立の登記の登録免許税額は、申請１件につき9000円である（登録免許税法別表第一・24㈡イ）。

2　種類変更前の持分会社についてする解散の登記

持分会社の解散登記の登録免許税額は、申請１件につき、本店の所在地においては３万円、支店の所在地においては9000円である（登録免許税法別表第一・24㈠レ・㈡イ）。

Ⅳ　登記申請書

1　持分会社の種類変更による合同会社の設立（持分会社共通）

【書式16-1】　登記申請書⑷0——合資会社を合同会社とする場合（設立）

合資会社の種類変更による合同会社の設立登記申請書（注１）

1　会社法人等番号	○○○○－○○－○○○○○○	
1　商　　　　号	合同会社　平成商会	
1　本　　　　店	名古屋市中区栄二丁目５番６号	
1　登　記　の　事　由	種類変更による設立	
1　登記すべき事項	別添FDのとおり	
1　課税標準金額	金○○万円（注２）	
1　登　録　免　許　税	金○○円（注３）	
1　添　付　書　類	定款	1通
	総社員の同意書	1通
	会社法第640条第１項の規定による出資に係る払込み及び給付が完了したことを証する書面	○通
	代表取締役の選定に関する書面	1通
	代表取締役の就任承諾書	1通
	資本金の額の計上に関する証明書	1通

　　　　　　　　　委任状　　　　　　　　　　　　　　１通
上記のとおり登記の申請をする。
　　平成○年○月○日
　　　　　　　　　　　　　名古屋市中区栄二丁目５番６号（注４）
　　　　　　　　　　　　　　　申　請　人　　合同会社　平成商会
　　　　　　　　　　　　　名古屋市東区葵三丁目６番７号
　　　　　　　　　　　　　　　代 表 社 員　　鈴 木 一 郎
　　　　　　　　　　　　　名古屋市北区清水五丁目２番３号
　　　　　　　　　　　　　　　上記代理人　　佐 藤 太 郎　㊞
○○法務局○○出張所　御中

（注１）　この申請書は、合資会社の種類を変更して合同会社とするものである。
　　　　　種類変更による設立登記と解散登記とは、同時に申請しなければならない
　　　　　（商登法113条３項・106条１項）。
（注２）　Ⅲ１を参照。
（注３）　Ⅲ１を参照。
（注４）　設立後の会社が申請人となる。
［参考］　代表者の印鑑届書を提出する。

【書式16-2】　登記すべき事項の入力例

```
「商号」合同会社平成商会
「本店」名古屋市中区栄二丁目５番６号
「公告をする方法」官報に掲載してする
「会社成立の年月日」昭和○年○月○日
「目的」
 1　○○の製造
 1　○○の販売
 1　上記各号に附帯する一切の事業
「資本金の額」金○○万円
「社員に関する事項」
「資格」業務執行社員
「氏名」鈴木一郎
「社員に関する事項」
```

第16章　種類の変更

「資格」業務執行社員
「氏名」○○○○
「社員に関する事項」
「資格」代表社員
「住所」名古屋市東区葵三丁目6番7号
「氏名」鈴木一郎

> （注）代表社員が法人の場合
> 「社員に関する事項」
> 「資格」代表社員
> 「住所」○県○市○町○番地
> 「氏名」株式会社平成商事
> 「職務執行者」
> 「住所」○県○市○町○番地
> 「氏名」職務執行者○○○○

「存続期間」会社成立の日から満50年
「登記記録に関する事項」
平成○年○月○日合資会社平成商会を種類変更し設立

【書式16-3】　総社員の同意書

同　意　書

1　合同会社に種類変更するに際して，会社法638条の規定に基づいて作成した別紙定款案について，総社員は同意する。（注1）

　　平成○年○月○日
　　　　　　　　　　　　合資会社　平成商会
　　　　　　　　　　　　　社　員　鈴　木　一　郎　㊞（注2）
　　　　　　　　　　　　　社　員　○　○　○　○　㊞

（注1）　持分会社は、定款に別段の定めがある場合を除き、総社員の同意により、社員の責任に係る部分の定款を変更し、他の種類の持分会社となることができる（会社法637条・638条）。

(注2) 総社員が記名押印する。押すべき印鑑については制限がない。

【書式16-4】 資本金の額の計上に関する証明書

資本金の額の計上に関する証明書

　種類変更によって設立する合同会社の資本金の額を，次のとおり計上する。
1 　種類変更の直前の資本金の額　　　　　　　　　　　　　金〇〇円
2 　種類変更に際してする社員の出資等について，会社計算規則
　第30条第1項第1号の規定により得られる額の範囲内で会社が
　定めた額　　　　　　　　　　　　　　　　　　　　　　　金〇〇円
　(1) 社員が履行した出資の価額（(2)を除く）　　　　　　　金〇〇円
　(2) 社員が履行した出資のうち帳簿価額を付すべき場合の帳簿
　　価額の合計額　　　　　　　　　　　　　　　　　　　　金〇〇円
　(3) 資本金の額又は資本剰余金の額から減ずるべき額と定めた額　金〇〇円
　(4) 資本金等限度額　　((1)+(2))−(3)　　　　　　　　　　金〇〇円
3 　資本金の額（1 + 2）　　　　　　　　　　　　　　　　　金〇〇円

　上記のとおり，資本金〇〇円は会社法第615条，会社計算規則第30条・第44条第1項の規定に従って計上されたことに相違ないことを証明する。
　　平成〇年〇月〇日
　　　　　　　　　　　合同会社　平成商会
　　　　　　　　　　　　　代表社員　鈴　木　一　郎　㊞（注）

(注) 種類変更した合同会社の代表社員が証明する。印鑑は法務局への届出印を押す。

第16章　種類の変更

2　種類変更による合資会社解散登記

【書式16-5】　登記申請書(41)——合資会社を合同会社とする場合（解散）

種類変更による合資会社解散登記申請書（注1）

1　会社法人等番号　　〇〇〇〇-〇〇-〇〇〇〇〇〇
1　商　　　　号　　合資会社　平成商会
1　本　　　　店　　名古屋市中区栄二丁目5番6号
1　登 記 の 事 由　　種類変更による解散
1　登記すべき事項　　平成〇年〇月〇日　〇県〇市〇町〇番地　合同
　　　　　　　　　　会社平成商会に種類変更し解散
1　登録免許税　　　金30,000円（注2）
上記のとおり登記の申請をする。
　　平成〇年〇月〇日
　　　　　　　　　　　　　　　名古屋市中区栄二丁目5番6号（注3）
　　　　　　　　　　　　　　　　申　請　人　　合同会社　平成商会
　　　　　　　　　　　　　　　名古屋市東区葵三丁目6番7号
　　　　　　　　　　　　　　　　代表社員　　鈴　木　一　郎
　　　　　　　　　　　　　　　名古屋市北区清水五丁目2番3号
　　　　　　　　　　　　　　　　上記代理人　　佐　藤　太　郎　㊞

〇〇法務局〇〇出張所　御中

（注1）　種類変更による設立登記と解散登記とは、同時に申請しなければならない（商登法113条3項・106条1項）。
（注2）　Ⅲ2を参照。
（注3）　種類変更による設立後の合同会社が申請人となる。

〔著者紹介〕

　　　青　山　　　修（あおやま　おさむ）

（略歴）
- 昭和23年生まれ。司法書士・土地家屋調査士（名古屋市で事務所開設）
- 名古屋大学大学院修士課程（法学研究科）修了
- 日本土地法学会中部支部会員

（主な著書・論文）
- 相続登記申請MEMO〔補訂版〕（新日本法規出版）
- 不動産取引の相手方（新日本法規出版）
- 根抵当権の法律と登記（新日本法規出版）
- 株式会社法と登記の手続（新日本法規出版）
- 有限会社法と登記の手続（新日本法規出版）
- 株式会社・有限会社登記用議事録作成の手引き（税務経理協会）
- 金融判例と登記の視点・不動産全体に根抵当権が設定されている場合に、共有持分の第三取得者が滌除権を行使することの可否（銀行法務21・554号36頁（経済法令研究会））

ほか

持分会社の登記実務〔補訂版〕

平成29年3月1日　第1刷発行
令和6年9月18日　第3刷発行

著　者　青　山　　　修
発　行　株式会社　民事法研究会
印　刷　株式会社　太平印刷社

発行所　株式会社　民事法研究会
　　　　〒150-0013　東京都渋谷区恵比寿3-7-16
　　　　　〔営業〕TEL 03(5798)7257　FAX 03(5798)7258
　　　　　〔編集〕TEL 03(5798)7277　FAX 03(5798)7278
　　　　　http://www.minjiho.com/　　info@minjiho.com

落丁・乱丁はおとりかえします。　　ISBN978-4-86556-143-2　C2032
カバーデザイン　袴田峯男

ケースブックシリーズ

―多数のケースを収録し、わかりやすく解説！―

2024年1月刊 登記実務の現場を熟知する執筆陣が、最新状況を踏まえてまとめた至便な1冊！

ケースブック根抵当権登記の実務〔第3版〕
―設定から執行・抹消までの実務と書式―

根抵当権の設定から執行・抹消までの根抵当権の実務上の論点を、執筆者、読者の経験した事例や疑問になった事例を踏まえつつ、実体法、登記実務、判例、登記先例との関係を維持しながら一問一答形式でわかりやすく解説！

根抵当権登記実務研究会 編　編集代表　林　勝博
（Ａ５判・457頁・定価 5,280円（本体 4,800円＋税10%））

2024年9月刊 相続法の大改正や最新の税制改正、法令に対応させ改訂増補！

ケースブック不動産登記のための税務〔第9版〕
―売買・贈与・相続・貸借から成年後見・財産管理まで―

相続法、家事事件手続法の改正および法務局による遺言書の保管等に関する法律の施行により新たに制度化された配偶者居住権、持戻し免除の推定、特別の寄与等の事例や最新の税法と登記実務を収録！　不動産登記に関わる税務と実務の指針を網羅！

林　勝博・丹羽一幸 編　編集協力 大崎晴由
（Ａ５判・384頁・定価 4,400円（本体 4,000円＋税10%））

2017年8月刊 相手方不動産の探索・調査から価値把握までの手法を詳解！

ケースブック保全・執行のための不動産の調査
―仮差押え・差押えに活かす探索・調査・評価の実務―

勝訴判決を無価値にしないために、鑑定・評価の基礎知識から各種不動産の探索・調査の実務上の留意点までを活用しやすい142のケースにしてわかりやすく解説！　民事裁判の証拠資料収集マニュアルとして活用できる1冊！

不動産鑑定士　曽我一郎 著
（Ａ５判・453頁・定価 4,620円（本体 4,200円＋税10%））

2017年9月刊 難解事例に対する理論的・実務的思考のあり方を示唆！

ケースブック不動産登記実務の重要論点解説〔第2版〕
―設定から執行・抹消までの実務と書式―

平成16年改正不動産登記法下の最新の理論上、実務上で判断の難しい多様な事例に対して、高度な専門家である司法書士、土地家屋調査士は、いかにして結論を導き出すべきか、160ケースにわたり鋭く論及した実践的手引書！

林　勝博 編　大崎晴由 監修
（Ａ５判・488頁・定価 4,730円（本体 4,300円＋税10%））

2020年5月刊 外国人がかかわる相続登記の基礎知識から実務までがわかる！

ケースブック渉外相続登記の実務

渉外相続登記に関する適用法令や相続人・相続財産、遺言、添付書面、税務の基礎知識とともに、国・地域ごとの実務上の留意点をＱ＆Ａ方式でわかりやすく解説！　最新の諸外国の法律事情をもとに、13ヶ国の相続登記実務を解説した関係者必携の書！

特定非営利活動法人　渉外司法書士協会 編
（Ａ５判・352頁・定価 3,960円（本体 3,600円＋税10%））

発行　民事法研究会

〒150-0013　東京都渋谷区恵比寿 3-7-16
（営業）TEL. 03-5798-7257　FAX. 03-5798-7258
http://www.minjiho.com/　info@minjiho.com